俄罗斯及中亚西亚主要国家油气战略研究

徐小杰 等著

中国社会科学出版社

图书在版编目(CIP)数据

俄罗斯及中亚西亚主要国家油气战略研究/徐小杰等著.—北京：中国社会科学出版社，2017.3
ISBN 978-7-5161-9609-0

Ⅰ.①俄… Ⅱ.①徐… Ⅲ.①石油经济—能源战略—研究—俄罗斯②石油经济—能源战略—研究—中亚③石油经济—能源战略—研究—西亚 Ⅳ.①F451.262②F436.062③F437.062

中国版本图书馆CIP数据核字(2017)第005177号

出 版 人	赵剑英
责任编辑	王　琪
责任校对	周　昊
责任印制	王　超

出　　版	中国社会科学出版社
社　　址	北京鼓楼西大街甲158号
邮　　编	100720
网　　址	http://www.csspw.cn
发 行 部	010-84083685
门 市 部	010-84029450
经　　销	新华书店及其他书店

印　　刷	北京明恒达印务有限公司
装　　订	廊坊市广阳区广增装订厂
版　　次	2017年3月第1版
印　　次	2017年3月第1次印刷

开　　本	710×1000　1/16
印　　张	16
插　　页	2
字　　数	238千字
定　　价	59.00元

凡购买中国社会科学出版社图书，如有质量问题请与本社营销中心联系调换
电话：010-84083683
版权所有　侵权必究

序

展现在读者面前的这部《俄罗斯及中亚西亚主要国家油气战略研究》，是国土资源部油气资源战略研究中心委托我所开展的"主要油气资源国能源（油气）战略研究"之课题成果，更是我的同事徐小杰研究员多年从事能源安全与合作研究的心血结晶。

本书以俄罗斯、哈萨克斯坦、土库曼斯坦、沙特阿拉伯、伊朗和伊拉克六个主要油气资源国为研究对象，对上述几国能源战略的形成机制、主要内容、未来走向和影响因素进行了详细的阐述，并以各国的对外合作意图和模式为重点，对六国与中国在能源领域的合作前景进行了分析与预测。本书的一大特点是，在写作过程中没有局限于对六国国情和能源（油气）发展战略的简单描述，而是以当前的实际战略实施状况为切入点，对各国的能源战略特点进行全面的剖析。作者综合考虑了六国的国家战略及对能源发展的要求，重点回顾了2008年以来六国油气工业的发展和变化，深入分析了处于重要转型期的世界能源市场，特别是对六国2020年前的国情和能源（油气）战略发展方向及面临的挑战做出了基本判断。此外，本书还针对伊朗重返国际油气市场、"一带一路"战略倡议、油价进入新的合理区间等国际热点问题展开了专题分析，并得出了一些重要的结论。

本书所述的油气战略是徐小杰研究员及其团队基于长年研究而潜心书写的成果。本书在总结、提炼我国与上述各国过去合作经验的基础上，结合当前的国际国内现状，提出了新的合作战略、政策或工作层面的建议。我相信，这对推进我国进一步深化与各资源国的油气合作、落

序

实"一带一路"战略构想、与这些支点国家进行战略对接等均具有较大的政策支持作用。

徐小杰研究员是我国能源安全与能源合作领域的重要专家之一，他曾在中国石油经济技术研究院创办海外投资环境研究所，建立了覆盖77个国家的海外油气投资环境研究体系。2009年他调入中国社会科学院世界经济与政治研究所后，多年主持中国能源安全创新工程课题。2016年7月15日徐小杰研究员因病与世长辞。他的去世是其家人、国际能源研究领域，尤其是我们研究所的一个巨大的损失。他把一生全部投入能源研究，从事国际油气地缘政治、跨国油气投资与合作、国际油气公司战略等问题的分析与咨询工作，为国家能源安全与合作建言献策，也为我们留下了丰富的文字成果。

我和徐小杰研究员共事七年，他那种对能源研究的执着、对学术成果的高要求、对国际交流的热情，均给世界经济与政治研究所的同志留下了深刻的印象。撰写本序言，我也是代表全所同志向徐小杰研究员表达我们深深的敬重和怀念。

中国社会科学院世界经济与政治研究所 所长、研究员
2016年12月12日

目 录

上篇　主要国家油气战略研究

第一章　俄罗斯油气战略研究 ………………………………………… (3)
　　第一节　国情概览 ……………………………………………………… (3)
　　第二节　能源战略 ……………………………………………………… (9)
　　第三节　能源合作 ……………………………………………………… (29)

第二章　哈萨克斯坦油气战略研究 …………………………………… (41)
　　第一节　国情概览 ……………………………………………………… (41)
　　第二节　能源战略 ……………………………………………………… (52)
　　第三节　能源合作 ……………………………………………………… (64)

第三章　土库曼斯坦油气战略研究 …………………………………… (75)
　　第一节　国情概览 ……………………………………………………… (75)
　　第二节　能源战略 ……………………………………………………… (82)
　　第三节　能源合作 ……………………………………………………… (88)

第四章　沙特阿拉伯油气战略研究 …………………………………… (98)
　　第一节　国情概览 ……………………………………………………… (98)
　　第二节　能源战略 ……………………………………………………… (107)
　　第三节　能源合作 ……………………………………………………… (113)

第五章　伊朗油气战略研究 …………………………………………… (118)
　　第一节　国情概览 ……………………………………………………… (118)

· 1 ·

目录

  第二节　能源战略 …………………………………………（123）
  第三节　能源合作 …………………………………………（127）

第六章　伊拉克油气战略研究 ……………………………………（134）
  第一节　国情概览 …………………………………………（134）
  第二节　能源战略 …………………………………………（142）
  第三节　能源合作 …………………………………………（147）

第七章　六国油气战略判断及合作策略 …………………………（155）
  第一节　六国国情和油气战略判断 ………………………（155）
  第二节　六国能源战略规律性的特征和区别 ……………（164）
  第三节　中国与六国的能源合作策略与建议 ……………（167）

下篇　专题研究

专题一　伊朗重返国际油气市场的影响、前景及中伊合作
    对策 ……………………………………………………（177）
专题二　低油价下的中国—中亚油气合作前景分析 ………（198）
专题三　沙特、伊朗和伊拉克能源战略态势与中国"一带一路"
    战略倡议对接前景分析 ………………………………（213）
专题四　中俄油气合作历史、问题及前景分析 ……………（220）

参考文献 ……………………………………………………………（242）
后记 …………………………………………………………………（246）

上 篇

主要国家油气战略研究

土 篇

主要国家农产品牌

第一章

俄罗斯油气战略研究

第一节 国情概览

俄罗斯横跨欧亚大陆，东西最长9000公里，南北最宽4000公里。邻国环绕，其中，东南面有中国、蒙古和朝鲜，东面与日本和美国隔海相望。国土面积1709.82万平方公里，海岸线长33807公里，是世界上国土面积最大的国家。自然资源十分丰富，具有种类多、储量大和自给程度高的特点。2015年的全国人口1.44亿，人口增长几乎停滞。人均寿命在65—70岁。俄罗斯城市人口1.07亿，约占全部人口的74%，并且约有35%的城市人口聚居在莫斯科、圣彼得堡等13个城市。

一 基本国情

1. **政治特征**

俄罗斯现行的宪法规定俄罗斯是联邦共和制的民主国家，确立了以总统制为核心的国家领导体制。俄罗斯联邦会议（议会）由联邦委员会（上院）和国家杜马（下院）组成。自俄罗斯独立以来，国内政治势力走向多元，但是国内政局总体稳定。现任总统普京于2012年3月4日当选，是传统的俄罗斯政治强人，在国内享有较高声望。但是，俄罗斯的周边局势较为复杂，地缘政治冲突较为剧烈，尤其是乌克兰政局动荡引起的克里米亚危机。以美国为首的西方国家展开对俄罗斯的制裁，造成俄罗斯金融、经济出现困难。目前，这一紧张局势仍未得到缓解，俄罗斯与邻国、西方国家的冲突仍在持续。

2. 经济体制与现状

自1991年以来，俄罗斯经济总体上从过去的计划经济体制向市场经济体制转变，但是经历了曲折的过程（包括叶利钦时期的休克式改革，切尔诺梅尔金时期的经济调整等）。普京担任总统后，积极调整过去的做法，逐步转向有秩序的市场经济、混合所有制经济以及有序的私有化发展道路。

（1）经济区划。俄罗斯的经济区划是俄罗斯经济的一大特征。这一经济区划基于俄罗斯辽阔的国土上不同地区的劳动分工、不同的自然条件、历史传统和社会经济条件。为此，俄罗斯将全国划分为11个经济区。这一经济区划的组织形式是区域生产综合体，这是国民经济综合体的重要组成部分，与燃料动力工业等行业的产业综合体相对应。

（2）经济结构。尽管有了一系列改革，俄罗斯的市场经济发展道路仍然十分艰难，经济对资源具有较大的依赖，整体经济面临较大困难。目前经济活动和人口主要集中在大城市，城市人口占74%。尽管2010年以后，俄罗斯十分强调创新经济的作用和贡献，但是基础设施落后，地区差别较大，内外竞争动力弱，经济发展不平衡，技术、设备和产业结构调整困难，加上资源型的产业结构的惰性和外部压力，经济创新发展较弱。目前俄罗斯市场经济制度的特征是：经济体系完整，但是经济结构畸形，经济调整缓慢。

具体而言，在21世纪的第一个10年里，在高油价的推动下，俄罗斯经济增长较快。但是2014年下半年后，受国际原油价格下跌和西方制裁的双重冲击，俄罗斯经济遭遇了严重的困难。首先，经济出现负增长。2015年GDP仅有1.32万亿美元，同比下降高达35%，总体经济较为疲软。其次，经济环境恶化。2015年以来，卢布大幅贬值，企业融资困难，资本加速外逃。外贸总额8676亿美元，同比下降6.93%。通胀率11.4%，失业率为6.5%，在独联体国家中属于较高的水平。据俄罗斯统计局公布的数字显示，2015年财政赤字为1.95万亿卢布（约合250亿美元），财政赤字占GDP比重已经高达2.6%，短期外债占GDP比重上升至8%以上，偿债能力有所恶化。

面对这一局面，俄罗斯政府积极应对，出台包括动用外汇储备、增加市场美元流动性、严打金融投机行为、动用预算资金支持实体经济等在内的一系列救市措施，对内稳定物价，对外让卢布适度贬值，社会形势和民众情绪基本稳定。2016年，如果油价在下半年回升到50—60美元/桶，整体经济增长可能会有所好转。

（3）投资环境。值得注意的是，虽然俄罗斯经济经历了较大困难，但是俄罗斯的各项投资环境排名仍位居前列，是一个较为适宜投资的国家。2015年俄罗斯的营商便利度指数为59[①]，在所有国家中排名第59位，较为靠前。俄罗斯也是中国企业较为适宜的投资目的地之一，风险适中，2015年其投资环境被评为BBB级[②]。

3. 社会与文化

俄罗斯是多民族和多文化融合的国家，也存在多种宗教。俄罗斯主要宗教为东正教，其次为伊斯兰教（主要是逊尼派）。

俄罗斯教育具有雄厚的竞争力，但不断滑坡。目前，俄罗斯教育体系包括了14万所各级和各类型的国立教育机构，有接近1500所科研机构、创新中心以及技术车间。这也造就了俄罗斯的科技体系相当完整，强调集中国家力量和体制优势，但较为狭隘。俄罗斯在基础研究、军工和宇航技术等领域处于世界领先地位。但众多科学研究成果是在苏联时代取得的，目前的俄罗斯正逐步失去世界科技领导地位。

二　能源部门概况

1. 能源消费现状

2015年俄罗斯的一次能源消费量为6.67亿吨油当量（见表1-1），其中，石油消费占比近21%，天然气消费占比53%，油气合计占比74%（是比较典型的油气依赖型国家），煤炭和非化石能源（核能与水

[①] 营商便利度指数来源于世界银行，该指数从1到189，为经济体排名，第一位为最佳。排名越高，表示法规环境越有利于营商。该指数对世界银行营商环境项目所涉及的10个专题中的国家百分比排名的简单平均值进行排名。

[②] 中国海外投资风险评级报告是中国社会科学院世界经济与政治研究所所发布的研究报告，以国别为研究对象，从经济基础、偿债能力、政治风险、社会风险、对华关系五个维度研究了中国海外投资风险，评级分别为A、BBB、BB、B四个层级。

电)各占比12%左右(见图1-1)。天然气对于俄罗斯国内的发展重要性不言而喻,占到了一次能源消费的一半以上。据俄能源部统计,2015年用电量为1.036万亿千瓦时,与上年几乎保持一致,人均用电约为7194度。俄罗斯能源弹性系数较低,五年内弹性系数均值约为0.07,电力弹性系数也仅为0.07。

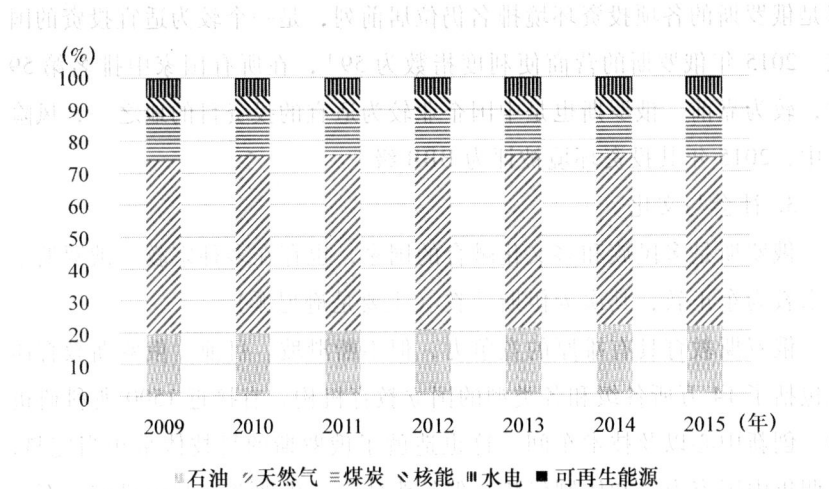

图1-1 2009—2015年俄罗斯一次能源消费结构

数据来源:《BP世界能源统计年鉴》,2016年6月。

表1-1　　　　　2009—2015年俄罗斯一次能源消费结构

(单位:百万吨油当量,%)

	2009年	2010年	2011年	2012年	2013年	2014年	2015年	2014—2015年变化(%)
一次能源消费量	648.1	673.3	694.9	695.3	688	689.8	666.8	-2.21
石油	128.2	133.3	142.2	144.6	144.9	150.8	143	-3.44
天然气	350.7	372.7	382.1	374.6	372.1	370.7	352.3	-4.34
煤炭	92.2	90.5	94	98.4	90.5	87.6	88.7	4.11
核能	37	38.6	39.1	40.2	39	40.9	44.2	8.07
水电	39.9	38.1	37.3	37.3	41.3	39.7	38.5	-2.04
可再生能源	0.1	0.1	0.1	0.1	0.1	0.1	0.1	0.00

数据来源:《BP世界能源统计年鉴2016》,2016年6月。

2. 油气资源状况

俄罗斯是世界上油气资源最富足的国家之一，油气探明储量分别占世界的6%和17.3%。据英国石油公司（BP）的统计，截至2015年年底，俄罗斯已探明天然气储量32.3万亿立方米，约占世界已探明总储量的17.3%，居世界第1位，2015年储采比为56.3。俄罗斯探明石油储量140亿吨（1032亿桶），约占全球总储量的6%，居世界第7位，储采比为25.5（见表1-2）。

表1-2　　　　　　　　俄罗斯油气探明储量

	1995年	2005年	2014年	2015年	全球占比（%）	储采比
石油（十亿桶）	113.6	104.4	103.2	102.4	6.0	25.5
天然气（万亿立方米）	31.1	31.2	32.4	32.3	17.3	56.3

数据来源：《BP世界能源统计年鉴》，2016年6月。

俄罗斯公布的油气储量高于BP的统计数据。根据《俄罗斯2035年前能源战略》草案数据，截至2014年1月1日，俄罗斯拥有油气可采储量（$A+B+C_1$）[①] 分别为182亿吨和49.5万亿立方米。

3. 油气供需结构与出口

俄罗斯的油气出口十分重要，在国家财政和GDP中扮演关键角色。俄罗斯燃料能源综合体在固定资本投资和联邦预算收入中约占1/3的份额，约占俄罗斯出口的70%，俄罗斯燃料能源综合体对国家GDP的贡献率为25%—26%。俄罗斯的石油产量主要用于出口（约占72%），目标市场主要是独联体地区和欧洲。天然气产量主要用于国内消费，但是仍有1/3左右的产量出口，主要出口欧洲市场及独联体市场（见表1-3）。可见，俄罗斯的油气出口对于国内财政收入（预算收入50%）和经济发展有巨大影响。未来，俄罗斯政府计划进一步优化出口结构，主要是增加石油产品、管道天然气和液化天然气的出口，增加向亚太市

---

① 根据1981年苏联《固体矿产和预测资源分类》，A、B、C_1级储量合称为探明储量，C_2级为初步评价储量。

场出口的比重以及石油设备和技术向全球的出口。但是，油气出口对油价的变化十分敏感。

表1-3　　　　2008—2015年俄罗斯油气产量和消费量①

	2008年	2009年	2010年	2011年	2012年	2013年	2014年	2015年	2014—2015年变化（%）
石油产量（百万吨）	493.7	500.8	511.8	518.8	526.0	531.1	534.1	540.7	1.2
石油消费量（百万吨）	133.6	128.2	133.3	142.2	144.6	144.9	150.8	143	-3.4
天然气产量（十亿立方米）	601.7	527.7	588.9	607	592.3	604.7	581.7	573.3	-1.5
天然气消费量	416	389.6	414.1	424.6	416.2	413.5	411.9	391.5	-5.0

数据来源：《BP世界能源统计年鉴》，2016年6月。

4. 油气产业体制

俄罗斯的石油与天然气产业体制是按照俄罗斯的产业综合体形式来组织的。经过20世纪90年代叶利钦时期的私有化进程和普京时代的国有化调整，从而形成目前的能源管理体制。

（1）政府层面。首先在总统处设立燃料能源综合体发展战略和生态安全委员会，目的是确保联邦政府执行机构、联邦主体执行机构及地方主管机构在制定和实施国家能源政策中协调行动，确保工业、能源和生态安全，确保矿物原料的合理和有效利用。并且，在总理领导的政府中设立能源部，具体负责和组织政策实施。

（2）产业层面。形成了以一批一体化油气公司为主导的产业结构。具体地说，在石油领域，基本形成以俄罗斯石油公司、鲁克石油公司和苏尔古特石油公司等9家石油公司为主导，大量中小石油公司并存的市场结构。但是在天然气领域，基于天然气的特性和俄罗斯管理天然气产业的传统，形成俄罗斯天然气工业股份有限公司垄断经营

---

① 数据来源于BP统计，而俄罗斯能源部的统计数据与之有所不同。

90%左右的天然气业务和资产的局面。在这一垄断之外，也存在以诺沃泰克为代表的独立天然气生产商。这些国有石油公司和天然气公司基本拥有一体化经营的主要资产。此外，还存在一批独立的技术服务公司。

5. 在地区和国际能源治理中的地位与作用

俄罗斯根据自身的油气资源基础，生产、出口的规模与市场占有率，积极对地区和国际油气市场施加影响。

具体地说，第一，在石油供应上，与欧佩克合作或者博弈，造成俄罗斯与欧佩克的政策时分时合。俄罗斯作为非欧佩克的一个独立的产油国和产气国，一直发挥着独特的作用。比如面对当前国际低油价趋势，俄罗斯与沙特等欧佩克产油国保持紧密联系和沟通，准备参加欧佩克国家和其他石油生产国间的谈判，共同协商稳定原油市场的措施，以期提升油价到50—60美元/桶。

第二，在本国对外合作上，通过合作政策的调整，推动亚太地区、北极地区和中亚地区的油气产量、技术和投资。

第三，在全球和地区能源合作上，除了俄罗斯与国际能源组织的合作以外，俄罗斯在G20、亚太经合组织、俄欧峰会等场合发挥自身的影响力。在这些国际市场和舞台上，俄罗斯的态度、政策与西方的观点、政策不尽相同，具有浓厚的民族主义意识。自俄罗斯收回克里米亚后，俄罗斯与西方对立，受到西方的制裁，脱离了八国集团。但是，俄罗斯在全球和地区能源合作的影响力依然存在。

第二节 能源战略

一 国家意图与战略

俄罗斯是地跨欧亚大陆的国家，在面积、资源、科技等方面具有世界领先的地位。俄罗斯还具有深厚的文化基础和俄罗斯大民族宗教、文化与思维的一致性。自1991年苏联解体后，俄罗斯的政治经济地位发生了巨大变化。在叶利钦时代是跟随和融入西方的发展战略，但是在普京时期，俄罗斯进入了重塑本国实力和优势的新阶段。

1. 发展目标

目前,俄罗斯的国家发展目标是建立独立、强大和有影响力的世界大国,希望在政治上确立符合俄罗斯最大利益的民主制度。同时,在经济上建立有秩序的市场经济。

2. 国家能源战略部署

上述俄罗斯的国家发展意图在能源主要是油气领域得到了体现,或者说油气领域是体现俄罗斯国家发展意图的重要方面。主要特征是:

(1)国家对能源工业综合体的有效控制,其中,国有大型企业必须发挥核心作用。目前俄罗斯天然气工业股份有限公司和经过增强的俄罗斯石油公司发挥了核心作用,并与其他油气公司形成紧密配合的关系。

(2)统一的能源政策。总统对能源政策和规划具有直接的影响力,并且政府十分重视能源战略规划的制定和更新。

(3)所有的内外油气政策必须以体现俄罗斯的国家利益为最高原则,尤其在对外合作政策上。

3. 困境

目前俄罗斯油气战略和实施中存在的主要问题是:

(1)对外合作困难。上述具有强烈的"以我为尊"的俄罗斯特色和国家意图的战略难以与周边国家和大国协作。在重大油气出口管道建设、北极油气开发和液化天然气等新业务上,对外谈判十分艰难。

(2)滞后性。五年一更新的国家能源战略与政策跟不上全球不断发展与变化的趋势和短期国际形势的变化,尤其是在当下全球能源市场、能源结构的大变革时代。

二 油气战略态势

1. 背景:2008年以来油气的发展态势与挑战

2008年后,俄罗斯主要实施其2030年的能源发展战略。经过2008年的全球金融危机,俄罗斯的油气产业虽然受到一定的打击,但是随着2009年第二季度油价的回升已逐步恢复。从2008年到2014年,石油产量提高了8%。这里包括东西伯利亚和远东地区雅库特的油田大规模开发。万科尔、上乔、塔拉坎和北塔拉坎油田投入开发确保了东西伯利亚和远东地区的石油产量与2008年相比增长了4倍。原油加工量与2008年相比提高了23%，加工深度提高了0.3%。

俄罗斯是世界第二大石油出口国。2015年石油产量达到5.31亿吨。俄罗斯天然气产量仅次于美国，位于世界第二，2015年占世界总产量的16.1%。从出口角度看，近年来，俄罗斯原油出口呈现下降趋势（比2008年减少8%），而油品出口有所增长（比2008年增长43%）。欧洲传统市场原油出口下降，亚太地区国家有所增加（增加3倍多）。这一时期，多个石油管道相继投产，这包括：东西伯利亚—太平洋输油管道（到科兹米诺港）一期和二期、斯科沃罗季诺—漠河—大庆石油管道等。

因此，在这一时期，俄罗斯石油和天然气行业遇到的主要挑战和问题是：(1) 全球石油市场进入低油价时代。(2) 乌克兰、中西欧需求减少，不仅放缓了对俄罗斯天然气的需求，而且减少了对俄罗斯石油的需求，因此造成俄罗斯油气出口增速放缓甚至下降。(3) 西方制裁，一些国家限制向俄罗斯公司提供用于深水、北极海和页岩油气勘探开发的技术和装置，限制对俄罗斯公司提供长期贷款，限制对俄进行长期资金投入。(4) 开采成本上升，维持现有产量水平的难度加大。由于高产和储量埋藏深度浅的油田不断减少，而恶劣的气候和地质条件以及新的产气区远离消费中心使得天然气生产和运输成本有所增长。(5) 采出的原油质量恶化，含硫量上升。(6) 尽管天然气生产能力有所扩大，但产量略有下降。近些年，亚马尔半岛的波瓦年科大型气田投入开采；扎波利亚尔大气田达到最大设计产能；萨哈林—3项目的基林油田开始产气；雅库特的恰扬金气田接近开采[①]。此外，还有一批油气田陆续进入开发周期，例如伊尔库茨克的科维克金气田开始钻探井。但是，受国内外经济影响，2008—2015年天然气产量下降了5.3%，与此同时，2008年以来，液化气出口减少3%，管道气出口减少12%。

---

① 设备已经建设完成，正在积极建设其他相关基础设施，预计每年将生产250亿立方米的天然气及150万吨的凝析油。

2. 应对

为此,近几年来俄罗斯采取的一系列措施是:

(1) 采用先进技术开发具有经济效益的天然气资源,推动老区和新区(东西伯利亚和远东)及大陆架的天然气产量增长近40%。

(2) 推动石油出口,实现原油和油品出口多元化。

(3) 在天然气行业建成了一批天然气管道,如在远东地区建立天然气运输系统,完成萨哈林—哈巴罗夫斯克—符拉迪沃斯托克天然气运输系统的一期建设,开始西伯利亚力量输气管道的建设等。2014年年底俄罗斯宣布放弃"南流"建设,取而代之的是与"南流"输气能力相同的"土耳其流"新建设项目。此外,俄罗斯完成了扩大"北流"输气能力的谈判,完成向中国出口天然气的西线和东线的谈判。加快亚马尔和东西伯利亚及萨哈林新油田的开发及扩大天然气输气系统以满足未来国内外市场对天然气的需求,确保俄罗斯天然气产量稳居世界第二的地位。同时,开发液化天然气资源从而开辟国外液化天然气市场,提高国际市场的竞争力和市场占有率。

(4) 继续完善税收体系。

3. 战略实现程度

与能源战略目标相差较大。2015年俄国内GDP增长低于2035年战略规划的预期。国内单位GDP能耗与2008年相比有所降低,但是高于2035年战略规划的预期。其中,石油消费大于2035年战略规划的预期,而天然气消费量低于预期(见表1-4)。石油出口及天然气出口规模明显减少,其中,天然气出口下降尤为明显,至少比计划减少600亿立方米。煤炭出口有所增加,电力出口为零(见表1-5)。

表1-4 俄罗斯国内主要能源产品需求预测

指标	单位	2008年实际	2014—2016年(2035年战略规划)	2014年实际
国内一次能源消费	百万吨油当量	998	1008—1107	1011
国内石油消费(含加工)	百万吨	237	232—239	294
国内天然气消费	十亿立方米	459	478—519	462

续表

指标	单位	2008年实际	2014—2016年（2035年战略规划）	2014年实际
国内固体燃料消费	百万吨油当量	184	168—197	166
国内电力消费	十亿千瓦时	1023	1041—1218	1062
国内GDP的能耗（相对2008年百分比）	百分比	100	92.1	94.6
国内GDP增长（相对2008年百分比）	百分比	100	112.5	105.9

数据来源：《2035年前俄罗斯能源战略》草案。

表1-5　　　　　　　　燃料能源资源出口预测

指标	单位	2008年实际	2014—2016年（2035年战略规划）	2014年实际
出口总计	百万吨标准燃料	876	913—943	922
其中：				
石油	百万吨	243	243—244	223
天然气①	十亿立方米	195	270—294	209
煤炭	百万吨标准燃料	73	72—74	121
电力（净出口）	十亿千瓦时	18	18—25	0

数据来源：《2035年前俄罗斯能源战略》草案。

（1）石油超预期。2008—2014年俄罗斯一次能源生产增长了2.8%，超过2035年战略规划的预期，其中石油和凝析油产量从2008年的4.88亿吨提高到5.25亿吨，涨幅约7.6%，大大高于2035年战略规划最低4.83亿吨的水平（见表1-6）。根据俄罗斯能源部发布的数据，2015年俄罗斯石油产量达到了5.34亿吨，同比增长1.4%，刷新历史最高纪录，其中，俄油公司（Rosneft）石油产量达到1.89亿吨，占全国总产量的35%（这一比例大大超过了普京总统2012年为该公司设定的目标）。加工方面，2015年俄罗斯加工原油2.82亿吨，同比减

---

① 包括中亚天然气、液化气。

少1%。勘探方面，2015年新增石油储量7.1亿吨，超过当年的产量。

表1-6　　　　　　　　　燃料能源生产预测与实际

指标	单位	2008年	2014—2016年（2035年能源战略）	2014年
一次能源生产	百万吨标准燃料	1817	1827—1952	1868
其中：				
天然气	十亿立方米	664	682—742	639
石油和凝析油	百万吨	488	483—493	525
煤炭及其他固体燃料	百万吨标准燃料	225	212—260	249
非化石能源	百万吨标准燃料	130.5	134—140	136

数据来源：《2035年前俄罗斯能源战略》草案。

表1-7　　　　　　　　　发电量预测与实际

指标	2008年	2014—2016年（2035年能源战略）	2014年
发电量（十亿千瓦时）	1040	1059—1245	1062
其中：			
核电	163	194—220	181
水电和可再生电站	167	181—199	175
冷凝发电	322	299—423	325
火电厂	386	385—403	379

数据来源：《2035年前俄罗斯能源战略》草案。

（2）天然气未达到目标。2014年天然气产量6390亿立方米，不但没有达到2035年能源战略设定的6820亿立方米最低指标（少了430亿立方米），反而比2008年还下降了约3.8%。2015年天然气产量6353亿立方米，同比减少1%。2015年新增天然气储量9000亿立方米。

（3）出口整体平稳。根据俄罗斯海关统计，2015年俄罗斯共出口原油2.44亿吨，获出口收入895.77亿美元；出口天然气1855亿立方米，获出口收入418.44亿美元；出口液化气2140万立方米，获出口收入45.46亿美元。其中，向独联体以外国家出口原油2.22亿吨，同比增长11.2%，出口天然气1447亿立方米，同比增长14.7%；向独联体国家出口原油2288.2万吨，同比减少5.2%，出口油品827.2万吨，同比减少13.6%，出口天然气407亿立方米，同比减少15.2%。2015年俄罗斯天然气的主要出口国家是：德国（453.14亿立方米）、意大利（244.18亿立方米）、土耳其（270.15亿立方米）。

表1-8　　　　　　　2015年俄罗斯油气进出口结构

进出口	能源种类	总计 万吨	总计 亿美元	独联体以外国家 万吨	独联体以外国家 亿美元	独联体国家 万吨	独联体国家 亿美元
出口	原油	24448.51	895.765	22160.34	839.557	2288.17	56.208
	油品	17153.45	674.031	16326.21	633.487	827.24	40.544
	车用汽油	474.62	24.810	244.90	13.176	229.73	11.635
	柴油燃料，不含生物柴油	510.213	258.534	4782.08	241.127	320.05	17.406
	液态燃料，不含生物柴油	892.066	23.816	8793.92	259.908	126.74	3.908
	液化气（万立方米）	2140	45.461	2140	45.461	—	—
	天然气（亿立方米）	1855	418.443	1447	—	407	—
进口	原油	285.45	6.478	0.0	0.0	285.45	6.478
	油品	128.65	10.677	35.46	6.785	93.19	3.892
	车用汽油	80.12	3.344	0.07	0.010	80.05	3.334
	柴油燃料，不含生物柴油	9.66	0.343	0.69	0.054	8.97	0.289
	液态燃料，不含生物柴油	0.08	0.004	0.02	0.002	0.06	0.002
	天然气（亿立方米）	88	1.727	—	—	88	—

数据来源：俄罗斯联邦海关，国际文传，2016年2月17日。

根据《2035年前俄罗斯能源战略》草案，2015—2035年俄罗斯国内对石油的需求预计减少18%—24%，天然气的需求预计增长17%—24%，天然气出口增长35%—52%，即从2090亿立方米提高到2820—3170亿立方米。但是，根据前述分析，这些规划均脱离实际，难以实现。

然而，也有值得关注的良好趋势。主要表现在国内一些老油田的采收率得到提升，操作成本下降（约为4美元/桶），同时油品质量得到提升。

三 影响因素分析

1. 国内政治局势稳定

我们判断,目前和今后在普京执政时期,俄罗斯的政权、政局和政策是基本稳定的。国内的反对派难以对普京的政权构成威胁,国内的政策不会出现重大变化,但是针对新的全球发展态势,预计将做出更加务实的调整,包括对外合作政策。西方与俄罗斯的制裁和反制裁的博弈依然持续。近期石油战略联盟和石油金融领域是否出现新的变数值得观察。

2. 国内经济形势严峻

根据俄联邦国家统计局的数据,2008 年国际金融危机后,俄罗斯政府的反危机计划促使经济略有反弹。但是,到 2015 年,俄罗斯经济已经连续多年衰退,经济走势严重下滑。由于俄罗斯能源产业国有化的趋势,国家的控制和投资取代了更为有效的私人投资,使得能源产业效率降低。

油价下跌以及伴随着的西方国家的经济制裁,从短期看,已经造成了俄罗斯财政收入的减少和市场的波动,从而影响了俄罗斯油气行业的中长期发展和经济增长。

过去俄罗斯对外国产品的高度依赖是高油价、较差的投资环境和较低的劳动生产率的直接后果,这导致采购进口商品比在俄罗斯国内生产的商品成本更低、质量更好。在经济下滑和西方制裁的条件下,俄罗斯提出了进口替代的经济增长方式。为了实现进口替代,必须在其他工业部门降低成本、增加竞争、提高投资效率,但是由于对外国贷款的限制、本国利率高、对私人资产的保护不足、经济部门的高度垄断性和政府开支的低效率等,能否实现这一战略目标仍值得观察。

3. 本国社会、人文和决策思维

俄罗斯人的民族主义情绪较高、大国情怀浓厚。普京的决策思维比较强势,对能源政策具有直接的影响。但是否具有灵活的空间,能否与外部世界(欧美、欧佩克、中国等)取得协作有待观察。

四 俄罗斯能源战略演变

俄罗斯是一个高度重视能源战略制定、规划和滚动更新的国家，能源政策均依照战略来制定。自独立以来，俄罗斯的能源战略主要有以下三个版本。

1.2003 年颁布的《2020 年前俄罗斯能源战略》

根据《2020 年前俄罗斯能源战略》，石油工业发展的战略目标是：稳定、持续、经济，从而有效地满足国内外相关部门（加工工业、服务领域、运输等）对石油的稳定需求，确保国家财政收入稳定增长，保障俄罗斯的世界地缘政治与区域经济利益。因此，石油综合体发展的基本任务是：合理利用探明石油储量，保证石油开采工业原料基地的扩大再生产；开发经济有效的新开采工艺，提高采收率，开发东西伯利亚、远东地区、北极大陆架等新区；在石油勘探、开采、运输及加工过程中，节约资源和能源，减少生产过程中各阶段的损耗；经济合理地促进原油深度加工，综合提取和利用所有伴生及溶解的组分；建立和发展新的大型开采中心；发展运输基础设施以提高石油出口效益，促进国内外市场供应方向与方式的多样化；在新的石油开采区形成运输体系；推动俄罗斯的石油公司参与国外石油生产、运输及销售的步伐，扩大俄罗斯在国外市场中的份额。

天然气工业的发展目标是：稳定、持续和经济，从而有效地满足国内外市场对天然气的需求；发展统一的天然气供应体系，并将这一体系扩大到俄罗斯东部地区，加强全俄天然气供应的统一性；调整和完善天然气工业组织结构，提高天然气工业活动的经济效果，形成竞争性的天然气市场；保证国家财政收入稳定增长，并带动对相关行业（冶金、机器制造等）产品的需求；保证俄罗斯在欧洲、邻国以及亚太地区的地缘政治与区域经济利益。为此，需要完成以下基本任务：合理利用探明天然气储量，保证原料基地的扩大再生产；在天然气勘探、开采和运输过程中，节约资源和能源，减少和降低工艺过程各阶段的损耗；综合提取及利用所有有价值的伴生气；在东西伯利亚、远东地区、亚马尔半岛、北极和远东大陆架形成新的大型天然气开采区或开采中心；发展天然气加工工业及氦工业；发展天然气运输基础设施，促进天然气出口多样化，充分利用新天然气开采区的生产能力。

能源运输基础设施发展部署：及时发展能源输送基础设施，开发新的油气田，建立新的出口方向（包括东方油气走廊），建立新的油气管道和成品油管道系统及相应的港口设施。不实施这些规划，就谈不上发展俄罗斯燃料能源综合体的潜能，更谈不上提高俄罗斯在全球能源地缘政治中的地位与影响。

未来最重要的战略性基础设施规划是：建设"东西伯利亚—太平洋"石油运输管道；建设"布尔加斯—亚历山大鲁波里斯"输油管道；建设"哈里亚格—因迪加"输油管道；建设"北方"成品油管道体系；建设"北流"输气管道；建设阿尔泰输气管道。

概括而言，石油工业的根本任务是：确保增储稳产，增加新区投入开发，实现储量接替。天然气工业的根本任务是：开发已发现储量，解决技术问题、基础设施和投入的问题，稳步提高天然气产量、提高对本国天然气的利用率。在地区上，突出推进东部地区油气资源开发和北极地区战略性天然气资源的开发。同时，尽快参与国际油气资源开发，在天然气领域与下游消费市场合资合作，确保市场安全。

2.《2030年前俄罗斯能源战略》

《2030年前俄罗斯能源战略》于2009年8月27日获得政府会议通过，2009年11月13日俄总理普京签署批准《2030年前俄罗斯能源战略》的第1715号政府令。

（1）其战略目标是建立国家创新和高效型的能源部门。能源战略的主要任务是在能源领域建立稳定的环境，建立新的能源基础设施和实现现代化，提高俄罗斯经济和能源的能源经济效率；提高燃料能源资源再生产、开采和加工效率；使俄罗斯能源在世界能源体系中更加一体化发展。

2030年战略希望达到以下具体目标：①稳定原油年产量在5.25亿吨，在良好的国内外市场行情下，基于国产先进生产技术实现产业现代化和发展，确保石油采收率从28%提高到40%；难采储量开采量占总产量的17%（目前约占8%）。②原油加工深度从72%提高到90%，生产高标号动力燃料。轻质油出油率从58%提高到73%—74%。③采用先进技术，发展石油和油品管道运输网络。④加大国内外石油供应量和实现出口市场多元化，其中向亚太地区市场的供应量提高2倍（从5100万吨提高到1.1亿吨）。⑤通过努力，克服当前天然气供应下降的趋势，2020年前天然气和伴生气产量能够提高3%—17%，2030年前能够提高29%—39%（从6390亿立方米提高到8210亿—8850亿立方米）。达到上述产量主要依靠鄂毕—塔佐夫湾产区天然气产量的提升以及在亚马尔半岛、东西伯利亚和远东、俄罗斯海域建立新的开采中心。广泛使用新技术，2035年前将天然气输送中的天然气消耗降低8%—10%。

（2）战略实施阶段及主要任务。2030年能源战略分三个实施阶段，第一阶段为2009—2015年，第二阶段为2015—2022年，第三阶段为2022—2030年。根据战略文件，到2030年，石油产量在2008年的基础上增长9.7%，加工量增长16%—31%，天然气产量增长33%—42%，其中独立天然气生产商占总产量的份额将从17%上升到27%。

第一阶段（2009—2015年）的主要任务是：尽快克服金融危机对俄罗斯经济和能源领域的影响，利用经济危机提升燃料能源综合体的质量和现代化。在这一阶段，油气储量应分别增长18.54亿吨和4.1万亿立方米，深钻井进尺730万米。油气产量将达到4.86亿—4.95亿吨和6850亿—7450亿立方米。

第二阶段（2015—2022年）的主要任务是：全面提高经济和能源发展中的能源效率；加快东西伯利亚、远东地区、亚马尔和极地海大陆架的能源项目的实施；能源部门创新发展。这一阶段油气储量将分别增长55.97亿吨和5.4万亿立方米，深钻井进尺2410万米。油气产量将达到5.05亿—5.25亿吨和8030亿—8730亿立方米。

第三阶段（2022—2030年）的主要任务是：实现传统能源的高效率利用，逐步向新能源转变。这一阶段，油气储量应分别增长51.22亿吨和6.5万亿立方米，深钻井进尺3985万米。油气产量将达到5.30亿—5.35亿吨和8850—9400亿立方米。

在《2030年前俄罗斯能源战略》中，不仅规划了能源生产投资指标，还规划了能源安全指标、能源经济效率指标、能源经济和预算指标、能源生态安全指标。与此相应，需要关注配套的2030年发展规划，包括2030年地质勘探发展战略、2030年天然气发展总体规划和液化天然气发展规划。

（3）地质勘探发展战略。2010年6月16日通过的2030年地质勘探发展战略的目标是形成地下资源地质研究和矿产原料基地再生产的高效体系，合理利用地下资源，减少由不良地质过程和现象造成的损失，保证完成地质部门现阶段和长期的任务。该战略主要包括以下四方面内容：①更清楚地界定俄政府和私营企业的责任范围。②保证最大程度地获取公共信息资源，特别是数字化的地质资料。③消除过多的行政障碍，以促使中小企业能够进入这一领域，对一些大型企业不感兴趣的中小型矿藏进行开发。④加强对大陆架的研究。2009年大陆架的研究程度为42%，2012年这一指标可以提高到44%，2020年达到60%，2030年达到80%。总体而言，该战略旨在为俄罗斯的地质研究和矿产资源基地的再生产建立一个非常有效的制度，通过建立有效的管理体制来确保俄罗斯的地缘政治利益和原料安全。该计划分为三个时间段：2010—2012年，确定法律和经济机制的优先事项；2013—2020年，完成有关体制改革；2021—2030年，促进地质信息的自由交流，预计勘探活动和投资吸引力会因此大大增加。

围绕《2030年前俄罗斯能源战略》，同一时期还出台了天然气和液化天然气的配套战略和规划。

天然气总体规划：继2007年俄罗斯政府批准《在东西伯利亚和远东地区建设天然气开采、运输、供应统一系统及向中国和亚太地区其他国家出口天然气的规划》之后，俄罗斯能源部和俄罗斯天然气工业股份有限公司（Gazprom）于2008年年底完成了《俄罗斯2030年前天然气行业发展总体规划》草案（以下简称《规划》），并于2009年3月将草案提交政府审查。这个《规划》是俄罗斯天然气领域第一个全国性的行业发展纲要，由Gazprom根据2004年2月的总统令委托开始编制，多次修改，于2008年年底正式完成。《规划》编制的目的是明确天然气行业的战略发展方向，保证俄罗斯国内用户供气安全和履行国际供气协议与合同。《规划》中对俄罗斯天然气工业的现状、存在问题和未来发展方向进行了详尽描述，内容涉及天然气国内外市场需求与供应预测、资源、运输、加工、工业改扩建及新建工程量、相关行业设备材料需求，以及生态、科技进步、地区气化、投资需求、风险分析与发展措施等内容。

《规划》预测2030年俄罗斯国内天然气需求量比2007年高出17%—33%，约为4910亿—5550亿立方米；出口天然气需求约为4150亿—4410亿立方米。2030年俄罗斯国内天然气产量为8760亿—9810亿立方米；向俄罗斯供应的中亚天然气为700亿立方米/年左右。预计2008—2030年，俄罗斯天然气行业的投资将达到13.9万亿—16.6万亿卢布（约5687.7亿—6792.5亿美元）。《规划》明确了萨哈林开采中心是向亚太地区出口天然气的主要资源基地，从2015年开始从俄东部地区向亚太地区供应天然气（90亿立方米/年），计划到2020年实现大规模供气（250亿—500亿立方米/年）。

液化天然气战略：2010年俄政府批准了亚马尔半岛液化气生产的综合计划，该计划包括在2012—2018年建成年产1500万吨液化气的液化气厂，生产能力可能提高到3000万—5000万吨。

3.《2035年前俄罗斯能源战略》

2013年7月俄罗斯开始制定2035年前能源战略，是对2030年前能源战略的修订更新，并将战略期延长到2035年。但是，这个战略规划经历了2014年和2015年外部形势不断变化的冲击，直到2015年9月16日才形成初稿。目前已递交政府部门审议。

（1）文件根据：2009年5月12日批准的俄罗斯总统第537号令《2020年前国家安全战略》、2009年11月13日政府批准的《2030年前俄罗斯能源战略》、2012年11月29日俄罗斯总统批准的《能源安全学说》、2014年1月3日俄罗斯联邦政府批准的2030年俄罗斯科技发展预测、2014年12月4日的总统国情咨文、2015年5月14日政府令关于政府主要工作方针和俄经济发展部2015年6月10日提交的俄罗斯社会经济长期发展预测主要参数。

（2）制定背景：2014年开始的地缘政治危机引发了西方国家对俄

罗斯在金融、技术等方面的制裁，加之石油价格深度和持续的下跌，这些因素的变化都迫使俄罗斯必须对燃料能源综合体未来的发展做出新的分析和预测。

（3）战略研判：2035年能源战略实施期分为两个阶段，2020年前为第一阶段（可能延长到2022年），2021—2035年为第二阶段，有保守方案和目标方案两个方案。

这一战略对俄罗斯能源发展现状、面临的挑战和发展趋势做了如下分析：俄罗斯的燃料能源综合体整体处于稳定和持续发展的状态。今后制约俄罗斯能源发展的主要因素是：①俄罗斯经济的低增长和衰退，国内对燃料和能源需求增长大大放缓，对燃料能源综合体的投资下降；②油气资源基地条件恶化，正在开发的油田储量日益枯竭，新发现的地质储量规模小、质量差、地质构造复杂、位置偏远，导致开发成本增加；③俄罗斯燃料能源综合体的技术水平远落后于发达国家，很多设备、物资材料和服务严重依赖进口，而在当前欧美对俄制裁的情况下，某些投资项目的实施可能会延迟；④基础设施和生产设施损耗程度高，急需更新，但更新成本高且目前受到一定阻碍；⑤对外部不稳定的能源市场依赖性过高。

面对外部挑战和国内系列问题，俄罗斯经济发展数据和资源技术潜力的变化决定了必须要改变发展模式。首先要确保加快创新发展和结构调整。通过结构转型，使得能源行业向高质量、高水平的方向发展，最大限度地促进国家社会经济发展。具体包括：加快现代化改造，提高固定生产设施的质量和增加使用年限；提高燃料能源综合体行业中高水平工作岗位的比例；改变不同形式所有制机构的比例，向提高独立公司的数量和培育市场竞争环境方向转变；在燃料能源综合体产品生产、国内消费和产品出口结构中提高高端加工产品的比重；提高高品质和生态清洁的能源产品消费比例；提高国产设备、商品和服务在经营主体采购中的比例，实现进口替代。上述结构性变化将提高投资吸引力和投资效率，是提高能源效率、降低GDP能耗和降低对环境的负面影响的决定性因素。

（4）战略目标：除上述提到的结构性变化，2035年前还将达到以下能效目标、环保目标、新能源目标、人才目标和出口结构目标：降低GDP中的能耗和电力消耗（总计减少能耗 1.6 倍，减少电力消耗 1.4 倍）；降低发电用燃料的比例和燃料能源综合体行业自用能源的消耗比例，特别是电力和天然气行业；减少燃料能源综合体企业对环境的污染；提高采用二次和三次提高采收率方法采出油气的比例，以及非常规资源的比例；能源资源出口市场地区结构多元化，大幅提高亚太地区国家市场份额；提高对非传统可再生能源发展和利用的投资；专业化人才队伍保障。具体如下：

①持续、可靠和有效地满足国内对能源燃料的需求，预测 2035 年与 2014 年相比，国内一次能源需求增长 17%、电力需求量增长 36%（见表 1-9）、一次能源生产增长 22%。

表1-9　　　　2035 年前俄罗斯国内对能源资源需求的预测

区	单位	2010年	2011年	2012年	2013年	2014年	2015年	2020年	2025年	2030年	2035年
国内一次能源需求	百万吨标准燃料	993	1008	1016	1008	1011	1007/1006	1044/1027	1105/1073	1150/1110	1185/1130
相对2014年百分比	%	98	99	101	100	100	100/100	103/102	109/106	114/110	117/112
国内石油需求量（加工）	百万吨	250	257	271	281	294	286/283	277/255	250/240	250/235	240/225
相对2014年百分比	%	85	87	92	96	100	97/96	94/87	85/82	85/80	82/76
国内天然气需求量	10亿立方米	460	471	468	469	462	459/458	492/478	539/513	560/532	571/542
相对2014年百分比	%	100	102	101	102	100	99/99	106/104	117/111	121/115	124/117
国内固体燃料需求量	百万吨标准燃料	179	176	180	172	166	162/163	159/160	166/161	173/167	177/165
相对2014年百分比	%	108	106	109	104	100	98/98	96/97	100/97	104/101	107/100
国内电力需求量	10亿千瓦时	1021	1041	1063	1055	1062	1062/1062	1111/1109	1197/1181	1310/1255	1440/1320
相对2014年百分比	%	96	98	100	99	100	100/100	105/104	113/111	123/118	136/124

数据来源：《2035 年前俄罗斯能源战略》草案。

② 2020 年一次能源生产与 2014 年相比将增长 8%，2035 年将增长 22%；2020 年天然气产量与 2014 年相比将增长 17%，2035 年将增长 39%；可再生能源和核能 2020 年将增长 12%，2030 年将增长 65%；电力 2020 年将增长 8%，2035 年将增长 43%（见表 1-10）；石油产量在 2020 年和 2035 年前整个期间将维持在 2014 年的 5.25 亿吨水平上下。2020 年能源资源出口与 2014 年相比增长 6%，2035 年将增长 20%。（见表 1-11）

表 1-10　　　　　　　　2035 年能源战略实施指标

序号	指标	实施阶段	
		第一阶段 2020 年前	第二阶段 2021—2035 年
目标指标（相对 2014 年，%）			
1.	降低发电用燃料的比例	>2	>13
2.	降低油气生产部门自用天然气的比例	>4	>21
3.	主要燃料平衡表储量中年平均新增储量与年平均产量的比例	>1	>1
4.	主要能源资源产量增长率 　一次能源 　电力 　天然气 　可再生能源和核能	8 8 17 12	22 43 39 65
5.	一次能源出口量增长	>8	>20
6.	提高燃料和能源出口收入	9	30
7.	天然气出口在燃料和能源总出口中的占比（阶段末期占比，2014 年为 26%）	30	33
8.	亚太地区在燃料和能源总出口中的占比（阶段末期占比，2014 年为 15%）	>25	>39
9.	降低固定生产资产平均损耗	>7	>25
10.	燃料能源综合体企业产品采购中国产比例（阶段末期占比）	>60	>85
11.	技术创新支出在总生产支出中的比例（阶段末期占比）	>1.5	>3
12.	员工培训支出在总技术创新支出中的比例（阶段末期占比）	>0.4	>1.0
13.	降低能源企业对大气和水的污染物排放指标	>25	>50

续表

序号	指标	实施阶段 第一阶段 2020年前	实施阶段 第二阶段 2021—2035年
	结果指标（相对2014年,%）		
1.	单位国内生产总值能耗	<94	<63
2.	单位国内生产总值电耗	<94	<72
3.	燃料能源综合体生产总增加值在国内生产总值中的占比（阶段末期占比）	28	19
4.	燃料能源综合体企业上缴的税费在俄联邦预算税收收入中的占比（阶段末期占比）	29	22
5.	燃料能源出口收入占俄罗斯总出口收入的份额（阶段末期占比）	57	33
6.	增加燃料能源综合体设备、材料和建设采购年平均订单（相对2011—2014年年平均数的百分比）	30	75
7.	温室气体排放标准（相对1990年,%）	<71	<75

数据来源：《2035年前俄罗斯能源战略》草案。

表1－11　　2035年前俄罗斯能源资源出口预测

	2010年	2011年	2012年	2013年	2014年	2015年	2020年	2025年	2030年	2035年
出口总计（百万吨标准燃料）	890	903	899	922	922	928/921	975/886	1102/942	1105/957	1104/945
相对2014年百分比（%）	97	98	98	100	100	101/100	106/96	120/102	120/104	120/102
其中：										
原油（百万吨）	248	242	240	237	223	235/237	239/252	266/257	266/248	276/242
天然气（十亿立方米）	223	230	215	234	209	201/198	244/184	324/240	324/273	317/282
煤炭（百万吨标准燃料）	77	84	95	108	121	122/121	130/122	153/122	156/122	160/123
电力（十亿千瓦时）	17	14	6	4	0	0/0	18/18	35/23	47/28	74/32

数据来源：《2035年前俄罗斯能源战略》草案。

（5）战略任务：达到上述目标需要完成三个战略任务：①切实保障国家社会经济发展对能源产品和服务在数量、品种和质量等方面的需求；②考虑到俄罗斯地区和空间优先发展方向，出口流向多元化，以及保持在国际能源市场上的主导地位，实现能源生产区域结构的转换；③确保能源部门的技术独立性，提高和扩大俄罗斯燃料能源综合体在国际技术市场上的竞争力。

第一，国家层面。确保国家和地区能源安全，包括防止在任何情况下出现能源短缺，建立燃料战略储备及必备的储备能力和配套设备，确保电力和供热系统稳定；鼓励和支持燃料能源综合体和相关工业产业机构在提高燃料能源资源利用效率和生产潜力方面的创新活动；使能源开采、生产、运输和消费对环境、气候和人们身体健康的负面影响降到最低；发展平等竞争，包括在国内能源市场上为俄罗斯公司提供平等竞争条件和透明、非歧视性定价机制，国家对自然垄断活动的调节；提高对国有机构和国家参股的股份公司的管控效率，减少作业和资本支出；促进能源出口方向多元化和优化出口产品结构；发展东西伯利亚和远东地区能源基础设施，以加快俄罗斯经济发展和提高向亚太地区国家的能源出口。

为此，俄罗斯计划在到2035年前的整个战略期，将能源领域的投资在俄罗斯经济总投资中的占比从25.9%下降到16%—19%，能源领域的投资在GDP中的占比也将相应地从5.6%降到4.5%—4.7%。其中，2031—2035年石油领域的投资水平，按保守方案比基准水平（2011—2015年投资总额）减少6%，目标方案为增加14%。同时在石油领域的投资结构中，开发投资比例（包括地质勘探）提高25%—28%（从占比60%提高到88%—91%），石油加工投资份额减少8%—10%，运输投资份额减少18%—19%。总体来看，石油行业投资在整个燃料能源综合体总投资中的占比从47%下降到39%。天然气行业投资预测需求量比基准水平高出52%—58%，同时在天然气领域的投资结构中，开发投资占比比基准水平高出10%—11%（从占比32%提高到42%—43%），地下储气和天然气加工领域投资占比提高5%—7%，运输投资占比下降15%—18%。总体来看，天然气行业投资在整个燃料能源综合体总投资中的占比从28%提高到38%。

此外，通过节能和提高能源效率，2035年俄罗斯单位产值的能耗和电耗分别下降到2014年的63%和72%。

第二，产业层面。燃料能源综合体应该保证俄罗斯石油资源现状能够维持目前的开采水平，而天然气资源状况足以保障大幅提高产量。2035年前依靠勘探能够确保新增石油储量130亿—150亿吨、天然气25万亿—27万亿立方米。同时油气深钻井工作量能够达到25000千米。在2035年前的这段时期，新增油气储量仍然主要来自西西伯利亚、勒拿—通古斯、滨里海、季曼—伯朝拉和伏尔加—乌拉尔含油气区，未来需加快在俄罗斯黑海、里海及巴伦支海大陆架、喀拉海、伯朝拉海和鄂霍茨克海的油气勘探与增储上产。

第三，对外贸易与投资层面。进口替代和跨领域间协同发展的任务是：①深化行业之间相互合作，支持优先投资项目的实施；②建立自主的科技和工业基础，开发、生产高质量的能源装备，保障关键技术。采取的一系列措施包括在国内税收、关税技术调节等方面鼓励使用国产设备、配套装备、物资材料和服务；对优先重点项目提供优惠贷款等融资措施；进口替代目标是，2020年燃料能源综合体企业采购国产设备应占60%，2035年前提高到85%。优先推动能源出口多元化，优化出口产品结构。

同时，面对外部环境一系列挑战，采取一系列合作措施，包括扩大与国际社会和组织的合作领域、合作形式；就俄罗斯参与欧洲天然气市场转型和利益互保等问题与欧盟开展积极对话；加强与亚洲消费国的能源对话，建立平等互利体系；积极参与国际能源问题谈判，巩固能源出口国、消费国和过境国的利益平衡原则；支持俄罗斯公司收购国外油气资产，保护俄罗斯投资者的利益；积极参加能源技术开发的国际合作项目；加强在北极的国际合作。

第四，科学、技术、人才层面。大力推进科技创新，推动社会领域的支持和人力资本发展。在国际上，俄罗斯能源对外政策的方针是保持和加强在世界能源市场上领先者的地位，降低俄罗斯公司在对外经济活动中的风险，提高经营效率。在保持传统的和新的能源需求方之间长期稳定关系的基础上确保国家利益。

实施这一战略的主要目的是使能源行业向更加高水平、高质量的方向转变，促进俄罗斯社会经济发展，确保自然资源的高效利用，使其生产和经济潜力得到最大限度地发挥。

（6）预期结果

①能源需求。持续、可靠和有效地满足国内对能源燃料的需求，预测国内一次能源消费增长17%、电力消费增长36%、一次能源生产增长22%。克服短期的经济衰退后，平均每年向能源领域的投资增加1.2—1.5倍。

②能耗。降低经济中的能耗62.5%，降低GDP中的电力消耗71.4%，主要依靠降低发电站使用燃料的比例以及燃料能源综合体自用能源的消耗量（主要是电厂和天然气行业）。

③能源出口市场和产品多元化。包括扩大向亚太地区的能源燃料出口，使其占总出口量的39%。提高天然气出口量，使其在燃料能源资源总出口中的比例达到34%（包括液化气）。提升出口政策的灵活性，保住俄罗斯在未来20年内在能源生产和销售领域世界第三的地位，最终达到能源资源出口增长20%，其中向亚太地区的出口量增加2.5—3.1倍。

④石油行业。在这个战略规划期内，石油和凝析油产量将稳定在5.25亿吨。在国内外良好的市场环境下，储量采出率系数提高，难采石油资源得以有效开发，大陆架石油产量大幅提高，依靠这些有利条件石油产量还有提高的可能。2020年原油出口将增长7%—8%，在向亚太地区国家的原油出口量提高1.8—2.2倍的情况下，2035年原油总出口将增长24%。

⑤加工业。2020年将向炼厂供油2.77亿吨，2035年将减少到2.4亿吨，在对炼厂供油量减少的情况下，依靠采用先进工艺技术提高炼厂效率（原油加工深度从72%提高到90%，生产更高环保等级的动力燃料，轻质油出油率从58%提高到73%—74%）。

⑥天然气行业。在良好的国内外市场环境下，依靠鄂毕—塔佐夫湾天然气产量增长1.4—1.6倍，在亚马尔半岛、东西伯利亚和远东地区

以及海域建立起新的天然气开采中心，天然气产量将增长 40%。同时，天然气出口量将提高 1.5 倍，保障条件是实现天然气出口市场和品种多元化，即向亚太地区的天然气出口量（包括液化气）提高 8—9 倍，从 140 亿立方米提高到 1280 亿立方米，液化气出口增加 5 倍以上，从 140 亿立方米提高到 740 亿立方米；建立 6 个石油化工集群，即西北、伏尔加、西西伯利亚、里海、东西伯利亚和远东 6 个石油化工综合体，对不少于 1/3 产量的天然气进行深加工，生产具有科技含量的高附加值产品。

⑦提高燃料能源综合体企业采购国产设备的比例。第一阶段国产化率达到 60%，第二阶段达到 85%。提高对国产设备建材的年平均订购量，比 2011—2014 年的平均量增加 75%。

第三节 能源合作

俄罗斯以其拥有丰富的油气资源吸引了外国投资者的投资热情。俄罗斯油气勘探开发市场完全对外开放，但开放的资源基本是地质条件差、基础设施差、勘探风险高、气候恶劣、投资需求大的新区，且外国投资者参与战略性资产和海上油气项目有法律上的限制，属于有条件的对外能源开放。

一 对外合作概况

1. 俄罗斯油气对外合作历史

（1）主要合作模式：俄罗斯油气对外合作主要采取产品分成协议（PSA）、矿税制合同、服务合同、组建合资公司和国际财团等方式，但签署新的产量分成协议方式有一定限制，普遍采用矿税制合同。

（2）20 世纪 90 年代中期，欧美石油巨头开始进入俄罗斯石油大型勘探开发项目，以壳牌、埃克森等为主导的国际财团分别签署了萨哈林—1、萨哈林—2 产量分成协议，道达尔签署了哈里亚格项目的产量分成合同，这是俄罗斯迄今签署的仅有的三份产量分成合同。国际石油巨头，特别是 BP、壳牌（Shell）、道达尔（Total）和埃克森等公司均从长远战略考虑,进入俄罗斯的战略油气区域,从事油气勘探开发,锁定未来的油气资源供应。国外的中小石油公司在现有油田的投资合作也相对活跃。国外的技术服务公司巨头也进入俄罗斯的服务市场。

(3) 进入 21 世纪后,外国公司通过收购俄罗斯一体化公司,迅速扩大在俄罗斯的油气资产规模。BP 曾以 65.7 亿美元收购了 THK 公司 50% 的股份,成为在俄罗斯投资规模最大的外国石油公司;康菲也曾以 19.88 亿美元购买鲁克公司 7.59% 的股份,随后继续增持该公司的股份,到 2006 年已持有鲁克 20% 的股份;中石化购买乌德穆尔特石油公司,并与俄罗斯石油公司组建合资公司共同管理乌德穆尔特石油的资产。

(4) 21 世纪前 10 年,俄罗斯油气对外开放政策呈现收紧态势。这一时期的政策重在加强本国国有石油公司的主导地位,使外国公司获得大型油气资产和海上油气资源受到一定的政策限制,外国公司进入了与俄罗斯国有公司合作的阶段。

(5) 2011 年后到 2014 年欧美对俄采取制裁行动之前,俄罗斯油气对外合作进入新的活跃期,与国际大油公司签署了一系列重大战略合作协议,如 2011 年 8 月,俄罗斯国家石油公司(俄油)与埃克森美孚签署共同开发北极大陆架的战略合作协议。2012 年 4 月,俄油与埃克森美孚又签署了成立战略联盟后的第二阶段协议,联合开发喀拉海三个油气区块和黑海的图阿普谢区块。其中,埃克森美孚占股 33.3%,俄油占股 66.7%。作为交换,俄油将获得位于美国西得克萨斯、墨西哥湾和加拿大阿尔伯特省的三个项目各 30% 的股份。2012 年 4 月,俄油与埃尼(ENI)签订合同,成立合资公司共同开发俄罗斯巴伦支海和黑海地区的油气资源。埃尼在合资公司中将持股 33.33%,负责地质勘探工作的投资。技术交换将是俄油与埃尼战略合作的重要部分。2012 年 8 月,俄油与挪威国家石油公司(Statoil)签署组建合资公司的协议,共同开发巴伦支海海域区块以及在鄂霍茨克海海域的三个区块。

这一时期俄罗斯油气对外合作在合作领域和合作方式等方面均出现新变化、新特点,体现在:

第一,合作项目主要集中在海上大陆架,尤其是北极地区。2009

年俄罗斯公布了首部关于开发俄属北极地区的纲领性文件——《2020年前及更长期的俄罗斯联邦北极地区国家政策基本原则》，对俄罗斯在北极地区的国家利益、俄属北极地区国家政策的主要目标、战略优先方向、基本任务与措施等都作了明确的界定与规划。2012年4月初，俄政府审议了《2030年前大陆架石油和天然气开发计划》，其中包括对北极地区油气资源的勘探与开发。

第二，国际大油公司成为俄罗斯对外合作对象的首选。从合作伙伴的选择上可以看出，俄罗斯看重的不仅仅是合作伙伴的资金实力，更加注重对方的技术优势和经验。埃克森美孚、挪威国油和埃尼都是具有海上勘探开发先进技术和成熟经验的大油公司，埃克森美孚更是在深海开采、致密气开采技术和寒冷地区海上开采技术上处于领先地位，与它们合作可以在技术上获得保障。

第三，股权置换成为主要的合作方式。在海上大陆架开发项目上，俄罗斯不仅仅是提供资源、获得资金和技术，而且还通过股权置换获得参与对方项目的机会，如在与埃克森美孚的合作中，俄油获得了参与埃克森美孚在美国、加拿大和墨西哥项目的机会，这将有利于俄罗斯进一步拓展国际能源合作领域。采取股权置换的合作方式表明合作双方在寻找一种更为稳固、更为深入、更加有利于实现双赢的合作模式。

第四，提供优惠税制为外资进入创造条件。2012年4月12日，俄罗斯总理普京签发了第443号法规——《提高俄罗斯投资吸引力的有关措施》，指出俄罗斯海上油气项目将要采用的新税制，包括对海上油气田免征出口税，降低开采税，免除所有海上油气项目作业公司进口设备（必须是俄罗斯国内不能生产和制造的）的财产税和增值税等，以确保这些项目在经济上的可行性和投资的长期盈利能力。

（6）制裁后，国际石油公司经历了俄罗斯油气对外合作政策的多次调整和变化压力。2014年以来，美欧对俄采取多轮制裁，同时国际油价持续下跌，对俄罗斯油气对外合作造成极大影响。国际石油公司在俄罗斯的投资经营合作难度较大，部分合作项目不得不暂停，如埃克森撤出北极地质勘探项目。部分外国投资者出售项目股权，如道达尔出售哈里亚格产量分成项目20%的股份等。特别是在深水和难采地区的勘探开发设备供应、技术服务以及融资等方面与西方公司的合作基本停滞。

（7）在遭受西方制裁的情况下，俄罗斯不得不把目光转向与东方的合作，亚太地区国家是其合作的重点。俄罗斯利用中国的资金和市场优势，积极吸引中国公司参加亚马尔液化气项目，向中国公司出售优质油田股份，积极签署天然气东线和西线供气协议，增加向中国的原油供应等。

2. 对外合作政策的调整方向

（1）提高外国公司参与俄罗斯战略性油田的比例。俄罗斯政府部门提出修改相关法律、放宽外国公民进入联邦所属油田工作的政策，允许外国投资者在拥有战略性油田的石油公司中的份额从10%提高到25%。而在此前的法律中，如果石油储量超过7000万吨、天然气储量超过500亿立方米，以及海上大陆架的项目，那么这些项目就属于战略性资源，外国投资者在开发项目中占有的份额不得超过10%。同时，外国投资者在购买拥有战略性油田的石油公司5%的份额时，需要上报联邦反垄断署（ФАС）备案，当购买5%—10%的股份时外国投资者应该获得联邦反垄断署对该项交易的审批，当购买股份超过10%时外国投资者需获得俄罗斯联邦政府的批准。

（2）俄罗斯吸引外资，恢复海上勘探开发的国际合作。2010年6月，俄罗斯石油公司与雪佛龙签署协议，共同开发俄罗斯黑海 Val Shatskovo 油田。这是自2008年5月政府收紧外国投资者在海上油气合作后的第一份海上协议。该油田位于黑海西部，面积为9000平方公里，估计石油储量8.6亿吨，总投资约10亿美元。2010年9月俄罗斯自然资源部地下资源部门通过修订案，增加了合法开发海上油气田的公司的名单，允许国内的非国有石油公司甚至外国石油公司开发俄罗斯的海上油气田，打破了只有俄油和俄气（Gazprom）两家国营公司有资格进行海上开发的局面。

（3）俄政府建议允许外资公司开采大陆架石油，拟出台放宽海上大陆架准入政策。俄罗斯自然资源部建议向俄罗斯私营公司甚至外资公司放开大陆架开发权。俄政府计划放宽条件，为了促进大陆架开发将修改法律，增加能够开发大陆架的公司名单。2008年俄罗斯《矿产资源法》修改案规定，只有拥有五年以上大陆架开采经验的国有公司才能获得俄罗斯大陆架的新开采许可。只有俄气和俄油两家公司符合这样的条件。俄罗斯自然资源部提出，除俄油及其子公司以外，其他拥有必需的财务和技术能力的俄罗斯公司也可以开发海上石油资源，外国公司在拥有项目50%以下股份的条件下也可以参与开发，还将允许外国公司拥有海上天然气项目的非控股股份。作为海上油气田的发现者，可以考虑对其开支进行"合理的补偿"，允许发现者持有非控股股份，同国有公司组成财团进行开发。

（4）明确对外国投资者在俄获得油气大发现后的补偿政策。俄政府批准了对外国投资者发现属于战略性资源的补偿条例，按照该条例，在收回许可证时对投资者所有勘探费用将给予100%的补偿，并根据资源类型和地区差别给予25%—50%不等的奖励。

（5）产量分成合同在俄罗斯陆上新项目中依然受到限制。俄罗斯自然资源部部长明确表示，今后不会广泛采用PSA，只有对难进入的油田或地质构造复杂油田才可能考虑采取这种模式。

二 与中国的合作

1. 合作现状

（1）中俄邦交继续深入。自1992年以来，中俄能源合作经历了七个阶段（见专题四）。自2012年5月普京再次担任总统以来，两国的能源合作取得了快速推进和发展。

俄罗斯方面，2012年普京在竞选总统前发表的对外合作文章中明确表述了继续将发展对华关系作为其外交政策的优先方向，十分强调对华政策的连续性和对华合作的战略意义。与过去俄罗斯领导人上任后一般都把眼光放到西方不同，普京上任后一个月内首先访华，清晰体现了俄罗斯从战略上把中国放在特别重要地位的战略思维。在普京访华期间，普京强调中俄建立全面的战略协作伙伴关系的战略意义，强调落实2013—2016年战略纲要的具体措施，提出加强在能源、航空、贸易与科技园区、保险以及媒体方面的深度合作，体现政治互信、深化务实合作。普京访华着眼于长期合作,力主消除障碍,增进互信。我们也注意到,俄罗斯正在完善移民法律,消除对华劳工限制,在边界加强了军事互信和共同应对自然灾害方面的合作。为了推进其远东地区经济发展,俄罗斯成立了远东部和远东开发公司,大力推进东部合作步伐。这一切清楚表明,俄罗斯比过去更主动,加强了与中国等东方国家的合作,期待有更大的作为。

中国方面,2012年4月国务院副总理李克强访问俄罗斯,提出中俄两国应在经济部门的上、中、下游全面加强合作。2013年3月习近平以国家主席身份首次访问俄罗斯,指出中俄两国都处在发展复兴的关键阶段,两国人民对发展中俄关系、加强各领域合作都有更高的期待。中俄两国对人类和平与发展的崇高事业承担着更大责任,明确中国把发展中俄关系作为外交的优先方向。在此次访问中,两国元首达成新的重要共识,为中俄全面战略协作伙伴关系的持续健康稳定发展注入了新的强大动力。此次会晤期间,中国石油集团与俄罗斯天然气工业股份有限公司签署了中俄东线天然气合作备忘录。

2013年6月21日,在俄罗斯总统普京和中国国务院副总理张高丽共同出席的第十七届圣彼得堡国际经济论坛能源圆桌会议上,中国石油集团和俄油股份公司签署了俄罗斯向中国增供原油的长期贸易合同。根据该合同,俄罗斯将在目前中俄原油管道(东线)1500万吨/年输油量的基础上逐年向华增供原油,到2018年达到3000万吨/年,增供合同期25年,可延长5年;通过中哈原油管道于2014年1月1日开始增供原油700万吨/年,合同期5年,可延长5年。俄方还承诺在中俄合资天津炼厂建成投运后,每年向其供应910万吨原油。未来25年俄罗斯每年将向中国供应逾4000万吨原油,总价值高达2700亿美元。这份协议不仅充分利用了目前中俄原油管道的潜力,同时通过再建复线,扩大了原油贸易规模和运输能力,提升了双边石油贸易水平。同时,中国石油集团还与俄第二大天然气生产商诺瓦泰克公司签署收购亚马尔LNG项目20%股份的框架协议。该协议的签署拓展了中俄油气合作领域,即推动两国能源合作从原油贸易进一步向俄罗斯天然气领域延伸,由国有企业之间的合作向私营大企业延伸的新趋势。中俄两国达成的这一系列油气合作协议是过去两三年来双边紧密交流、谈判和合作的直接成果,更是两国审视全球油气局势变化做出的反应,为中俄油气合作增添了新内容,标志着中俄油气合作的新进展、新水平和新突破。

2013年9月,习近平主席在圣彼得堡二十国集团领导人第八次峰会前与普京再次会晤,双方表示继续加快推进能源、航空等领域战略性大项目合作,继续深化军事军技合作,共同见证了能源、航空、地方合作等领域合作文件的签署。在此次会晤中,中国石油集团同俄罗斯天然气工业股份有限公司签署了中俄东线天然气合作的框架协议、中国石油集团同诺瓦泰克公司关于亚马尔液化天然气股权合作协议。中俄东线天然气合作框架协议的签署清楚地表明了俄罗斯对加快天然气协议谈判的迫切愿望和对中国天然气市场的新认识,为中俄下一步最终达成天然气协议提供和创造了良好条件。

2013年10月22日,在中俄两国第18次总理会晤期间,俄油股份公司与中国石化集团签署俄罗斯向中国增供原油1000万吨的协议。同时,俄气和俄油股份公司分别与中国石油集团会晤,表达了希望加快中俄天然气合作谈判步伐,扩大上下游领域合作程度。

根据上述两国达成的协议和所体现的合作政策,从2013年到2018年中俄两国油气合作格局基本成型。

(2)原油合作。首先在原油贸易方面,建立以原油贸易为中心、以管道贸易为手段、以上下游交叉投资为辅助的合作关系。从1500万吨到4600万吨,乃至5600万吨的提升完全合乎两国现实的资源基础、发展规划和市场需求,未来这一贸易规模仍有进一步增长的空间。2015—2020年中俄能源战略合作至少在原油问题上,可以形成一个比较稳定的供需互保的双边能源安全保障格局。

(3)天然气合作。相比之下,多年来,中俄两国在天然气领域的合作呈现了相对艰难的情形。两国就天然气贸易曾达成诸多共识,直到达成上述的天然气合作框架协议,推进天然气会谈。2007年中国曾应俄罗斯的要求,明确向俄方展示了2020年具有从俄罗斯进口680亿立方米天然气的需求。

但是,两国间多年的天然气谈判进展缓慢,表面原因是在价格差距上（因为双方对天然气价格公式的认识差距较大，脱离了市场实际承受能力，难以达成协议），而根本原因在于双方对当今全球天然气开发趋势、市场状况和未来前景的认识分歧。

此次中国石油集团与诺瓦泰克公司达成的天然气合作框架协议是积极和明智的。首先，这一合作行为体现了中国石油集团和私人公司对全球天然气资源与市场前景的正确判断。其次，这一合作意向体现了中方对俄天然气开发、出口趋势以及对俄新合作伙伴的正确判断和选择。面对欧洲天然气需求下降的趋势，俄罗斯必须平衡管道天然气出口和液化天然气出口的关系，客观认识2018年前后世界区域天然气市场的潜在变化，客观认识中国和印度在亚洲市场的中心地位与特殊性。从2013年俄罗斯的动议和对外姿态看，俄气开始对全球区域天然气市场、区域价格走势、中国市场需求和接受能力有了更加明确的认识，有望加快推进。

总之，2012年后中俄在油气领域的合作成果将两国的能源合作带入新阶段，2013年两国国有石油公司在石油进口、管道运输、液化天然气和东西伯利亚的油气勘探开发领域均签署了系列合作协议或合作意向，且有加快之势，基本确定了2018年以前双边油气合作的基本格局，对今后的能源合作具有直接的影响。

2. 不确定性因素

中俄油气合作存在巨大的共同利益，利益互补和交叉性非常明显，这是两国走向合作、开展战略合作的基础。同时，中俄两国在能源利益和战略利益上确实存在如下利益差异和冲突，从而使两国能源合作经历了多个阶段，不乏曲折和挫折。

（1）能源安全利益差异。中国的能源安全要求建立上下游结合、资源供应与市场需求连接、基础设施贯通的合作机制，在天然气领域突出强调市场需求对天然气资源开发的制约。而俄罗斯的能源安全战略则强调资源至上，强调通过资源供应控制需求和市场价格。可见，两国在能源安全重点和行为上存在两极思维差异。

（2）战略规划上的差异。俄罗斯政府突出自身的整体利益，20年来地区油气发展规划调整（或摇摆）较大。从2002年和2007年俄罗斯先后出台东部地区石油与天然气开发规划和部署看,东部地区显然是俄罗斯未来油气增长的重要来源。而实际上,俄罗斯在东部地区的油气领域投入步伐缓慢,2005年以来俄罗斯的地区投资重点实际放在西西伯利亚的北部地区和北极海域。东西伯利亚和远东地区的油气开发由于投资缓慢,重大项目被迫推迟。而在中国对俄罗斯的油气合作中,十分看重俄罗斯东部地区开发和油气进出口规划。近年来,俄罗斯的北极海域油气开发和液化天然气计划受阻,是否再次启动和加快东部油气资源开发并不确定。总之,两国的战略规划并不合拍。

(3) 作为能源消费大国的中国和作为能源出口大国的俄罗斯对于能源价格一直持有不同的认识。在石油价格上,俄罗斯强调自身的直接定价权,并将自身定价权视为主权利益;在天然气价格上,坚持将欧洲、日本和韩国的天然气价格公式应用于中国和亚洲市场。而在中方看来,这些价格认识都脱离了市场需求和市场竞争原则。

(4) 在双边与多边的交叉关系上,双边都利用并通过多元化战略来推进能源合作。但是,俄罗斯的"一对多"战略(一个资源国面对多个消费国的竞争)与中国的"一对多"战略(一个消费国面对多个资源国的竞争)是相对抗的。

(5) 两国具有不同的战略认知、理解和经验。目前两国政府部门和国有公司尚缺乏战略博弈的经验。鉴于中俄油气合作的战略性,博弈经验不是某一方面和手段,而是所有方面和手段的综合、整体、有效的运作。这一局限性在目前中国的部门体制中依然存在。虽然中俄油气资产一直处于国家高层的直接监督之下,但是,研究力量分割、政策分散和脱节,使得研究落后于实践,实践工作缺乏基本理论的指导。

(6) 两国能源合作与全球能源局势紧密关联。比如在天然气领域,近几年来,全球天然气产业发生了较大变化:一方面已有的天然气生产国和出口国出现供应困局,比如,伊朗天然气出口受困于国际制裁,使其天然气产业,特别是液化天然气发展计划几乎流产;卡塔尔天然气供应处于高峰,增加出口能力减缓;印度尼西亚天然气供应量呈现下降趋势;即使是前些年比较看好的澳大利亚的天然气产业也面临着过度投资、服务成本上升、环境压力加大和项目预算超支等一系列问题,使新建液化天然气项目难以推进。另一方面新的天然气供应源不断增加,美国和加拿大将在2017—2018年实现天然气出口;伊拉克也有望在2017年后或2020年前后形成天然气出口能力(150亿立方米左右);东非的莫桑比克也计划在2018年实现第一轮LNG出口,中亚国家实现了向东北亚国家扩大出口天然气规模的愿望。这些新的供应加剧了全球天然气卖方市场的竞争。同时,亚太天然气市场发生了明显的变化,尤其在液化天然气领域,日本和韩国的传统消费市场趋于饱和,而中国和印度等新兴市场增长突出。这些变化说明,脱离市场需求的天然气资源必然丧失应有的价值,不合时宜的开发必然被竞争淘汰,落后的垄断将丧失市场机会,从而被边缘化。这正是俄罗斯面临的主要问题。

三 未来合作方向与策略

1. 中长期能源合作趋势

中俄油气合作仍然处于一个重要的机遇期。我们认为,中俄油气合作不存在俄方资源短缺问题,只存在利用程度与方式问题。考虑到俄罗斯对外合作法律政策的变化和当前俄罗斯面临的问题,俄罗斯在资金上有求于中方,需要加强与中国的合作。为此,我们应该总结经验教训,调整我们的合作战略与策略。

我们也应清醒地看到,俄罗斯东西伯利亚和远东地区的油气资源只能面向亚太市场,虽然中国面临着日本和韩国的竞争。但是,今后日本油气需求增长有限,韩国油气需求幅度虽有增长,但是市场规模有限。因此,中国市场必然是俄罗斯打通亚太市场最优先考虑的方向。但是,这种供需互保的能源安全也将受到不同的战略意图和市场开放等因素的影响。

2. 中俄合作方向

(1)从全局和长期看,中俄油气合作应以贸易方式引进油气资源为主导,以管道运输为主要方式,以相互投资、合资为手段,强化俄罗斯资源与我国市场之间的紧密结合。以市场促进口,是目前正确的战略思路。根据形势的有利程度,加强与俄罗斯的谈判,确保达成有利条款。

(2）为了确保供应安全，参与油气管道沿线相关的油气开发也是必然要求。

一方面，从石油管道的走向看，万科尔、塔拉坎、上乔油田和杜利斯明是第一批主力供应油田。我们应该通过与俄罗斯石油公司的紧密合作，探索参与这些油田开发的可能性与方式，继续研究参与尤鲁勃琴—托霍姆含油气带的合作机会。万科尔油田出口方案调整后为中国公司的参与提供了潜在机会，可适度参与。除了以上大油田外，我们还应该关注和研究参与沿线其他中小油田的合作机会，尤其是近几年东部区块拍卖中出现的合作机会。

另一方面，从东部天然气管道未来的走向看，重点是加强与俄气的合作、加强与萨哈共和国的合作。在该地区的油气开发涉及苏尔古特油气公司和其他地方油气公司，应开展深入调研，建立网络，寻找与地方合作的切入点。鉴于今后东部区块招标拍卖力度加大，而俄国国内的一些石油公司常常缺乏开发的技术、资金和经验，积极寻找与外国大公司的合作，在当前金融危机的影响下，应该是我们可以加以利用的机会，尤其是靠近东部管道管网的油气田/区块开发的机会。

（3）根据俄罗斯发展战略和不同地区的需求，加强参与俄罗斯油气炼制、加工处理、工程技术服务和研发的合资合作。

（4）考虑适当让出我国国内部分市场份额或资产，吸引俄罗斯石油公司与油田企业合作，进入我国市场，夯实交叉投资、互利共赢的基础。

3. 合作策略

根据我们多年的研究和实践，对俄需要注意策略。具体可以概述为合、斗、让、容、竞、争、拖、度、借和灵"十字经"。

（1）合。合作是中俄油气领域关系的主流，扩大合作领域，建立多平台，确定制度、规划和机制是今后的方向。

（2）斗。在自尊和双赢的原则下，看清形势，在谈判和利益平衡中，要勇于坚持，不怕压，要与俄罗斯进行反复的较量，维护利益，谋求共识。

（3）让。在大的前提下和范围内，中方应考虑俄罗斯的利益和战略需求，适当地进行让利和互让。但是，"让"必须以不被利用为前提。

（4）容。中国的对俄战略必须容纳俄方的战略需求。比如，在天然气加工领域，考虑和参与氦加工利用，考虑开放国内的下游和销售市场，相互推进国际化业务。

（5）竞。中俄合作包括双边博弈和与其他资源国或消费国的竞争。在竞争中，要利用有力的经济和法律杠杆，保护自身的利益。

（6）争。在有利的形势下争取中国的合理利益，强化中国的合作地位，利用优势，扩大合作成果。

（7）拖。在面临谈判困境和僵局时，掌握轻重缓急，不怕拖延，争取回旋。

（8）度。以上的"斗"、"让"、"容"、"争"和"拖"必须以不破"合"为度。价格谈判需要"争、让"结合。

（9）借。中俄油气合作涉及多方利益关系，中国可借中亚之力，推动对俄合作，同时，也要借俄罗斯之力，推动中国对中亚的合作。

（10）灵。中俄合作需要多元化和灵活化。可以在国有、非国有、集团公司和油田企业等方式下多元推进。

总之，中俄油气合作已经在欧亚大陆乃至全球这个大棋盘上开展了一场开放式的大博弈，两国都在全球背景下寻找各自的最佳定位，认真处理双边和多边的关系；这也是一场长远的战略合作，不是一般的商业或工业合作；这一合作需要长达50年的长远规划和不同时期的中短期规划与计划，更需要双方以战略的眼光、综合的智慧以及理性的分析，采取巧合作。

第二章

哈萨克斯坦油气战略研究

第一节 国情概览

哈萨克斯坦位于亚洲中部,北邻俄罗斯,南与乌兹别克斯坦、土库曼斯坦、吉尔吉斯斯坦接壤,西濒里海,东接中国;国土面积272.49万平方公里,是世界上最大的内陆国。全国分为2个直辖市(阿斯塔纳市、阿拉木图市)和14个州。共有人口1721万,140个民族,哈萨克族是主要民族,50%以上居民信奉伊斯兰教(逊尼派)。

一 国情概览

1. 政治特征

哈萨克斯坦(以下简称"哈")现行宪法规定,哈萨克斯坦是"民主的、非宗教的和统一的国家"。哈实行总统制,总统是国家元首,决定国家对内对外政策和基本方针。2007年5月18日,哈萨克斯坦议会通过宪法修正案,授权努尔苏丹·纳扎尔巴耶夫可不受次数限制地连任总统职务。纳扎尔巴耶夫也在2015年4月26日获得连任。纳扎尔巴耶夫治国有方,政治经验丰富,能够协调各方矛盾,其领导的执政党"祖国之光"党在议会中也占有绝对优势,因此,总体政局较为稳定。

近年来,纳扎尔巴耶夫采取铁腕手法反腐,然而尽管政府严惩腐败,依然存在权力寻租现象。根据透明国际公布的《2014年度全球腐败指数报告》的"清廉度"排名,哈萨克斯坦在第140位。

哈萨克斯坦社会治安环境总体稳定，局部地区矛盾依然存在，在过去几年内，城市骚乱、罢工事件时有发生。比如2015年1月8日卡拉姆卡斯—海洋油田的石油工人举行罢工；2013年11月曼吉什套州的石油工人因拖欠工资而罢工；2013年7月卡沙甘油田的工人宣布罢工；2011年11月哈西部乌津油气公司下岗工人发生骚乱，造成16人死亡、上百人受伤的惨痛事件；曾发生中石油职工被杀案、中国工商银行营业所门前持枪抢劫案及匪徒进入中资企业项目驻地抢劫、入室偷盗等恶性治安案件。这些发生在能源行业的恶性治安事件值得关注。

哈奉行以巩固独立和主权为核心的"全方位务实平衡外交"。在哈的对外政策中，优先发展同俄罗斯、中国、美国及亚洲的关系。关注区域安全和经济合作，参与了几乎所有涵盖中亚的地区合作组织和机制。

2. 经济体制及现状

哈经济较为发达，在独联体中各项指标名列前茅。2015年哈国内生产总值1784亿美元，同比增长4.3%，人均GDP达10508美元，是中亚地区人均收入最高的国家。经济实力仅次于俄罗斯。据哈国家统计局数据，2015年哈国GDP同比增长1.2%，在GDP结构中，工业生产占36.3%，服务业占56.8%。此外，失业率仅为5.04%，在独联体国家中较低，发展状况较为良好。

2015年，哈萨克斯坦国家财政收入为62511亿坚戈，同比增长4.4%；支出为71632亿坚戈，同比增长1.3%。是少数仍保持财政正常收支的独联体国家之一。

哈萨克斯坦2014年对外贸易1208亿美元，其中出口795亿美元，进口413亿美元，主要是资源型出口。GDP增速受出口减少的影响而下降。2015年哈结束了长达19年的"入世"谈判，成功加入了世贸组织。与我国的贸易是哈国的一大重点，哈萨克斯坦是我国在独联体国家中仅次于俄罗斯的第二大贸易伙伴，我国是哈第一大贸易伙伴。2014年中哈双边贸易额224.38亿美元，同比减少21.5%。其中中方出口127.12亿美元，同比增长1.3%，中方进口97.26亿美元，同比减少39.4%。

2014年下半年以来，哈萨克斯坦政府首次推行坚戈汇率自由浮动制。2015年8月20日哈宣布从当天起取消汇率波动区间限制，实行浮动汇率，到2016年1月，哈货币由1美元兑197坚戈跌至377坚戈，贬值将近50%。2015年全年，哈萨克斯坦通胀率高达13.2%。

在2015年世界银行的"营商指数"中，哈萨克斯坦名列第41位，是独联体国家中最高的国家，相较俄罗斯高出近10位，是中亚较好的投资目的地之一。哈萨克斯坦制订了"光明之路"计划，哈总统表示愿意把"一带一路"与"光明之路"政策进行对接。

纳扎尔巴耶夫总统在2015年国情咨文中重点推出"光明之路"新经济政策，即通过对交通、能源、社会事业等领域基础设施建设的投资，促进哈萨克斯坦经济结构转型，准备在2015—2017年投资90亿美元用于实施"光明之路"计划。2015年，在这些基础设施建设项目的推动下，哈萨克斯坦固定资产投资增长3.7%，失业率保持在5%的水平。哈萨克斯坦的基础设施有较大发展，目前公路总里程约10万公里，承担着欧亚大陆之间过境货物运输的重要任务。哈铁路总里程超过1.5万公里，现有大型机场21个，哈作为一个内陆国，水运不发达，水运主要依靠里海的三个港口，即阿克套国际贸易港、包季诺港和库雷克港。为扩大海运能力，哈将建设设计能力为年装运原油2000万吨的码头，成为"巴库—第比利斯—杰伊汉"输油管线项目的海运终端。这些投资的基础设施也将服务于哈能源的出口与贸易。

3. 社会与文化

哈萨克斯坦拥有人口1721万（截至2014年3月），140个民族，其中哈萨克族占64.7%，俄罗斯族占23.7%。宗教信仰方面，50%以上居民信奉伊斯兰教（逊尼派）。由于推行民族和谐以及文化多元化政策，有100多个民族的哈萨克斯坦独立后从未发生过重大民族矛盾，国内局势长期稳定。

哈萨克斯坦教育基础较好，成年人识字率达99.7%。目前，哈萨克斯坦已跻身全球最具竞争力国家50强。截至2013年1月，哈各类高校136所，科研机构约350家。全国科技人员总数约2.4万人。近年来，随着哈萨克斯坦经济的复苏，科研经费不断增加，并加强与国际知名科研机构合作。纳扎尔巴耶夫总统提出到 2020 年哈萨克斯坦要进入世界 50 个最有竞争力国家行列的目标,哈政府也制定了"2003—2015 年工业创新战略",为此,哈政府根据国家优先发展领域的需要,拨款建立了 5 个国家级开放型实验室和 15 个大学工程实验室。

二 能源部门

1. 能源消费现状

哈萨克斯坦是中亚第一大能源消费国。目前哈国一次能源消费量约 5480 万吨油当量(见表 2-1),在一次能源消费结构中,煤炭的比例最高。以 2015 年为例,煤炭占一次能源总消费量近 59%,其次为石油和天然气,分别为 23% 和 14%(见图 2-1)。因此,哈萨克斯坦是一个纯粹化石能源消费的国家,超过 96% 的能源消费都来自煤油气。哈萨克斯坦的能源弹性系数也较低,五年平均约为 0.11,能源消费基本与经济增长脱钩,并且这一趋势仍将持续。2015 年发电 910.73 亿千瓦时,电力消费增长较快,五年内电力弹性系数约为 0.64。

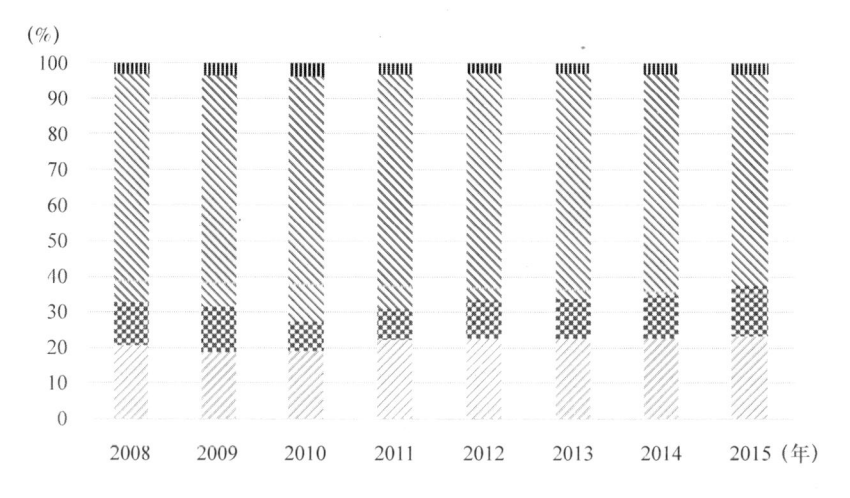

图 2-1 2008—2015 年哈萨克斯坦一次能源消费结构

数据来源:《BP 世界能源统计年鉴》,2016 年 6 月。

表 2-1　　　　　2008—2015 年哈萨克斯坦一次能源消费量

（单位：百万吨油当量）

	2008年	2009年	2010年	2011年	2012年	2013年	2014年	2015年	2014—2015年变化（%）
一次能源消费量	55.5	48.4	49	55.6	57.5	54.7	54.3	54.8	0.92
石油	11	8.9	9.3	12.3	13	12.9	13	12.7	-2.31
天然气	6.3	6	4	4.6	6.1	6.3	6.9	7.8	12.9
煤炭	33.8	30.9	33.4	36.3	36.5	36.3	35.5	32.6	-5.51
核能									
水电	1.7	1.6	1.8	1.8	1.7	1.7	1.9	1.8	5.88
可再生能源	低于0.05	低于0.05	低于0.05	低于0.05	低于0.05	低于0.05	低于0.05	低于0.05	

数据来源：《BP 世界能源统计年鉴》，2016 年 6 月。

2. 油气资源状况

哈萨克斯坦是中亚地区油气资源最丰富的国家。根据美国地质调查局（USGS）的数据，哈萨克斯坦石油资源量为 116.9 亿吨，天然气资源量为 5.4 万亿立方米，60% 以上的资源集中在西部和哈属里海水域。20 世纪 90 年代以来那里发现了田吉兹和卡沙甘以及库尔曼加兹等大型油田和含油气构造。

2001 年哈萨克斯坦石油储量从 34 亿吨大幅上升到 54 亿吨左右，主要归功于在里海发现卡沙甘大油田 10 亿吨以上储量的勘探成果。随后数年来没有大的发现，石油探明储量略有减少。近几年来天然气储量没有大的增长，维持在 0.9 万亿立方米。未来哈国油气储量增长潜力仍在里海大陆架。根据 2015 年英国石油公司的统计，2015 年哈萨克斯坦拥有探明石油储量 39 亿吨（300 亿桶）、天然气 0.9 万亿立方米，油气储采比分别是 49.3 和 75.7（见表 2-2）。

表 2-2　　　　　　　　哈萨克斯坦油气储量

	1995 年	2005 年	2014 年	2015 年	2015 年储采比
石油（亿桶）	53	90	300	300	49.3
天然气（万亿立方米）		1.3	0.9	0.9	75.7

数据来源：《BP 世界能源统计年鉴》，2016 年 6 月。

目前,在国家平衡表中有油田267个、气田62个,绝大多数油气田集中在阿特劳州(72%)和曼吉什套州(12%)。90%的石油储量($A+B+C_1$和C_2)分布在12家最大的油气公司,其中北里海作业公司(45%)和田吉兹雪佛龙公司(24%)的储量最多,中小型开采公司拥有10%。

3. 油气供需结构与出口

(1) 石油供需。2015年,石油产量达到7.93亿吨,国内消费量为1.27亿吨,与石油生产规模相比,哈萨克斯坦国内的原油消费量不大,约有80%以上的原油用于出口。

(2) 原油出口。据哈萨克斯坦海关统计,2015年出口原油6095万吨,同比减少1.7%。其中,国际管道财团(CPC)管道出口3804.4万吨(包括俄油该管道总出口4280万吨),阿特劳—萨马拉出口1345.6万吨,阿塔苏—阿拉山口出口479.6万吨,经过阿克套港出口317.1万吨,向俄罗斯奥伦堡天然气处理厂供应凝析油66.6万吨,铁路出口81.36万吨。

(3) 天然气供需。2015年,天然气产量达到124亿立方米,同比增长1.7%。天然气消费量86亿立方米,同比增长12.9%,国内消费占生产的69%。

(4) 天然气出口。据哈海关公布的数据,2014年哈出口天然气122亿立方米,获出口收入17亿美元。主要出口国是乌克兰(82亿立方米)、瑞士(30亿立方米)、波兰(1.96亿立方米)、中国(4.25亿立方米)和吉尔吉斯斯坦(2.1亿立方米)等。

表2-3　　　　　　2008—2015年哈萨克斯坦油气产量与消费

	2008年	2009年	2010年	2011年	2012年	2013年	2014年	2015年	2013—2014年变化(%)
石油产量(百万吨)	70.7	76.5	79.7	80.1	79.2	81.8	80.8	79.3	-1.9
石油消费量(百万吨)	11	8.9	9.3	12.3	13.1	13.1	13.5	12.7	-5.4
天然气产量(十亿立方米)	11.6	10.7	10.5	10.5	11.3	11.9	12.2	12.4	1.7

续表

	2008年	2009年	2010年	2011年	2012年	2013年	2014年	2015年	2013—2014年变化（%）
天然气消费量（十亿立方米）	7.0	6.6	4.5	5.1	6.8	7.0	7.6	8.6	12.9

数据来源：《BP世界能源统计年鉴》，2016年6月。

据哈官方预测，2016年天然气产量仍将增长5%，但石油产量预测从7700万吨调低到7400万吨。

4. 产业体制

哈是以能源和原材料出口为主的国家，国家资金来源在很大程度上依赖能源工业，尤其是石油开采业和出口。因此，哈独立初期便将石油天然气工业列为该国优先发展的工业部门之一。实践证明，这一方针取得了一定效果。在过去的10年哈萨克斯坦经济发展迅速，GDP由221亿美元增长到1077亿美元，油气行业在GDP中的比例由10%增加到30%，油气出口占外汇收入比例由32%提高到64%。2014年石油天然气行业增加值占GDP比重达20.3%，矿物燃料占到出口总量的76.3%，政府收入的40%多来自石油出口。因此，哈国经济对油气领域具有很强的依赖性，油气产业是哈经济发展、政治稳定和国家安全的重要保证。

哈萨克斯坦油气产业主要由哈国家油气公司垄断经营，该公司是代表国家利益从事油气勘探开发运输加工的作业公司，2002年组建，全部资产为国家所有。萨姆鲁克—卡泽纳国家福利基金（Самрук-Казына）持有该公司90%的股份，国家银行持有10%的股份。

哈萨克斯坦国家石油天然气公司（КазМунайГаз）（以下简称哈国家油气公司）是哈油气领域实力最强的国有企业，在哈石油市场上，特别是在石油加工和管道运输领域占主导地位。哈国家油气公司被授权执行国家石油工业政策和开发战略，保证有效、合理地开发哈油气资源。同时，它也是独立的商业机构，通过其子公司完成油气的勘探、开发、加工和上下游产品的销售等。

哈国家油气公司是一体化油气公司，拥有上下游完整的产业链。哈国家油气集团公司下属220家公司，主要的大型公司包括哈勘探开发公司、哈石油运输公司、哈天然气运输公司、哈田吉兹石油公司（海上石油作业）、哈油气加工营销公司和哈油气国际公司等。

自1995年以后，大小外国石油公司不断涌入哈油气勘探开发市场。2000年后一批小规模和投机性的外国独立石油公司逐步撤离。目前，雪佛龙、埃克森、Shell、英国天然气公司（BG）、道达尔和中石油（CNPC）等十余家较大规模的外国石油公司依然在哈油气领域发挥重要的作用，是支撑哈油气产业运作的重要组成部分。

5. 对外油气政策

哈萨克斯坦于2014年制定了《工业创新发展国家纲要（2015—2019）》（第二个五年计划），将进一步加大招商引资力度，以实现2020年前制造业实际总增加值增长不低于67%的目标。2014年6月，纳扎尔巴耶夫总统签订了一份新的投资优惠政策。该法案使得外资在哈注册法人的前提下可获得免缴关税、国家实物赠予的优惠；进口的技术设备、成套设备和技术设备备件以及原料或材料，最多可以免征5年进口关税；还可以临时无偿使用土地或属于哈的财产，随后财产将无偿赠予。对投资者建筑安装工作和采购设备的实际花费给予30%的补贴；享受投资补贴，使用外籍劳务不受配额限制，电价、水价、燃气价格至少5年不变。此外，投资者还可以和哈萨克斯坦国家授权机关签订投资合同，后者保证协助该国企业采购投资者生产的产品，还有"投资监察员"保护投资者权益。

三 能源决策体制

1. 能源决策体制

哈萨克斯坦的能源决策体制具有如下三个重要特点。一是总统直接指导能源部的工作，能源部是管理油气工业的国家机构；二是萨姆鲁克—卡泽纳国家福利基金代表国家控制国家油气公司及油气资产；三是哈萨克斯坦国家油气公司代表政府行使油气对外合作管理职能。

2010年以来，哈萨克斯坦总统纳扎尔巴耶夫对政府部门进行了两次大规模改组，其中包括对政府能源管理部门的改组。2010年曾改组能源和矿产资源部，成立石油和天然气部，执行国家的能源政策。此前兼顾能源管理和经营的哈国家石油天然气公司完全按照市场经济原则运作。2014年8月总统纳扎尔巴耶夫签署改组国家管理机构的命令，包括将石油天然气部改组为能源部。能源部部长为弗拉基米尔·什科尔尼克。新组建的能源部接管了石油天然气部的职能，接管了工业和新技术部关于拟定和实施国家电力和原子能领域政策的职能，接管了环境和水资源部拟定与实施国家环保、合理利用水资源监督和检查、固体垃圾处理、发展可再生能源、监督国家绿色经济政策发展领域的政策的职能。在哈油气工业决策和运行体制中，重大项目决策权实际掌握在总统手中，从而形成"总统—内阁—能源部及其他相关部门—油气企业"这一套决策和执行机制。此外，石油项目的审批和管理还涉及其他一些政府部门。

油气勘探、开采、联合勘探开采的授权主管机关是哈萨克斯坦能源部，一般矿产的勘探与开采权利由州级、直辖市和首府市的地方执行机关授权。与勘探或开采无关的地下设施的建设和（或）使用权由哈政府确定的地下资源研究利用机构负责授予。具体分述如下：

（1）能源部。2014年8月，成立能源部，为哈石油天然气、石油化学工业和石油天然气运输领域的政府主管部门，并负责领导油气行业国家监督委员会。能源部的职责范围主要包括：对符合行业发展方向的投资、能源、矿产资源的国家地质调查；矿产原料基地的再生产；地下资源的合理与综合利用；地下资源的国家管理；石油天然气工业；煤炭工业；原子能利用；支持可再生能源利用；电力供应等。

能源部的主要任务是：参与制定和实施油气、石化工业和油气运输领域的国家政策；协调管理油气、石化工业和油气运输（包括管道运输）领域各部门的工作；保证燃料能源综合体（油气）的发展；就共同开发油气资源（包括哈属里海大陆架）问题进行国际合作；保障燃料能源综合体（油气）的发展；保障油气资源的再生产和合理利用（包括伴生气）；保障产品分成协议规定的全权机构权限的实施。

能源部还负责石油国际合作以及对外签约项目的审批和监督。所有在哈境内的油气合作项目，都要经过能源部审批。在签约后的执行落实过程中，项目还要接受能源部的监督检查。

（2）萨姆鲁克—卡泽纳国家福利基金。"萨姆鲁克—卡泽纳"国家福利基金（简称"SK基金"）是2008年由萨姆鲁克国有资产控股集团和卡泽纳稳定发展基金两家单位合并而成，是哈参照新加坡淡马锡控股集团管理模式而组建的国有资产经营管理模式，负责管理哈所有的大中型国有企业。国家福利基金按法律性质属于国有的法人企业，不列入政府序列。该基金基本控制了哈国有油气企业的经营管理，而具体的石油业务则由国内外石油公司共同经营，但哈国家油气公司逐步占据主导地位。

萨姆鲁克—卡泽纳国家福利基金管理着哈国家油气公司，持有哈国家油气公司90%的股份。近年来，基金以壮大国有资产、推动经济发展为主要方向，增强国家对战略资源和重点行业的控制力。尤其在当今国际能源问题日益突出的背景下，哈越发意识到石油、天然气和煤炭等战略资源的重要性，开始重视国家对能源的控制和整合，通过政府支持及企业收购的方式实现国家控股。萨姆鲁克—卡泽纳国家福利基金在其中扮演了重要角色，它不仅要管理好大型国有企业，还要保证国有资产的整合和增值，推动国家经济发展。目前，基金主要实施的是《2010—2014年加速工业创新发展国家纲要》中的21个项目，总额约220亿美元，基金将保障对能源领域项目投资的93%、对炼油厂和基础设施建设项目投资的85%以及对化工和制药领域项目投资的84%。其中，石油天然气领域项目包括阿特劳炼油厂维修及现代化改造项目、曼吉什套州的沥青厂建设项目、天然气化工综合项目和贝内乌—博佐伊天然气管道项目。

（3）哈萨克斯坦国家石油天然气公司。哈国家油气公司代表哈政府行使油气对外合作管理职能，代表政府对哈的石油资源进行管理，包括与外国公司签订油气合作合同并监督外国公司在哈的油气作业活动。在上游勘探开发方面，公司逐步强化对重大油田开发项目的管理与控制，强化市场的垄断与领导地位。在石油运输方面，公司通过其子公司（哈油气运输股份公司）控制了哈60%的原油管道运输和全部的油罐运输，并拥有哈唯一的海上石油作业的服务机构。公司还参与了中哈石油管道的建设。在下游的炼油与成品油销售市场，哈国家油气公司通过其子公司——哈萨克石油天然气"商社"公司拥有阿特劳炼油厂99.2%的股份、奇姆肯特炼油厂50%的股份和巴甫洛达尔炼油厂100%的股份（这三家炼油厂是哈炼油工业的核心，其最大炼油能力总计为每年1850万吨）。哈油气"商社"公司拥有的成品油供应网覆盖了哈全境，发挥着稳定市场的重要作用。

（4）哈萨克斯坦"自然垄断协调局"负责对具有自然垄断色彩的商品及服务（如电力、电网、铁路、石油、天然气、煤炭等）的价格和收费进行监督管理；"保护竞争局"（Агентство Республики Казахстан по защите конкуренции）则负责维护合理的市场竞争秩序，避免企业间的恶性竞争等。

2. 油气相关法律的调整

（1）出台新版《地下资源及其利用法》，最大限度地保护本国利益。2010年6月哈萨克斯坦总统纳扎尔巴耶夫签署了新版《地下资源及其利用法》（以下简称《地下资源法》）。新《地下资源法》突出体现了哈萨克斯坦"最大限度保护本国利益"，强调资源、生态环境和生产力的理念，与"旧法"相比，其主要修改是：

①取消"勘探和开发联合合同"。因为将勘探和开发混成一个合同签署时，无法客观地评估其工程量、工期和费用。

②只有具有战略意义或复杂地质条件的矿藏，在经哈政府特批的情况下，可以签署"勘探和开发统一合同"。

③取消"产品分成协议"、特许经营合同等合作方式，但保留以前签署的"产品分成协议"的合法性直至其合同期满为止。

④凡依据勘探合同、在勘探阶段发现并勘测出有价值矿藏的企业，可无须竞标而获得签署该矿藏开采合同的优先权。

⑤政府有权设定地下资源勘探开发过程中使用哈国产品和服务的比例（称之为"哈萨克含量"），有权要求外资企业在管理层人员配置上履行"哈萨克含量"的义务。

⑥从《地下资源法》草案中删除了"如国家与地下资源利用者提前解除合同，则后者所拥有的财产、设施和设备将转为哈国家所有"

的条款,但规定了上述财产的转移机制,以保障在新的资源利用者接手之前工作的可靠性和连续性。

⑦禁止在油气田开采作业中未经处理放空燃烧伴生气和天然气,规定必须进行有效利用,将其加工成石化工业原料或能源载体,保护自然环境。在该新法生效前已签地下资源勘探开发合同的企业应同国家有关职能部门另行签署一份承担相应责任的协议书,并将其作为勘探开发合同的附件。

(2)颁布新税法,增加石油出口收益税和开采税。2009年1月1日生效的新税法,增加了石油出口收益税,取代了石油出口关税,增加了石油开采税,取代了矿费。

(3)出台《天然气和天然气供应法》,强化国家对天然气国内外市场供应的控制。2012年1月12日出台的《天然气和天然气供应法》,首次对天然气运输、分销和消费以及商品气、液化石油气和液化天然气批发与零售活动进行法律规定。该法规定国家对拟转让天然气供应体系设施以及原料气和商品气拥有优先购买权;国家对商品气、液化石油气和液化天然气的运输、储存、销售与计量进行管制。优先购买权限制了哈萨克斯坦地下资源使用者的自主经营权。

第二节 能源战略

一 国家意图与战略

1. 发展目标

2012年12月14日,哈萨克斯坦总统纳扎尔巴耶夫在"独立日"庆祝大会上发表国情咨文《哈萨克斯坦—2050》战略。这份文件是继1997年哈萨克斯坦推出《哈萨克斯坦—2030》战略后的又一重要战略性文件,也是规划该国2050年前发展的指导性纲领文件。

《哈萨克斯坦—2050》战略是哈萨克斯坦的新政治方针,确定了该国2050年前的政治、经济、社会等各领域的发展战略目标。该战略最重要的目标就是跨入全世界发达国家30强,为此纳扎尔巴耶夫总统提出了七个优先发展领域以及相应的发展目标,包括加速推进创新工业化发展，促进传统矿产、油气等资源开采领域的发展；实现农工综合体的创新转变；建立知识密集型经济，提高哈萨克斯坦的科技发展潜力；保障城市化、交通和能源三大板块的基础设施建设；鼓励中小企业发展；发展高质量的教育体系，促进卫生、文化、社会保障等领域的发展；完善政府工作机制等。将通过两个阶段实现2050年发展战略。第一个阶段截止到2030年，将重点保障传统经济领域的快速发展；第二个阶段则希望哈萨克斯坦依靠知识密集型产业，实现可持续发展。

《哈萨克斯坦—2050》战略在经济政策方面提出，哈萨克斯坦将实行全方位的经济实用主义，寻找新的经济增长点，扶持中小企业的发展，促进国家工业化发展，增加非原料产品的出口比重，促进新能源产业的发展，同时将通货膨胀控制在经济可承受的范围之内。而在社会发展领域立足于进一步减少贫困人口，保障公民的最低生活标准，解决地区发展的社会不平衡问题，完善妇幼保障体系，实行统一的医疗服务标准等。

《哈萨克斯坦—2050》战略提出，哈每年的经济增长率不应当低于4%，到2050年，中小企业产值占国内生产总值的比重应从目前的20%提高到50%。社会领域，人均国内生产总值应当从目前的1.3万美元增加到6万美元，城市居民人数占比从目前的55%增加到70%左右，人均寿命提高到80岁。跨入全世界发达国家30强。这些宏伟目标为哈萨克斯坦的未来发展指明了方向和奋斗目标。

2. 国家能源战略部署

为了实现总统指定的上述战略目标，哈萨克斯坦于1997年和2013年分别提出了2030年和2050年的战略部署。

（1）2030年国家发展战略对能源发展提出的任务与目标

1997年出台的《哈萨克斯坦—2030》战略提出的能源自然资源的优先发展任务是：深化与国际大石油公司的伙伴合作；吸引国际资本和先进技术；建设油气出口管道系统；提升哈萨克斯坦作为世界能源供应商在国际市场上的作用；建设和开发国内能源基础设施。

其有关能源发展战略的目标是：为国家经济发展提供可靠的能源保障，按照可接受的能源服务价格，确保满足国内居民对能源的需求，发展可靠的节能体系,保证能源安全,保持健康的环境,减少对环境的污染;其中明确提出,2015 年哈石油作业产量要达到 1.2 亿—1.7 亿吨,其中 1 亿吨来自海上,并维持 25—30 年。为此,2015 年前里海海域石油投资要达到 300 亿美元,到 2030 年时则达到 1500 亿美元。同时,加快建立油气运输出口管线系统,促进出口多元化。

(2) 2050 年国家发展战略

2012 年哈萨克斯坦总统从全球视角和本国的长远发展视角,提出了 2050 年的宏伟发展规划。提出到 2050 年将哈萨克斯坦发展为世界 30 个最发达的国家之一。为此,明确提出了如下战略思路:

①建立在赢利、投资回报和竞争力原则基础上的全面经济务实主义。

②推行新的人才策略。

③更新基础设施与发展理念。制定《全球基础设施建设一体化》专项计划,同时制定和通过《国家发展基础设施建设计划》,大力开发本国的过境运输潜力。目前正在落实一批大型全国性基础设施项目,它们的建成可使哈萨克斯坦的过境运输能力到 2020 年增加一倍,到 2050 年增长九倍。

④进一步完善国家资产的管理体系。整个国家的运行应该像一个联合企业,而国家各职能部门就是企业的核心。

⑤采用全新的自然资源管理体系。利用好国内的资源,将其视为哈萨克斯坦的重要战略优势,带动国家经济发展,促成大型外交外贸协议。加快自然资源的开采速度并推向国际市场,趁目前世界需求正旺的时候为国家利益服务。应该放弃简单供应原料的做法,转向在能源加工领域开展合作和采取能源换新技术的策略。到 2025 年,全面满足本国市场符合生态新标准的燃料。

⑥发展可替代能源的生产。积极引进太阳能和风能技术。到 2050 年,可替代能源和再生能源所占的比重应不少于全部能耗的一半。要开发新产业,重点扩大出口外向型非原料领域。

⑦外资政策:吸引外资的条件限于那些向哈国供应最先进开采和加工技术的外国投资者。哈国允许外商开采和享用原料的交换条件限于那

些在哈国境内建设最新型生产厂的企业。哈萨克斯坦应成为本地区引进外资的磁极，成为欧亚大陆在外资和技术转化方面最具吸引力的地区。要把《加快工业创新型发展国家计划》集中运用到进口工业产业和换取高技术上来。要继续发展两个主要创新组群——纳扎尔巴耶夫大学和创新技术园。同时，加快转向低碳经济，在阿拉木图周边四个卫星城基础上着手落实Green 4项目。通过举办2017年阿斯塔纳世博会推动国家走上"绿色"发展之路。届时首都将展示世界最先进的科技成果和"未来能源"的模样。

⑧可再生能源：哈萨克斯坦还在《向绿色经济转变战略构想》中提出，到2030年和2050年可再生能源和可替代能源的发电量占总发电量的比例由2014年的0.01%逐年提高30%和50%。同时提出通过开发绿色技术和基础设施现代化，以减轻资源负担、降低污染排放水平和减少温室气体排放。作为推行绿色经济战略的措施之一，从2013年起哈开始实行温室气体排放配额分配制度，并借鉴欧洲碳排放交易体系建立本国碳交易平台。目前，温室气体排放配额分配计划已被哈政府批准，涵盖工业、能源、煤炭、石油和天然气等基本经济领域，共计178家企业，涉及排放总量1.47亿吨。

（3）油气相关战略

20世纪90年代以来哈油气工业快速发展，政府相继出台了系列油气发展战略规划及战略构想，主要战略和规划文件包括：

①2002年1月11日哈政府批准的《2015年天然气发展规划》提出要积极开发新的气田，在指定的期限内按计划完成卡拉恰干纳克油气田和田吉兹油田项目的实施，在扎纳诺尔气田（西哈萨克斯坦）建设天然气加工厂。计划到2015年使天然气作业产量达到450亿—500亿立方米。

②为加快里海油气开发，哈政府于2003年5月批准了《2015年里海油气开发规划》，规划总体设想是通过吸引国内外投资，开展大规模的勘探开发，到2005年将哈萨克斯坦里海地区的原油产量提高到500万吨，2010年达到4000万吨，2015年达到1亿吨，占全国产量的2/3。通过石油开采带动加工、深加工和国民经济其他领域的发展，扩大就

业，保护生态环境。该规划共分三个实施阶段：第一阶段（2003—2005年）建立综合开发条件；第二阶段（2006—2010年）加快开发；第三阶段（2011—2015年）稳定开采量。

第一阶段将为大规模吸引国内外投资创造基本条件，到2005年卡沙甘油田将开始产油。在该阶段内将完成哈萨克斯坦里海地区综合评估工作，为建立统一的国家油气资料数据库奠定基础，组建国家石油天然气公司，完成北里海项目（作为哈萨克斯坦海上试验项目），并就进展进行跟踪监控，为扶植海洋石油业务和相关服务行业奠定基础，进行勘探开发招标，确定新的石油出口路线。

第二阶段海上石油产量开始增加，同时不断推出新的海洋区块招标项目，国家石油天然气公司将开始履行作业者职能，对所有海上项目进行跟踪，建设新的油气出口管道，新建成的石油管道将投入使用，制定下一步石油出口管道路线，实现国产海洋石油设备和服务的较强竞争力。

第三阶段海上石油开采进入稳步发展时期，继续进行新区块招标，新的出口运输能力投入使用，建立石油天然气加工工业，海上石油天然气业务将大部分使用哈萨克斯坦本国的商品和服务，完成主要加工工艺到海上油田产油利用的转化，发展化学工业，扩大本国高级管理人员和科学工程专家比重，尽快收回哈萨克斯坦里海地区的投资。

按照规划，该地区将来的原油年产量可以达到1亿吨，并维持25—30年。这里最早发现的卡沙甘油田可采储量为17亿吨，该油田2005年产量将达到500万吨，其他区块计划2009—2010年出油，2010年原油产量达到2200万吨，2015年达到6000万吨。

③2004年6月18日哈政府批准了《2004—2010年哈萨克斯坦天然气发展规划》，该规划旨在确保有效地实施2002年1月11日哈政府批准的《2015年哈萨克斯坦天然气行业发展构想》。该规划的目标是确保国内市场需求，实现能源自给，扩大天然气和液化气及其加工产品的出口潜力。规划分两个阶段实施：第一阶段（2004—2006年）的主要任务是发展天然气资源基地和基础设施建设，以提高天然气产量、加工量、出口量以及过境运输；第二阶段（2007—2010年）积极利用和扩

大已建成的基础设施并投入新的建设项目。该规划提出的天然气产量目标是：2010年产气525亿立方米，其中商品气227亿立方米，出口127亿立方米；生产液化气320万吨，出口170万吨。

④2014年6月28日哈政府批准了《2030年哈萨克斯坦燃料能源综合体发展构想》，其中关于油气部门2030年前不同时期的优先发展方向和战略发展目标如下（见表2-4）。

表2-4　　　　2030年前哈萨克斯坦天然气工业发展战略

2014—2015年	2016—2020年	2021—2030年
优先发展方向		
发展伴生气加工技术	地区气化	发展天然气化工产业，主要生产丙烷和乙烷
发展液化气利用基础设施	开发车用液化石油气燃料市场	继续发展地区气化，开发液化石油气市场
战略发展目标		
年产天然气442亿立方米	年产天然气620亿立方米	年产天然气598亿立方米
年回注伴生气不超过125亿立方米	年回注伴生气不超过228亿立方米	年回注伴生气不超过251亿立方米
国内商品气市场需求量136亿立方米/年	国内商品气市场需求量162亿立方米/年	国内商品气市场需求量184亿立方米/年
液化石油气国内市场需求量240万吨/年	液化石油气国内市场需求量330万吨/年	液化石油气国内市场需求量280万吨/年
	阿克莫林州和卡拉干达州的气化	北部和东部地区气化
	年产50万吨聚丙烯（2018年一期）和年产80万吨聚丙烯（2019年二期）的天然气化工综合体投产	扩大天然气化工综合体（ИГХК）生产（三期），形成300万吨凝析油加工和85万吨液化石油气的生产能力

资料来源：《2030年哈萨克斯坦燃料能源综合体发展构想》。

⑤2014年12月5日哈政府批准了《2030年哈萨克斯坦天然气发展构想》（以下简称《构想》），该《构想》明确指明了未来哈萨克斯坦天然气工业中长期发展的目标和任务。主要发展目标是：确保国家能源和生态安全；为扩大天然气消费创造有利条件，提高天然气在燃料能源

结构中的比例；为提高天然气利用效率和为生产高附加值天然气化工产品创造条件。

为了实现上述目标，哈政府制定了需要完成的主要任务，分别是：扩大资源基地再生产，提高地质勘探效率；改造和扩大天然气加工能力，综合提炼、利用天然气和伴生气中所有有价值的组分；提高商品气和天然气化工产品产量，满足国内需求和出口需求；发展天然气运输基础设施，提高运输效率，天然气供应结构和出口方向多元化，包括采用新的运输技术；刺激国内天然气消费；节约资源，减少天然气工业损耗；提高天然气项目的投资吸引力。针对这一根本任务，哈政府还提出了实施这一《构想》的阶段性任务：第一阶段（2015—2016年），完善天然气行业相关法律标准，制定实施《构想》的综合计划，实施一系列地区气化方案；第二阶段（2017—2020年）和第三阶段（2021—2030年）实施《构想》提出的所有综合任务和规划文件，并达到以下指标。

资源储量：2015—2030年新增天然气储量不少于6000亿立方米；实施卡拉干达煤层气甲烷生产项目。

天然气开采与利用：2030年天然气产量不低于598亿立方米（见表2-5）；2030年可分配的游离气不少于210亿立方米；2030年液化气产量不低于37万吨；利用天然气生产甲醇、合成柴油、煤油、石脑油、润滑油和石蜡。

天然气运输：2030年前每年运输商品气不少于1400亿立方米，其中过境运输不少于1200亿立方米。

天然气地区气化和消费：2030年哈萨克斯坦天然气气化率不低于56%；2030年国内天然气年消费量在181亿立方米（见表2-6），其中：燃料能源综合体自用气72亿立方米；工业用气52亿立方米；民用和公共事业用气51亿立方米；汽车、铁路和海运用气5亿立方米。2030年天然气出口29亿立方米。

天然气发电：2030年前新建天然气发电站容量不少于1700兆瓦；2030年前扩大天然气发电站发电量980兆瓦；2030年前对947兆瓦的天然气发电站进行技术改造。

天然气化工：2030 年天然气化工企业每年要确保生产商品气不少于 24 亿立方米，丙烷不少于 65 万吨，丁烷不少于 44 万吨；2030 年年产聚丙烯 50 万吨，生产聚乙烯 80 万吨，同时还需生产其他化工产品。

天然气动力燃料市场：2030 年前天然气作为动力燃料在公共交通汽车和公路运输中的利用率在阿拉木图和阿斯塔纳市不低于 50%，在其他各州府中心城市不低于 30%。

表 2-5　　　　　哈萨克斯坦天然气产量预测　　　（单位：亿立方米）

年份	2015	2020	2025	2030	2035	2040	2045	2050
天然气产量	442	620	610	598	803	879	844	859
回注及企业自用和损耗	240	374	388	388	519	515	462	458
商品气产量	202	246	222	210	364	364	382	401

数据来源：《2030 年哈萨克斯坦天然气发展构想》。

表 2-6　　　　　哈萨克斯坦天然气需求预测　　　（单位：亿立方米）

年份	2020	2025	2030	2035	2040	2045	2050
现实方案	163	176	181	214	256	285	296
乐观预测	188	224	254	294	312	334	344
悲观预测	136	140	143	162	182	191	199

数据来源：《2030 年哈萨克斯坦天然气发展构想》。

表 2-7　　　哈萨克斯坦天然气进（-）出（+）口预测　（单位：亿立方米）

年份	2015	2020	2025	2030	2035	2040	2045	2050
现实方案		83	46	29	70	108	97	105
乐观预测	81	110	82	67	122	182	191	202
悲观预测		58	-2	-44	-10	52	49	57

数据来源：《2030 年哈萨克斯坦天然气发展构想》。

(4) 可再生能源发展战略

为了适应国家向绿色经济过渡，哈萨克斯坦启动"绿色能源革命"，将发展绿色能源列为国家能源发展战略的主要方向之一。2013年哈总统纳扎尔巴耶夫签署了《国家可再生能源发展计划》，计划在2050年之前，每年将投入石油收入的1%用于推动绿色能源发展，减少对煤炭的依赖。根据该发展计划，到2030年，风能和太阳能共占11%、核能占8%、水能占10%、天然气占21%、煤炭占49%。而目前，哈萨克斯坦燃煤发电站发电量占总发电量的80%。按目前哈萨克斯坦的经济发展速度，2050年以前，"绿色革命"每年将增加国内生产总值3%，提供60多万就业机会。哈萨克斯坦政府还正在研究出台系列鼓励发展可再生能源的政策，包括对投向绿色经济领域的资金提供税收优惠等。

二 能源战略态势

1. 2008年以来的油气发展态势

石油工业是哈萨克斯坦国民经济的支柱产业。2000—2014年，油气开发投资经历了2008年后的缓慢增长、2010年后的大幅下降和之后的回升。2014年下半年以后又面临新的低油价的打击，投资较为低迷。目前，哈共有油田267个，其中63个处于勘探阶段，90个处于开采阶段，114个勘探与开采同时进行。近十五年来，油气开发总投资为1657亿美元，其中189亿美元用于地质勘探。在此期间，每年投资额增长超过5倍，2014年达到158亿美元，其中9.733亿美元用于地质勘探，占总额的6%。自1991年独立以来石油工业得到快速发展，石油产量从1991年的2500万吨上升到2014年的8080万吨，其间没有因2008年全球金融危机受到明显影响，天然气产量从约8亿立方米上升到近200亿立方米。然而，受持续低迷的石油市场和低油价的影响，近年来哈石油产量出现持续减少的态势，石油产量从2013年的8180万吨减少到2014年的8080万吨，2015年继续减少到了8050万吨。2016年石油产量第一季度同比呈下降势头。

大部分陆上油气勘探潜力有限，已开采的油田也基本达到产量高峰，海上油气勘探开发将是未来的重点区域。该国油气产量总体上看仍具有持续增长的潜力，未来哈萨克斯坦新增油气产能主要来自三大油田：卡沙甘（Kashagan）、卡拉恰干纳克（Karachaganak）、田吉兹（Tiengiz）（见表2-8）。卡沙甘项目一期2017年后计划形成年产5000万吨的产能，项目二期2018年后形成7000万吨以上的产能。卡拉恰干纳克项目三期投产计划将使石油产量从1140万吨上升到1500万吨，天然气产量从80亿立方米上升到170亿立方米。田吉兹项目计划新增产能1300万吨。但是，这些计划将面临低油价的严峻考验。

表2-8　　　　　　　哈萨克斯坦主要石油天然气项目情况

	田吉兹—雪佛龙项目	卡拉恰干纳克项目	卡沙甘项目
作业者	雪佛龙公司（Chevron）	英国BG；意大利ENI	北里海作业公司（NCOC）
股东构成	Chevron Texaco—50% Exxon Mobil—25% Kaz Munai Gaz—20% Luk Arco UKARCO—5%	BG—32.5% ENI—32.5% Chevron—20% LUKOIL—15%	Agip—16.81% Shell—16.81% Exxon Mobil—16.81% Total—16.81% CNPC—8.33% Inpex—7.56% KMG—16.81%
石油储量	6亿吨	12亿吨	20亿吨
天然气储量		1.35万亿立方米	1万亿立方米
是否开采	是	是	当时预计2013年开始开采（目前停产）
投入资金	152亿美元	145亿美元	1360亿美元
项目进展情况	2014年产油2670万吨，计划新增产能1300万吨	原计划2012年产油气分别为1500万吨和170亿立方米，2014年产油1220万吨	2013年投产，原计划产油5000万吨（目前停产，预计2017年恢复生产），原计划2018年后产量达到7000万吨

2. 现实与规划的差距及问题

哈政府于2003年出台了《开发哈属里海的国家规划》，但从实施后的五年执行情况看，由于一些项目没能按时进行，特别是卡沙甘项目的多次延期，直接影响了整个规划的实施。2009年哈政府曾着手对该规划进行重新修正，修改草案的主要内容包括对原规划中提出的某些项目的实施从第一阶段推迟到第二阶段；延长了加快资源开发的时间段；

增加了一些新的具体任务；推迟了稳产期开始的时间。2010年11月22日哈总统签署了第1105号总统令，废除了2003年签署的《关于开发哈属里海的国家规划》的第1095号总统令。至今尚未出台新的开发里海的发展规划。

过去几年来，哈燃料能源综合体存在的主要问题是，国内石油产能不能满足国家经济和居民不断增长的对燃料的需求，燃料市场出现短缺，设备现代化和炼厂的炼油能力不能满足2030年前国内需求；资源行业出口导向，经济对能源资源出口的依赖程度较大，国内炼厂油源可能不足；高能耗，低能效；石油工业资源质量下降，储量接替不足，这些可能导致产量下降和出口收入减少。2013年9月本应开始产油的卡沙甘油田，至今没能恢复生产，影响了哈国油气战略目标的实施，也影响了哈国石油产量大幅提升的指标。

2014年下半年以来，全球低油价使哈国油气投资减少，石油产量下降；低油价使外汇收入减少，加之坚戈贬值，对哈国经济发展产生了重大影响，经济发展增速放缓。

今后，哈萨克斯坦的油气生产将依赖里海陆架油田的开发。然而它们复杂的地质构造、较高的环保风险以及远远超过初期预想的开发成本都将阻碍海上油气田的开发进程。卡沙甘项目就是一个典型实例。而在低油价下高投入、高成本、高风险的海上勘探开发项目面临更大挑战，卡沙甘投产后又能为哈萨克斯坦经济带来多少盈利，有待观察。

同时，哈萨克斯坦的油气深加工能力低，导致不能满足国内对燃料油的需求，大部分油气以原料的形式出口。目前，最突出的问题有：一是哈石油出口以原油为主，因此，必须扩大原油加工，满足国内对燃料的需求，生产高品质的石油产品对内外销售；二是为提高石油开采水平，推行创新技术，更新矿井开采老化设备，提升行业技术水平；三是加强基础设施建设及其合理使用，扩大贸易量；四是为发展天然气管道系统，必须扩大天然气出口和稳定国内区域保障，特别是农村；五是为提高能源领域资金使用效率的透明度，必须公布区域能源供应公司的年度审计报告，包括农业居民点。

三 影响因素分析

1. 国内经济形势

金融危机前十年是哈经济发展的"黄金时期",GDP年均增长10%左右,经济总量扩充5倍,外贸额增长6倍,经济实力占中亚五国总量的2/3。金融危机爆发后,哈经济增长速度骤减。2008年GDP增幅降至3.2%,2009年进一步下降至1.2%。2010—2012年,随着世界经济的复苏、国际市场需求恢复以及能源和金属等国际价格稳定,哈经济开始强劲反弹,出口开始增长。石油工业是哈萨克斯坦的支柱行业,石油收入占财政收入的半壁江山。2013—2014年,世界经济复苏缓慢,乌克兰危机的外溢效应使哈经济发展不可避免受到了波及和冲击,俄罗斯经济因与欧美国家的相互制裁而遭到重创。在全球石油需求疲软,国际油价一跌再跌的背景下,2014年哈萨克斯坦经济增长仅为4.3%,远低于此前政府制定的6%的目标。根据哈萨克斯坦外贸发展面临的国际环境,今后几年内,哈经济下行态势依然存在。

2. 国际经济形势与地缘政治

2015年,严峻的全球经济形势和地缘政治局势使哈萨克斯坦的投资吸引力降低;石油等主要出口产品价格的低迷,使出口收入大大减少;坚戈暴跌,人民的财富缩水。根据哈政府2016年1月15日公布的《2015年哈萨克斯坦经济报告》,2015年哈国GDP增速为1.2%,这个数据不仅低于1.5%的目标,且低于2014年4.3%、2013年6%的增长速度,可以明显看出近三年来哈萨克斯坦的经济增长率有严重放缓的迹象。

3. 国际原材料市场

当前,国际市场原材料价格和俄罗斯经济形势是影响哈国内经济发展的两大因素。哈俄两国经济联系密切,俄罗斯是哈萨克斯坦第一大贸易伙伴。欧美制裁俄罗斯导致哈俄贸易额大幅下滑,哈对俄出口大幅减少,而卢布持续贬值使哈货币坚戈面临贬值压力。从目前来看,俄罗斯经济仍然十分复杂,石油、原料价格下跌和制裁措施严重阻碍了俄经济发展,尚未出现好转迹象。2015年上半年,俄对外贸易2759亿美元,同比下降33%。其中，从哈进口下降了26.9%，对哈出口下降了17.5%。作为资源大国，哈经济对大宗商品出口依赖极大，哈萨克斯坦的经济转型并不轻松。

进入2016年，哈萨克斯坦经济继续遭受原油下跌冲击。为此，哈政府将根据宏观经济指标重审国家预算，探讨石油价格下降至20美元/桶的应对方案。目前哈萨克斯坦正在实施的大规模结构性改革将成为影响国家经济发展的积极因素，预计2016年哈萨克斯坦的经济增长率将达到1.5%。但是不排除外部环境恶化、汇率波动以及国家经济的高度美元化等因素会对哈经济增长造成较大的不利影响。

第三节 能源合作

一 对外合作

1. 油气对外合作政策和状况

独立后，哈萨克斯坦积极推行对外合作发展石油工业的基本政策，坚持油气立国的方针，积极创造良好的投资条件吸引外资，使本国石油工业在多方面得到发展，油气产量在金融危机前的"黄金时期"快速增长，油气运输基础设施明显改善，出口多元化战略逐步体现；同时，通过能源产业发展，不断提振本国经济实力，逐步实现国民经济和社会发展目标。

（1）在中亚国家中，哈萨克斯坦是油气对外开放最早、吸引外资最多的国家。20世纪90年代初，以BG为作业者和以雪佛龙为作业者的国际作业财团分别获得了卡拉恰干纳克和田吉兹两个大型陆上油气对外合作开发项目。1993年以阿吉普和壳牌等西方公司组成的国际财团签署了在里海北部大陆架从事地质勘探的合同。随着1995年哈《石油法》和1996年《矿产和矿产资源利用法》的颁布实施，为外国公司在该国石油领域投资提供了有效的法律保障，使哈在吸引外资，开发本国丰富的油气资源方面迈出了一大步。据不完全统计，目前有20多个国家的几十家油气公司分别在哈萨克斯坦的油气勘探开发项目上投资。除了国际大石油公司，如雪佛龙、阿吉普、英国天然气公司、埃克森莫比尔、壳牌、鲁克等外,还有一批中小独立石油公司和国家石油公司,如俄罗斯、阿曼、韩国、中国等国家石油公司,纷纷进入哈国油气勘探开发市场,不断扩大市场份额。进入21世纪后,随着里海卡沙甘大油田的发现,哈政府将里海地区作为对外合作的重点,除了以欧美大石油公司为主组成的国际财团在哈里海进行勘探活动外,壳牌、康菲、俄罗斯石油、鲁克、阿曼石油、印度ONGC等公司都进入哈里海开展勘探活动。

目前,外国公司控制着哈萨克斯坦76%的资源量。约70%以上的石油产量来自外国投资项目,其中田吉兹、卡拉恰干纳克两个油田的石油产量占总产量的48%以上(见表2-9),天然气产量占总产量的76%以上。随着卡沙甘油田的投产和卡拉恰干纳克气田三期投产,外国公司产量在哈萨克斯坦的油气产量份额还会上升。

表2-9　　　　2014年哈萨克斯坦主要油气企业石油产量

公司	产量(万吨)	占总量(%)
全国产量	8100	100.0
田吉兹—雪佛龙石油公司	2670	33.0
卡拉恰干纳克石油公司	1220	15.1
哈萨克斯坦国家油气勘探开采公司	810	10.0
曼吉什套油气公司	630	7.8
中石油—阿克纠宾油气公司	500	6.2
哈德石油	300	3.7
哈萨克石油(PK)集团公司	220	2.7
卡拉让巴斯石油公司	210	2.6

数据来源:哈萨克斯坦能源部。

(2)哈属里海区域仍然是其对外开放的重点区域。近年来这一区域的合作条件变得越来越严格,特别是对环保和"哈萨克含量"的要求不断提高。但从近几年外国公司在哈签署的新项目看,里海大陆架项目依然是外国公司投资关注的重点,2010年9月俄罗斯和哈萨克斯坦签署了《开发里海伊马什夫斯克凝析气协议》，以及加快里海库尔曼加兹和"中央"区块的联合地质研究与勘探的政府间协议。2011年3月，挪威Statoil公司与哈国家油气公司签署了开发里海"阿拜"区块的原则协议，双方计划按照达成的协议条件联合开展该项目的开发，此外，Statoil公司还将参与用于开发哈里海其他区块时使用的自升式钻机的建造。"阿拜"区块位于里海哈萨克斯坦部分的北部，距离岸边65公里，水深8—10米。2011年4月16日印度ONGC与哈国家油气公司签署购买"萨特帕耶夫"区块25%权益的最终协议，从而进入了哈里海勘探开发项目。

（3）随着石油行业的快速发展，哈为增加国家石油公司在本国油气行业中的份额，对外合作进展缓慢。随着哈国家经济实力的增强，近年来，哈政府的对外油气合作政策也出现了一些变化，明显加大了对油气资源的控制力度，通过修改法律、调整对外油气合作模式、提高国家公司在重大外资项目中的持股比例以及增加油气税收等措施确保国家获得更大的油气利益。

2003年哈政府计划在2010年前签署25个海上石油合同，但是，到2008年只签署了8个合同（南让巴伊、第341号合同、阿塔什、秋勃—卡拉甘、库尔曼加兹、让姆贝尔、Жемчужина和H）。由于等待2010年新税法出台和对《地下资源及地下资源利用法》的修改，2009年基本停止了与外国投资者签署新的里海大陆架勘探开发合同。虽然2010年后哈恢复了与外国公司签署新的海上勘探开发合同，包括与挪威Statoil公司签署的阿拜和伊萨泰区块的合同，与印度ONCC签署的萨特帕耶夫区块的合同，与中国CNPC签署的达尔汗区块的合同等，但尚未达到原计划的目标。

随着上游市场竞争的日益激烈，哈油气对外合作呈现出四大趋势，即哈萨克斯坦国家石油公司（KMG）不断加强对重大油田项目的管理与控制，强化市场的垄断与领导地位；美、中、俄及欧洲石油公司继续扩大其市场份额；中小石油公司竞相进入，不断抢占市场；个别市场份额小的公司已退出或考虑退出哈市场。

但是，在低油价的大背景下，一个不可忽视的现实问题是，里海和老油田的开发成本越来越高,并且越来越困难。这对哈的战略前沿对外合作项目构成了意外的打击。

2. 对外合作战略模式

目前,哈萨克斯坦油气领域依然坚持对外开放与合作的基本政策。虽然2003年以后对外合作政策逐步收紧,资源民族主义抬头,但是考虑到哈萨克斯坦对于资源开发的依赖和未来的发展目标,仍然离不开对外合作。在合作模式上,1991年以来的油气对外合作基本采用矿税制模式,采取建立合资公司的形式开展油气勘探开发。自2008年后停止签署产量分成合同,且在2009年新版《地下资源及地下资源利用法》中正式取消了产量分成合同模式,但对之前签署的产量分成合同仍将保留原有的政策不变。

根据2009年新版《地下资源及地下资源利用法》规定,所有外国自然人和外国法人均可是地下资源利用权的主体。获得地下资源利用权的三种方式是:竞标,直接谈判(无须竞标),由主管部门出具书面许可或签订合同。此外还可依据勘探合同,发现和评估矿床的地下资源利用企业有权在直接谈判的基础上不经竞标优先签署开采合同。

地下资源利用合同类型分为五种:勘探合同;开采合同;勘探开采混合合同;地下设施建设合同;国家地下资源地质研究合同。今后如何应对持续的低油价,哈政府可能在税收政策和合作方式上出现一些松动和调整。

3. 出口方向与政策

(1)哈萨克斯坦现有以下主要原油出口管线:北线经阿特劳—萨马拉管道至新罗西斯克港出口到欧洲市场;西线经里海管道财团(Caspian Pipeline Consortium,CPC)管道出口;东线经中哈原油管道(阿塔苏—阿拉山口管道)出口到中国(见表2-10)。目前哈国80%以上的原油出口是经过俄罗斯过境管道运输到国外市场的。为降低原油出口对俄罗斯的依赖,哈萨克斯坦不断加强石油出口管道的建设,并取得了一定成效。

此外,哈还在积极研究和修建经阿克套港,在巴库和马哈奇卡拉中转至黑海新罗西斯克港出口到欧洲,或在涅卡港与伊朗原油进行串换。

并修建穿越里海的叶斯克涅—库雷克—巴库管道（739千米），输送田吉兹、卡沙甘的原油到地中海巴库—第比利斯—杰伊汉（BTC）管道（1789千米）。同时，哈萨克斯坦还计划修建2005年完成可研的哈萨克斯坦—土库曼斯坦—伊朗石油管道。

主要的天然气出口管道有：中亚—中央输气管道（主要运输中亚气）；布哈拉—塔什干—比什凯克—阿拉木图输气管道（主要运输中亚气）；哈—中输气管道1期（主要运输中亚气）；奥伦堡—诺沃—普斯科夫斯科输气管道（主要运输俄气）；布哈拉—乌拉尔输气管道（主要运输俄气）。

表2-10　　　　　　　　2014年哈萨克斯坦石油出口运输　　　　　　（单位：万吨）

管道	流向	2014年运量	2015年运量	占出口总量（%）
里海管道财团管道	经俄罗斯出口欧洲等	2948	3804	62.4
阿特劳—萨马拉管道	经俄罗斯出口欧洲等	1460	1346	22.1
阿塔苏—阿拉山口管道	中国	1182.4	480	7.9
其他（铁路到港口）	欧洲	610	465	7.6

数据来源：国际文传，2015年1月25日。

（2）未来建设方向。哈政府将继续充分利用自身地理优势，实现油气出口多元化目标。哈积极开展油气出口多元化战略，在东向（到中国）、北向（到俄罗斯）和西向（到欧洲）的战略通道之间作战略平衡。多条油气出口管道正在规划中，形成了多个方向的争夺。东向，中国—中哈原油管道已经建成，将形成年输油2000万吨的运力，中哈输气管道建设已经启动；西向，规划建设里海石油运输系统，同时支持建设跨里海输气管道，为今后的"南部走廊"提供天然气；北向，与俄罗斯等中亚国家签署了协议修建沿里海输气管道，扩大中亚—中央管道的运力，同意将里海管道财团的输油能力从2800万吨提高到6700万吨。

围绕哈萨克斯坦油气出口流向，多国展开激烈竞争。中国、欧美和俄罗斯等国积极规划和推动争夺哈萨克斯坦油气资源的油气管道项目。

欧美在实现了修建绕过俄罗斯的巴杰输油管道和南高加索输气管道后，又积极推动修建跨里海输气管道和跨里海输油系统，将未来哈里海所产油气并入已建成的巴杰输油管道和南高加索输气管道，同时为规划中的纳布科输气管道补充气源，实现欧盟油气供应多元化的目的。俄罗斯则通过扩大里海管道财团的运力，提议建设沿里海输气管道，扩大中亚—中央输气系统运力，增加对哈油气流向的控制；中国通过建设中哈输油管道和中哈输气管道开辟了哈国油气出口新的通道。

4. 规划中的油气出口管道对中国通道建设及油源保障的影响

从哈目前的油气出口管线走向看，除中哈石油管线和正在建设的中哈输气管道外，基本上都要途经俄罗斯。天然气运输干线基本上是苏联时期建成的，除了通往俄罗斯的卡拉恰干纳克管道外，至今没有建成本国独立的天然气出口管道。目前哈境内分布的天然气管道是中亚—中央天然气管网的哈萨克斯坦段，是过境管道，中亚—中国输气管道仍然是过境管道，目前主要承担过境运输，因此，哈国积极寻求新的出口市场和建设新的出口通道。

从未来石油出口方向的竞争格局看，一是扩大里海管道财团运力，2014年从目前的2800万吨提高到6700万吨，油源主要来自田吉兹油田和卡沙甘油田，经俄罗斯出口；二是建设跨里海石油运输系统，为卡沙甘油田建设一个年输油能力2500万—5000万吨的运输系统，从里海库雷克港将原油船运到阿塞拜疆，再经巴库—杰伊汉管道输往欧洲市场，卡沙甘油田2013年后投产，2018年后石油年产量有望上升到7000万吨；三是面向中国市场的即将投产的中哈石油管道三期，运力2000万吨。上述三条石油出口管道是哈国未来主要的新扩建石油外输管道，前两条管道的油源主要来自田吉兹和卡沙甘油田。中哈石油管道三期的建成将使哈东部和西部管道连接，运力从1000万吨扩大到2000万吨，管道起自哈西部石油主产区，这是中哈石油管道能够获得更多油源的有利条件，但在油源的获取上避免不了存在与上述两条管道的竞争。

从未来哈天然气出口方向的竞争格局看，尽管存在多条出口管道的竞争，但中哈天然气管道和沿里海天然气管道占有一定优势。这一东—西的天然气出口方向，将增加哈的天然气出口能力和国内天然气消费及出口平衡，成为哈未来天然气发展的重要手段。相比而言，沿里海天然气管道建设需要由俄、哈、土三国协作，目前三国的配合仍然需要协调。而中—哈输气管道建设已经启动，赢得了引导天然气出口流向的先机。中哈天然气管道与沿里海输气管道暂不存在资源和出口通道的冲突。而跨里海输气管道建设则在资源和地缘政治等方面存在较大的不确定性。对中—哈输气管道来说，面临着资源保证的挑战，需要广开思路，以各种方式获得气源，满足管道长期稳定的供应。

二 中哈合作前景和建议

1. 中哈合作前景

中国是哈第二大贸易伙伴国，列俄罗斯之后。中国是哈萨克斯坦的最大出口国、第二大进口国。中哈两国贸易额占整个中亚地区与中国贸易额的70%。据哈海关统计，2014年哈中进出口贸易总值171.82亿美元（占哈2014年进出口贸易总值的17.2%），同比下降24.43%。其中，哈向中国出口98.15亿美元（占哈出口13.4%），同比下降31.71%；哈从中国进口73.67亿美元（占哈进口27.5%），同比下降11.92%。我国主要出口机电产品、服装、鞋类等，主要进口铜及铜材、钢材、原油等。2014年中国对哈萨克斯坦的直接投资量为-4007万美元，为10年来首次出现负增长（2013年为81149万美元），截至2014年年底中国对哈萨克斯坦的直接投资存量75.41亿美元。

中石油是最早与哈开展油气合作的中国公司。中石油于1997年进入哈萨克斯坦，目前是哈萨克斯坦第二大外国石油生产商，是最大的综合性石油公司和最大的炼化产品供应商。自1997年收购阿克纠宾油气股份进入哈萨克斯坦油气上游投资，到2005年成功收购PK项目，中石油在哈萨克斯坦拥有8个上游项目，9份合同，拥有剩余石油储量6202万吨（4.53亿桶）和天然气储量74亿立方米。2009年4月中石油与哈国家石油公司联合收购了曼格什套油气公司，双方各持股50%。中石油所有上游资产均位于哈萨克斯坦中部的南图尔盖盆地。2010年，中石油在哈的原油年生产能力突破1000万吨。主要的油气勘探开发项目有：阿克纠宾项目、PK项目、北布扎奇项目、KAM项目和ADM项目等。此外，中石油在哈萨克斯坦合资运营中哈原油管道、中亚天然气管道哈萨克斯坦段、肯基亚克—阿特劳输油管道和让纳诺尔-KC13天然气管道。

2015年是中石油阿克纠宾公司成立18年来最困难的一年（全年资本投资仅640亿坚戈），2015年中石油阿克纠宾公司产油4585万吨，同比减少9%，产气5274亿立方米，同比增长40%。

中石化和中信集团在哈也有部分上游勘探项目。2004年10月，中石化以1.5亿美元收购第一国际石油公司在哈萨克斯坦的5个勘探区块和Sazankurak油田。其中主要的上游项目是Aday 990和Sazankurak 245D项目。石油储量约230万吨和天然气储量约5331万立方米。2007年油气产量分别为15.73万吨和187.6万立方米。中信集团在哈萨克斯坦参与Karazhanbas 239D和Mortuk上游勘探开发项目，拥有油气剩余储量分别为3277万吨和3.12亿立方米。2007年油气产量分别为91.76万吨和852万立方米。

2. 优势与困境

哈萨克斯坦政局相对稳定，有利于双方进一步开展合作。哈萨克斯坦"强总统、弱议会、小政府"的国家权力运行模式在短期内难以改变，纳扎尔巴耶夫及其领导的"祖国之光"党在哈政坛占据绝对主导地位，哈未来总统或将由现任总统连任，或由其在亲信中指定，因此哈政权保持平稳过渡的可能性极大。

中哈之间拥有传统友谊，同时我国政府与纳扎尔巴耶夫政府一直保持着良好关系，因此哈政权的平稳过渡意味着双方之间的友谊将会被继续传承下去，这为中哈双方油气合作的发展创造了有利的条件与环境。中哈全面战略伙伴关系是能源合作的基础，中哈油气战略互补性强，合作基础牢固，哈将中国市场视为保障国家能源安全、实施能源出口多元化战略、扩大油气出口的重要方向，中国也将哈油气资源视为油气进口多元化的重要来源，中哈油气合作将继续扩大上下游一体化合作。

哈萨克斯坦的《哈萨克斯坦—2030》、《哈萨克斯坦—2050》战略及"光明之路"新经济政策等，与丝绸之路经济带建设在诸多理念和政策层面高度契合。

三　合作策略

在中哈油气合作中，我们应当紧密跟踪、适应和契合哈萨克斯坦经济社会发展需求，特别是能源（油气）发展战略需要。目前，哈萨克斯坦油气发展战略的核心主要有四：第一，在稳定推进油气产业发展的基础上，不断发展石化产业，提高石油深加工能力，不断推进国内能源结构优化，增强国内能源供应能力；第二，提高出口能力和产品的附加值，实现油气出口多元化，避免依赖单一产品出口和原料出口；第三，大力发展天然气工业，稳步推进里海油气开发；第四，面对当今全球能源发展态势和低油价的态势，能源转型和经济转型也越来越成为该国的发展方向。为此，应对与哈油气合作战略做出相应的调整。对于双边和国家层面的合作来说，需要处理好以下问题：

首先，正确处理消费国对资源国应尽的责任。目前，中国石油公司的中亚扩张战略都不同程度地触及中亚资源国的安全底线。这一状况提醒中国作为消费国必须在双赢互利以外向资源国解释进一步合作的战略意义，同时强调消费国应尽的责任，避免不必要的忧虑。针对公司社会风险的增大，石油公司也需要在项目的建设和运作阶段以实际行动贯彻"公司公民"的责任。

中方要关注和参与哈萨克斯坦落实采掘业透明度倡议（EITI）。目前，哈已出版了 11 部 EITI 国家报告。根据倡议新要求，在年度国家报告中要公布更宽泛的数据和在更大范围内发布、使用。2014 年哈第十期国家报告不仅包括了采掘业进入国家预算款项的核对数据，而且还包含了关联信息（预算收入、国家的企业红利、地方政府支付、社会投资、当地扶持、运输收入、主要和有限矿产资源开采和出口、采掘业在 GDP 中的占比等）。2015 年 5 月，根据总统办公厅的指示，所有州都召开了由国际机关、非政府组织和采掘企业代表参加的扩大会议，各州州长介绍了采掘业业主通过地方财政对社会项目投资支出的情况报告。今后中方企业必须规范运作、透明经营。

其次，统一对哈油气外交。目前，美国对中亚地区实行的是统一能源外交，为此专门有中亚—里海特命全权大使，充当美国在该地区的总协调人；俄罗斯也设立了里海特使；欧盟也有中亚大使。然而，中国在中亚的外交未显示出统一性。通过双边外交可以促成短期内的多边合作。但长期来看，任何一方所出现的问题都可能影响到其他方，影响到多边合作；同时，也面临欧洲、美国、俄罗斯、印度、土耳其等诸多其他地区和消费国的竞争。因此，今后中国必须对于中亚事务（包括油气合作）进行统一协调，由一个中亚特使来协调和规划整个中亚地区的外交活动。

最后，积极推动"一带一路"战略倡议与哈萨克斯坦的"光明之路"的对接。这是当前和今后处理双边与多边关系的重要战略基础。在这一战略对接下，维持和稳步扩大中国石油公司在哈萨克斯坦现有的石油利益和发展构想。特别需要在这一战略对接下，推进双多边重大项目的稳定发展；建立相关的安全保障机制，确保中国—中亚天然气管道运输项目的安全稳定运行。

具体而言，应当采取如下策略：

第一，开展多元化的合作，稳定合作规模，增强抗风险能力。随着中哈管道、中亚天然气管道的投入运营，哈萨克斯坦日益成为我国石油供应多元化的重要陆路来源。随着哈萨克斯坦油气出口多元化战略实施及 CPC 管道扩建、BTC 管道运营以及未来的海上项目开发，陆上原油产量增长有限，可能导致输往中国的管道油源紧张。为此，应该巩固目前的合作规模，适时抓紧时机，一方面继续获得勘探、开发权益，为管道的平稳运营提供保证；另一方面也可以参与其他方向的油源出口权益。

目前，中国石油公司的投资多半集中在石油开采领域，今后应开展多元化合作，进入该国油气的中下游领域，如相关工程承包、材料、设备供应、炼制等领域，将我国公司打造成上下游一体化、具有较强抗风险能力的综合性油气公司。

未来，中国石油公司通过对哈炼化产业的投资，帮助哈修建炼厂，一方面可以帮助哈完善石油工业产业链条，另一方面可以进入哈成品油销售领域。通过下游领域的合作，加深双方利益捆绑，促进中国在哈上游领域的投资与合作。采用灵活多样的方式参与哈天然气工业发展和里海油气开发。同时还要避免盲目扩张。

第二，高度重视并加快中哈天然气管道建设。目前，困扰哈萨克斯坦油气工业发展的另一个瓶颈就是天然气的国内外销售问题。哈萨克斯坦境内储量最大的滨里海盆地，大部分油藏为带气顶的饱和油藏，如田吉兹、卡拉恰干纳克、扎纳诺尔、阿里别克莫拉等，原始溶解油气比高达每立方米300立方米，伴生气年产量约100亿立方米。

与原油销售相比，哈萨克斯坦天然气销售更受到俄罗斯管线的制约。为此应加快实施中哈天然气管道建设，实现双方或多方利益，以此带动现有油气项目（扎纳诺尔、乌里赫套天然气等）的快速运转。

第三，加强与KMG的沟通、合作。哈萨克斯坦政府通过修改资源法，明确了在油气资源权益转让中，国家公司具有优先收购权，其具体的实施则由KMG执行。此举将进一步提高国家公司的影响力和地位，加强国家对资源的控制。KMG的动向也是哈萨克斯坦能源政策的方向标。

中国公司应更加主动地加强与KMG的联系、合作，利用与KMG的关系和纽带，全方位开展对哈萨克斯坦的油气合作。同时，加强调研工作，密切关注能源政策变化，保持高度警觉性，同时在风险预测、控制、规避等措施上应具有前瞻性，降低风险。对于中石油来说，首先，应凭借中国石油公司陆上勘探开发以及老油气提高采收率的技术优势和国家石油公司的资金优势，扩大陆上项目合作，包括顺应哈政府加强对资源控制的意图，与KMG联手收购陆上中小油田资产；其次，与有意发展陆上业务或在陆上项目竞争中处于劣势的国际公司合作。在海上项目上，中石油和中海油可与其他国际大石油公司合作进入。

第三章

土库曼斯坦油气战略研究

第一节 国情概览

土库曼斯坦是位于中亚西南部的内陆国,面积49.121万平方公里,是世界上最干旱的地区之一。土库曼斯坦人口539万人,95%以上的人口为土库曼族。2015年,按照现价美元计算的GDP总值356.8亿美元,人均GDP为6619美元。

一 基本国情

1. 政治特征

1992年5月18日,土库曼斯坦通过的宪法规定土库曼斯坦为民主、法制和世俗的国家,实行三权分立的总统共和制。现任总统是别尔德穆哈梅多夫,于2012年连任。2006年以来,土库曼斯坦在现任总统的领导下,政权基本巩固。

土库曼斯坦的腐败现象严重。根据透明国际公布的《2014年度全球腐败指数报告》的"清廉度"排名中,土库曼斯坦在175个国家和地区中排名第169位。办事机构腐败现象较为常见。但是,2014年3月国民议会通过了《反腐法》草案,明确了反腐原则,为预防和打击腐败提供了法律框架。反腐败将为今后的国有企业的非国有化和市场化提供保障,创造良好环境。

1995年,土库曼斯坦将永久中立国地位写入宪法,但是,中立国的地位并不意味着不作为或不参与全球与地区事务。近几年来土库曼斯坦一直在相关的全球和地区组织和平台上发挥作用,尤其在能源领域发挥作用。包括与联合国机构进行合作;参与和推进欧安组织内部的能源对话;在里海沿岸国家峰会、独联体首脑会议中推进安全合作倡议,特别是围绕着能源基础设施建设运营的多边磋商机制;2014年12月主办能源宪章论坛。总之,该国主要是利用国际和地区的多边舞台围绕着能源过境运输和地区安全,推进国际合作。

土库曼斯坦地处恐怖组织活动猖獗的中亚地区,地区局势较为复杂,与阿富汗、乌兹别克斯坦和巴基斯坦等恐怖活动多发国家毗邻,反恐形势较为严峻。为此,政府对国内重大战略性资产实施严密的军事保护。

2. 经济特征

土库曼斯坦的经济尚属于计划经济,以石油、天然气工业为支柱产业。农业基础薄弱,以种植棉花和小麦为主,粮食不能自给。独立后,与其他独联体国家的经济联系削弱或中断,经济遇到极大困难。但是,土库曼斯坦始终加速向市场经济过渡。为此,近六年来,土库曼斯坦实行了一系列经济改革。在这一时期,土库曼斯坦启动货币改革,实行单一汇率并自由兑换,从2009年1月起发行新马纳特(土库曼斯坦货币);提倡经济和能源多元化发展,出台优惠政策,鼓励非国有经济发展;鼓励发展中小企业,提出2020年前将非国有经济占GDP比重从40%提高到70%等。

目前土库曼斯坦的经济基本面运行良好。2015年的数据显示,土经济各个领域平稳发展。国内生产总值保持较快增长,GDP总值为373亿美元,人均GDP达到6928美元。2015年,财政略有赤字,但仅占GDP的1.7%,不存在重大财政问题。但土库曼斯坦失业率较高,2015年超过了10%,虽然社会目前整体稳定,但高失业无疑是一个潜在问题。整体而言,土库曼斯坦投资环境在独联体国家中处于中下,根据社科院世经政所的研究,2015年投资风险评级为BBB,整体投资风险与俄罗斯相当,中国企业可以进行投资。

2015年,石油和凝析气产量增加了6.5%,钻井作业同比增长26.7%,投资同比增长42.3%。同时,国家积极推动工业多元化和产品多元化,依托当地丰富资源实现国内市场商品自给自足。要加快进口可替代产品企业建设和现有企业改造工作,扩大建筑和化工类产品产能和种类。强调要鼓励企业家投资这些领域。

3. 社会与文化

主要民族有土库曼族、乌兹别克族、俄罗斯族,其中,土库曼族占94.7%,此外还有哈萨克族等100多个民族。伊斯兰教为主要宗教,主要是逊尼派信徒,占总人口的89%。

土库曼斯坦政府实行医疗、教育优惠制度,实行十年制义务教育。教育体系由学前教育、中等教育、中等专业技术教育和高等教育组成。截至2012年2月,土库曼斯坦高校共有21所,其中大学4所,学院17所。

二 能源部门

1. 能源消费现状

土库曼斯坦国内一次能源消费几乎全部来自天然气和石油。近两年,土库曼斯坦一次能源消费呈现恢复增长态势,年均增长10%左右,目前已达到3730万吨油当量,为历史高峰。2015年土库曼斯坦天然气消费量为3090万吨油当量(见表3-1),占能源消费的83%多,其次为石油,约占17%(见图3-1)。相较俄罗斯、哈萨克斯坦两国,土

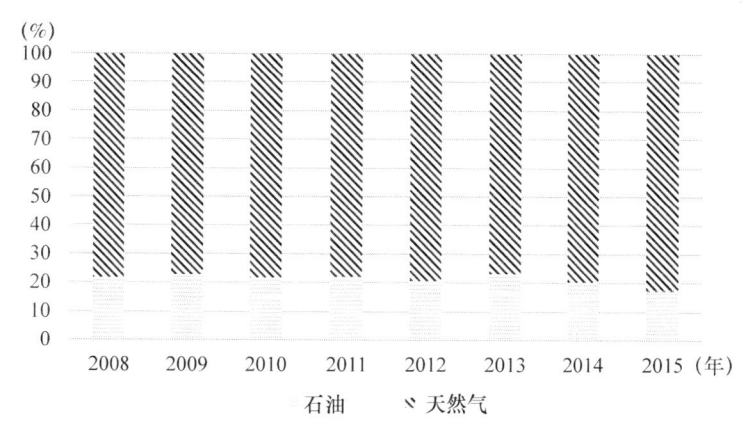

图3-1 2008—2015年土库曼斯坦一次能源消费结构

数据来源:《BP世界能源统计年鉴》,2016年6月。

的能源消费结构更加单一。土库曼斯坦的能源消费弹性系数近五年均值约为0.49，说明土还是一个较为依赖能源投入的传统增长型国家，这也与该国特有的能源消费结构有关。

表3-1　　　　　　2008—2015年土库曼斯坦一次能源消费结构

（单位：百万吨油当量）

	2008年	2009年	2010年	2011年	2012年	2013年	2014年	2015年
一次能源消费量	24.7	22.9	26.1	27.1	29.9	26.8	31.3	37.3
石油	5.4	5.2	5.7	6	6.2	6.2	6.4	6.4
天然气	19.3	17.7	20.4	21.2	23.7	20.6	24.9	30.9
煤炭	—	—	—	—	—	—	—	—
核能								
水电	低于0.05	低于0.05	低于0.05	低于0.05	低于0.05	低于0.05	低于0.05	低于0.05
可再生能源		低于0.05	低于0.05	低于0.05	低于0.05	低于0.05	低于0.05	低于0.05

数据来源：《BP世界能源统计年鉴》，2016年6月。

2. 油气资源状况

土库曼斯坦是中亚主要油气资源国，天然气资源尤其丰富，其储量位居世界第四位（居于伊朗、俄罗斯、卡塔尔之后）。据土库曼斯坦官方报道，目前该国拥有油气储量分别为208亿吨和25.2万亿立方米。据BP能源统计数据，截止到2016年1月1日，土拥有油气探明储量分别是0.82亿吨（6亿桶）和17.5万亿立方米。两者相差较大（见表3-2）。

表3-2　　　　　　　　　土库曼斯坦的油气储量

	1995年	2005年	2014年	2015年	储采比
石油（10亿桶）	0.5	0.5	0.6	0.6	6.3
天然气（万亿立方米）		2.3	17.5	17.5	241.4

数据来源：《BP世界能源统计年鉴》，2016年6月。

土库曼斯坦天然气资源潜力巨大。根据2011年英国Gaffney, Cline & Associates公司对东部的复兴气田第二次评估，该气田拥有天然气地质储量26.2万亿立方米。但是石油储量相对较少，主要分布在西部的南里海油气区。土里海大陆架油气资源丰富，根据美国Western Gego地质公司的评估，里海油气资源蕴藏量约为121亿吨和6.1万亿立方米。土在此地区划分了32个区块，以国际公开招标方式吸引外国公司进行风险勘探开发。

截止到2013年，土库曼斯坦共探明有1000多个含油气前景构造，共发现了38个油田、82个凝析气田及153个气田，其中142个气田位于陆上、11个位于里海。目前在国家平衡表中有160多个油气田，正在开发的有70个左右。

3. 油气供需与出口

天然气生产潜力巨大：土库曼斯坦油气生产不仅能够满足本国需求，还具有一定的石油出口量，略高于国内消费；天然气的生产潜力大大超过了国内需求。

2014年土生产石油1210万吨，国内消费630万吨，出口580万吨。2014年生产天然气693亿立方米，国内消费277亿立方米，出口416亿立方米（见图3-2、图3-3、表3-3）。

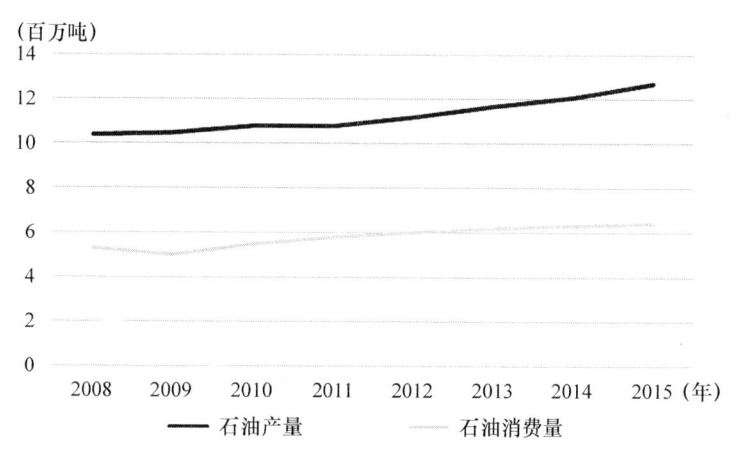

图3-2　2008—2015年土库曼斯坦石油生产与消费

数据来源：《BP世界能源统计年鉴》，2016年6月。

根据该国2030年油气发展规划，2030年天然气出口能力可达1800亿立方米，而2014年的出口量仅416亿立方米。目前，土库曼斯坦天然气的主要出口市场是中国、伊朗和俄罗斯。根据其能源出口多元化战略，未来的市场在欧洲和南亚市场，同时还将扩大液化气生产和出口。

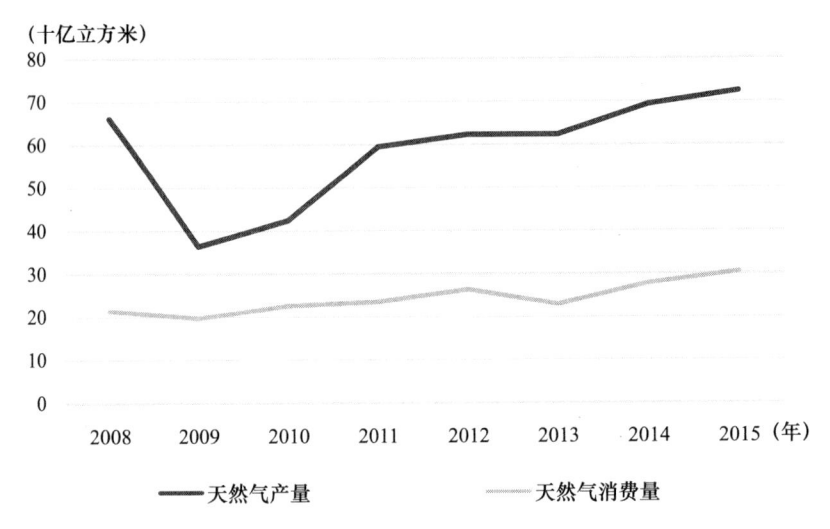

图3-3 2008—2015年土库曼斯坦天然气生产与消费

数据来源：《BP世界能源统计年鉴》，2016年6月。

表3-3　　　　2008—2015年土库曼斯坦油气生产与消费对比

年份	2008年	2009年	2010年	2011年	2012年	2013年	2014年	2015年	2014—2015年变化（%）
石油产量（百万吨）	10.4	10.5	10.8	10.8	11.2	11.7	12.1	12.7	5
石油消费量（百万吨）	5.3	5.0	5.5	5.8	6.0	6.2	6.3	6.4	1.6
天然气产量（十亿立方米）	66.1	36.4	42.4	59.5	62.3	62.3	69.3	72.4	4.5
天然气消费量（十亿立方米）	21.4	19.7	22.6	23.5	26.3	22.9	27.7	34.3	23.9

数据来源：《BP世界能源统计年鉴》，2016年6月。

4. 油气产业体制

土库曼斯坦油气工业由国家公司垄断经营。根据 1996 年 7 月 1 日颁布的总统令，土库曼斯坦组建了土库曼天然气康采恩、土库曼石油康采恩、土库曼油气贸易公司、土库曼地质康采恩和土库曼油气建设公司五家国有公司，直接隶属于总统和内阁，具有生产、管理和经营权，分别负责土库曼斯坦境内油气田的地质勘探、开发、加工及运输，油品销售与进出口等。

这五家国有石油公司各有独立的业务划分。其中，土库曼石油公司（Turkmenneft）负责土境内油田的勘探、开发和生产，以及石油和天然气的运输，具有生产、管理和经营权，可与外国投资者共同进行石油勘探和开发；土库曼天然气公司（Turkmengaz）负责土境内天然气田的勘探、开发和开采，以及加工和运输，具有生产、管理和经营权，下设 12 个直属企业和管理部门；土库曼油气贸易公司负责石油和天然气的销售和利用、产品深加工和出口，在政府协调指导下签署外贸合同，并负责监督合同执行；土库曼地质勘探公司（Turkmengeologiya）负责管理所有地质、地球物理勘探和深层钻探，拥有生产和经营权，负责新油气田和地下水等矿产资源的勘探；土库曼油气建设公司拥有油田设施的生产、管理和经营权，负责承建油气工程建筑设施。

5. 在地区和国际能源治理中的地位与作用

土库曼斯坦是中亚地区最大的天然气资源国和出口国。近年来，随着土库曼斯坦作为能源强国的崛起和能源外交的积极展开，其在国际能源市场上的地位显著上升。土以实现天然气出口多元化战略为目标，积极开展能源外交，摆脱了过去天然气出口长期受制于俄罗斯的困境，打破了俄罗斯对中亚国家"一统天下"的局面，改变了中亚地区的天然气出口地缘政治格局，也对国际能源市场产生了重大影响。

三 能源决策体制

土库曼斯坦的能源决策体制具有垂直管理与多部门协作结合的特点：土库曼斯坦油气领域管理采取垂直管理方式，总统直接负责制定油气方针政策，并亲自领导油气工业和矿产资源部、国家油气资源利用和管理署、油气工业和矿产资源发展基金会及里海问题国家机构；多部门协作是指油气工业和矿产资源部、国家油气资源利用和管理署、油气工业和矿产资源发展基金会及里海问题国家管理局等的协作。分工如下：

(1) 油气工业与矿产资源部：负责制定与资源开发有关的国家政策和技术政策，论证和准备全国矿产原料基地远景规划和发展纲要，以提高油气和其他矿产资源的产量和加工量；对外资参与的油气项目行使协调和综合平衡职能；协调国家油气领域各级管理、生产、贸易等部门间的关系。土库曼斯坦于2005年8月修改了油气法，调整了油气主管机构，明确了里海油气资源开发的管理规定。2014年12月又通过了新油气法。根据修订后的《油气资源法》，油气工业与矿产资源部负责制定油气政策、吸引国外投资、组织大型项目招标、对外签订油气区块开发协议等，该法削弱了油气生产和贸易企业的权力，并建立了多个机构。

(2) 油气资源利用和管理署：该署是土库曼斯坦油气工业的主管机关，受土库曼总统直接领导，是根据土库曼斯坦总统令发放石油作业许可证，并与承包商签订合同的国家机关。根据《土库曼斯坦油气资源法》规定，油气资源利用和管理署可根据土库曼斯坦现行法律对石油作业进行国家监督。

(3) 土库曼斯坦油气工业和矿产资源发展基金会及里海问题国家管理局：该局由总统亲自领导。建立油气工业和矿产资源发展基金的主要目的是为新的油气储量和其他矿产资源的普查和开发筹集资金。基金会委员由油气工业与矿产资源部部长、各公司主席和财政金融部门的领导担任。资金来源于土库曼油气贸易公司出口和销售天然气、石油产品的收入。里海问题国家管理局负责制定和执行开发里海油气资源的国家政策，并监督实施。

第二节 能源战略

一 国家意图与发展战略

1. 发展目标

2003年土库曼斯坦政府制定《2020年前土库曼斯坦政治、经济和文化发展战略》国家纲要，提出要将土库曼斯坦建成一个社会经济发展指标达到世界高水平、居民生活保障程度达到高水准的快速发展的强国。实现这一目标的优先任务是：以经济高速发展、新生产工艺的应用、劳动生产率的提高为基础，保持经济的独立与安全，使土库曼斯坦达到发达国家水平；保持人均生产总值持续增长；保持高度的投资积极性，增加生产型项目建设。

根据《土库曼斯坦2011—2030年国家社会经济发展纲要》目标。土库曼斯坦人均生产总值2015年达到2.17万美元，2020年达到3.2万美元。根据国家纲要，2020年人均国内生产总值将达到6680万马纳特，比2000年增长7.3倍，国内生产总值将比2000年增长27.4倍。此外，与2000年相比，工业生产总值将增长25.3倍，农业生产总值将增长16.7倍，建筑业生产总值将增长14.9倍，服务业生产总值将增长40.3倍。2020年，投资总额与2000年相比将增长16.1倍。加大对非国有经济的财政支持，2020年之前，对非国有经济部门的贷款额要占总贷款额的50%。

2. 国家能源战略部署

（1）《2020年前土库曼斯坦经济、政治和文化发展战略》国家纲要中提出的油气发展主要任务是：加大对里海油气资源的勘探与开发；优先建设油气领域的基础设施，建设新的石油和天然气运输管道；加大对陆上油气资源的勘探和开采；发展油气加工业和石化工业；加大吸引外资力度，允许外商直接投资。提出保持对燃料能源综合体及其基础设施领域的高投资。依靠天然气、石油、石油产品等产品的出口，增加国家外汇收入。

（2）具体任务：国家将大规模地进行地质勘探工作，增加石油天然气开采量。要求继续在克利克尔、约尔巴尔斯、科尔佩杰、切某什利亚尔油气田和其他海上与陆上油田进行设备安装工程等油田建设。计划新钻170口天然气井，在沙特雷克产气区进行设备安装工程。在《2030年油气发展规划》中提出，到2030年天然气产量达到2500亿立方米，石油产量达到1.1亿吨。为了实现这一规划，土政府加大了油气对外合作步伐。但是，国家纲要则根据实际情况，调低了国内产量目标：2030

年天然气产量达到2300亿立方米，其中出口1800亿立方米，石油产量达到6700万吨。继续扩大能源出口市场，增加现有管道出口能力，推动土—阿—巴—印（TAPI）天然气管道和跨里海天然气管道建设。发电量达到255亿千瓦时，其中出口110亿千瓦时。根据土政府制定的《2012—2016年油气综合体、化工和渔业发展规划》，在规划的五年期内应生产石油5590万吨、天然气4487亿立方米。复兴气田一期开发已经启动，这一投资100亿美元的大型气田开发项目建成投产后可以使土库曼斯坦每年增加300亿立方米的天然气出口。

土库曼斯坦计划石油加工行业产能2020年前达到2000万吨石油，2025年达到2200万吨，2030年3000万吨。目前，该国的石油产量约1000万吨石油，大部分在当地炼油厂加工。在天然气领域，积极发展液化天然气业务，占领周边国家和市场。同时发展天然气化工，推出高附加值产品。

（3）未来油气领域的优先投资方向：①在石油领域，主要加大对里海资源的勘探与开发；在天然气领域，主要加大复兴气田综合开发以及土东部（阿姆河右岸）天然气资源的勘探和开采以及中部和东部石油远景区的勘探。②在国内的东气西输天然气运输基础设施建设的基础上，推进跨里海管道的建设，同时加大土—阿—巴—印的管道规划进程。③发展液化天然气产业，向周边国家出口。④大力发展油气加工业和石化工业，增加高附加值产品开发与销售。

二 能源战略态势

1. 2008年以来油气发展态势与规划的差距

土库曼斯坦是中亚地区天然气生产和出口最具潜力的国家，天然气剩余可采储量从2007年的2.3万亿立方米猛增到2015年的17.5万亿立方米，居世界第四位。土库曼斯坦天然气产量受出口合同的影响较大，由于过去天然气出口渠道的单一性长期制约了该国天然气产量的增长。自苏联解体后，产量由1990年的850亿立方米降为1998年的133亿立方米。此后与俄罗斯达成供气和出口天然气协议，天然气产量又逐年回升，2003年天然气产量达591亿立方米，2006年达到了650亿立方米，2009 年的天然气产量达 750 亿立方米。然而近期由于俄罗斯进口土气合同量大幅减少，导致该国天然气产量大幅减少。2009 年中亚—中国天然气管道建成后土库曼斯坦的天然气产量出现了恢复性增长，天然气输出从 2009 年的 364 亿立方米增长到 2014 年的 693 亿立方米。鉴于土库曼斯坦天然气的资源潜力和多元出口市场的建立，未来 10—20 年天然气产量仍将大幅增长。土库曼斯坦石油产量基本维持在年产 1000 万吨的水平（2013 年为 1140 万吨），有少量出口。

据估计，里海土库曼斯坦大陆架蕴藏有 120 亿吨石油和 6.5 万亿立方米天然气。目前，中深层开采合同正在进行国际招标，2015 年 4 月 7 日据土库曼斯坦国家石油康采恩公布的消息称，土计划 2015 年石油开采量达 1111 万吨，与去年同期相比增长 2.9%。目前，土石油康采恩正在开采的油气田大约有 30 个，包括位于不同区域的 600 多个石油、石油天然气和天然气矿床。石油康采恩正在里海土库曼大陆架"北戈图尔捷别"区域进行大规模的地质勘探。

《2030 年土库曼斯坦油气工业发展规划》和《2012—2016 年土库曼斯坦社会经济发展规划》提出，2015 年天然气产量应该达到 1240 亿立方米，2020 年提高到 1750 亿立方米，2030 年达到 2500 亿立方米；同样，2015 年石油和凝析气产量约为 1750 万吨，2020 年前年产量达到 2300 万吨，2030 年提高到 6700 万吨。从近几年的实际情况看，2015 年的油气产量和出口量恐难达到国家社会经济发展和能源发展中长期规划提出的目标。

虽然土库曼斯坦具有天然气资源和产量增长潜力，但是产量提升主要取决于出口市场容量。因为国内每年天然气消费基本维持在 200 亿—250 亿立方米的水平，产量的提升主要取决于出口市场。规划提出 2020 年前每年天然气出口量达到 1400 亿立方米，2030 年前出口达到 1800 亿—2000 亿立方米；石油出口在 2015 年应为 600 万—700 万吨，2020 年上升到 900 万—1000 万吨。但是，2012 年天然气实际出口 440 亿立方米（其中俄罗斯 110 亿立方米、伊朗 100 亿立方米、中国 230 亿立方米）。

2. 战略实现程度

在地缘政治和经济等多种因素的影响之下，外输天然气出口受到限制是天然气实际产量逐年下降的主要原因。土近年来没有完成《土库曼斯坦石油天然气工业2030年前发展纲要》规定的要求。土库曼斯坦未能提高石油开采量及勘探出新的大型油田。此外，投资回报不及预期，工作效率不高。为此，需要解决一系列的问题，要把该行业经营活动提高到应有的水准，必须要探讨天然气出口途径的多元化，筹建新的天然气管道项目，解决进一步增加天然气开采能力的相关问题；必须加快石油开采企业"土库曼石油"国家康采恩的现代化进程，用最先进、最高效的设备和技术装备企业，以提高生产力。迄今为止，这方面的工作还没有达到要求，如尽管已具备一切技术装备条件，却始终不能生产出国内经济所需的足够数量的高品质沥青，反而要花费大量外汇去进口；石油天然气部门在保障居民点天然气供应方面存在问题，由于一些居民点的管道磨损老化，冬天供气不足，必须进一步开展改善农村地区天然气供应的工作，全力保障全国范围内的生产和民用天然气供应。

三 影响因素分析

1. 国内经济形势

2008—2014年，土库曼斯坦经济保持持续快速增长。2013年，土国内生产总值同比增长10.2%，约合285亿美元，人均GDP为4072美元。2014年同比增长10.3%（见表3-4）。

表3-4　　　　　　　　　　人均GDP增长趋势

年份	2008	2009	2010	2011	2012	2013	2014
金额（亿美元）	215.2	202.1	221.5	292.3	351.6	415.7	462.2
增幅（%）	-16.91	-6.09	9.60	31.96	20.29	18.23	11.19
人均GDP（美元）	4373	4058	4394	5720	6801	7933	8704

数据来源：土库曼斯坦国家统计局。

《土库曼斯坦中立报》2015年5月2日报道，总统别尔德穆哈梅多夫在政府工作会议上指出，非国有经济与去年同期相比增长迅速，其中，工业增长18.6%，农业增长14.4%，建筑业增长18.6%，交通和通信、贸易和服务业均取得良好成果。这得益于倾斜的国家经济政策，产业多元化，刺激非资源经济综合实力增长。土总统强调，只有非国有经济发展了，才能使国民经济不依赖石油天然气行业而持续增长，有效实施社会计划和责任，落实大型基础设施项目。据前期测算，2015年全国投资额将达到515亿马纳特（1美元合3.5马纳特），2016年计划向国民经济各领域投资562亿马纳特（约合160亿美元），其中65.5%的投资用于建设生产型项目，34.5%用于社会文化设施建设。投资计划首先要保障重大油气加工项目，发展各种体制企业加工业；此外，还要制订发展进口替代和生产出口产品措施，在农业改革基础上扩大粮食生产。

在2015年5月28日召开的政府内阁工作会议上，通报了《土库曼斯坦国有企业私有化2013—2016年国家纲要》执行情况，该纲要于2013年1月11日根据总统令签发。根据相关计划，该纲要2014—2015年第二阶段的工作将对29家企业进行私有化改制，目前已经挂牌出售22家企业。此外，土各部委、州区业已拟定15家国有企业进行私有化。

2. 国内政治及地区形势

土库曼斯坦政局保持稳定，以能源出口多元化为中心的"中立外交"更加活跃。特别是在总统别尔德穆哈梅多夫执政以来，应国内外形势变化，在政治、经济、外交等领域实施了诸多新政和改革，取得显著成效。

3. 国际油价

油气工业是拉动经济增长的主要动力。由于其外汇收入绝大部分来自油气出口，经济增长对国际能源价格的依赖性很强，一旦国际能源价格出现大幅波动，其国内经济状况和国际支付能力将受到直接威胁，经济增长可能出现大幅下滑。

四 未来研判

根据2003年出台的《土库曼斯坦2020年经济、政治和文化发展战略纲要》，土库曼斯坦计划2003—2020年投资630亿美元发展油气工业，其中256亿美元通过产品分成合同模式由外商直接投资。

1. 投资方向

土库曼斯坦油气领域的优先投资方向是对里海油气资源的勘探与开发；建设油气基础设施和新的石油和天然气运输管道；陆上油气资源的勘探和开采，以及发展油气加工业和石化工业。

2. 优先任务

能源政策的优先任务是构建通往世界市场的多元化能源出口运输系统，打通面向世界天然气市场的不同路线。除目前的伊朗、中国、俄罗斯的天然气出口市场外，还将积极推动土—阿—巴—印跨阿富汗天然气管道建设，积极开展与欧盟的合作，探讨建设跨里海天然气管道向欧洲出口天然气的可能性。

近年来，土国油气出口多元化战略实施初见成效，包括建成了向伊朗的乌列达巴特—汉格兰（Корпедже-Курткуи）管道，出口量从80亿立方米提高到140亿立方米，建成了中亚—中国天然气管道，出口量从550亿立方米提高到650亿立方米。同时正在积极推进跨阿富汗管道、跨里海管道，战略意图明确，就是要实现出口市场多元化。

目前向伊朗方向的两条天然气管道年出口量在100亿立方米，计划将提高到200亿立方米。除了管道气出口，土还实现了液化气出口。根据2030年油气工业发展规划，2030年将年产液化气300万吨。开拓欧洲和南亚天然气出口市场是土库曼斯坦未来天然气出口多元化战略的目标。土库曼斯坦将欧洲市场视为非常有前景的市场，认为该方向的出口量可以达到500亿立方米，为此，土积极开展与欧盟的合作。

第三节　能源合作

一　对外合作

1. 油气对外合作政策

由于该国的资源特点，开发能力不足，技术落后，开发丰富的油气资源必须借助外资外力。若没有外资助力，要想大幅提升油气产量和出口能力是无法实现的。因此，土库曼斯坦的油气工业必须持续实行对外开放政策。

2008年3月，土库曼斯坦政府召开首次外事工作会议，总统批准《2008—2012年土库曼斯坦落实中立外交战略的基本方向》，提出新形势下"周边是首要，大国是关键，国际组织是依托，推动能源出口多元化"的外交方针。这一文件也为之后的对外合作提供了框架。

土库曼斯坦油气政策较为连续。2006年年底，别尔德穆哈梅多夫出任土库曼斯坦总统后油气行业实行比较宽松的对外合作政策，特别要求在石油天然气、化工和渔业广泛吸引外国投资，特别是继续开发大型气田和其他油气田；加大石油、天然气和天然气液的产量；加强土库曼斯坦陆上和里海的油气钻探工作。政府加大油气开放程度，为外国公司投资土库曼斯坦油气勘探开发提供了良好的环境和机会。

2005年5月，土库曼斯坦公布了议会通过的《关于补充修订〈土库曼斯坦油气资源法〉》的法案，强化国家对在土境内从事油气作业企业的监督，主要内容包括：参与土库曼斯坦境内油气项目的本国和外国机构或企业，项目的全部工作和实施的各个环节必须经过管理署批准，或直接与管理署签订合同，或与其指定的承包人签订合同，并严格执行；管理署有权在国内外开设公司和代表处等分支机构，以及入股其他企业或购买股票；凡经过管理署批准的石油项目合同不必再到国家原料商品交易所注册备案。

2. 2000年以来油气对外合作开发状况

陆上油气资源主要由本国公司开发，外国公司从事勘探风险更大的里海海上油气资源。在此框架下，土库曼斯坦积极吸引外资参与里海大陆架的油气勘探开发，继续采用产量分成协议模式。

土库曼斯坦国内油气勘探开发对外合作主要集中在其所属的里海大陆架，陆上只签订服务合同（除获得政府批准的例外情况），该国与中石油签订的阿姆河右岸勘探开发合同就是特例。截至2013年，与外国公司签署了10个油气勘探开发产量分成合同，其中3个陆上项目、7个海上项目。3个陆上产量分成项目分别是意大利埃尼公司一个、中国CNPC公司两个，7个海上油田勘探开发产量分成项目全部位于里海。

（1）马来西亚国家石油公司是第一个在土里海开采油气的外国公

司，1996年签署了区块1的产量分成合同，2006年开始生产。截止到2012年年初，该公司已经向海上和地面基础设施建设投资超过45亿美元。该区块于2006年工业投产，2012年石油日产达到4.7万桶。2010年开始产气，并建设了年处理能力50亿立方米的天然气处理厂。

（2）阿联酋英国Dragon石油公司1999年签署了切列肯合同区25年的产量分成合同，该合同区包括2个大油田。截止到2013年年初，该合同区的石油储量为6.77亿桶，天然气425亿立方米。2012年产量为7.3万桶/日，计划2015年稳产在10万桶/日。截止到2012年，12月该项目总投资26亿美元。

（3）土耳其—奥地利Хазар财团，土耳其国家石油公司（占股52%）和奥地利Mitro International Limited公司（占股48%）于2002年签署25年开发土库曼斯坦西部的哈扎尔合同区块产量分成合同。

（4）德国Wintershall公司、丹麦Maersk石油公司和印度ONGC-Mittal能源公司组成的财团于2002年签署了开发位于土库曼斯坦里海的区块11—12产量分成合同。

（5）加拿大Burried Hill于2007年签署了开发里海区块3的产量分成合同。

（6）德国RWE康采恩于2009年签署了开发土库曼斯坦里海大陆架23区块的产量分成合同。

（7）俄罗斯伊杰拉公司于2009年签署了开发位于土库曼斯坦里海的21区块的产量分成合同，并于2010年启动地震勘探和其他勘探工作，目前完成了第一阶段的地质勘探作业。该项目总投资约50亿—60亿美元。

随着外国公司在土的油气勘探开发项目不断扩大，2015年产品分成协议下的油气项目外国投资总额将超过35亿美元，2014年为30亿美元。

为了开拓合作伙伴，2014年11月，意大利埃尼公司表示对土里海海上第19和20区块的勘探感兴趣，该区域蕴藏有5亿多吨石油、6300亿立方米天然气。埃尼公司负责人早些时候宣布，希望长期协助土库曼斯坦将天然气出口到国际市场。此外，埃尼公司将双方产品分成协议延长10年。自2008年起,埃尼公司向土投资超过15亿美元,合同区域位于巴尔坎州,面积超过1000平方公里。

3. 出口方向

目前,土库曼斯坦天然气主要出口到俄罗斯(中亚—中央输气系统)、伊朗(Корпедже-Курткуи 管道,年输气能力80亿—140亿立方米;Довлетабад-Серахс-Хангеран 管道,年输气能力120亿—160亿立方米)和中国(中国—中亚天然气管道,年输气能力550亿立方米)。经哈萨克斯坦通往俄罗斯的里海沿岸天然气管道,因俄天然气工业公司方面降低购买土库曼天然气而冻结。虽然对伊朗的出口也有所增加,但是,开辟中国市场,意义最为重大,完全改变了土库曼斯坦的被动局面。

近年来,土库曼斯坦正在寻找新的消费市场,包括欧洲市场,即跨里海、经阿塞拜疆和土耳其到欧洲大陆管道;同时积极加快推进土库曼斯坦—阿富汗—巴基斯坦—印度通道(见表3-5)。

表3-5　　　　　　土库曼斯坦的天然气出口通道和规划

名称	线路	长度(千米)	设计运力(亿立方米/年)	2015年实际运量(亿立方米)
沿里海管道	中亚—中央天然气管道①	3178	500	109.84(2014年)
伊朗管道	土库曼斯坦—伊朗		200—300	55
中国管道	土库曼斯坦—乌兹别克斯坦—哈萨克斯坦—中国 ABC 管线	1833	550	315
跨里海管道	从土库曼巴希跨越里海到阿塞拜疆和格鲁吉亚,在到土耳其和/或黑海到罗马尼亚	1800左右	300	0
TAPI	土库曼斯坦—阿富汗—巴基斯坦—印度②	1735(1814)	330	0

① 建于20世纪70年代。2003年俄罗斯与土库曼斯坦签署了为期25年的购气协议,计划2009—2028年购气规模为700亿—800亿立方米,但是2009年4月管道爆炸,俄罗斯中断进口,该管道出口量锐减。

② 2010年12月四国签署政府间协议。投资110亿美元。供应印、巴各140亿立方米,供应阿富汗50亿立方米,计划在2017—2018年建成。2015年11月6日土库曼斯坦总统签署该管道土库曼斯坦段200千米的建设总统令,要求2015年12月开工、2018年12月竣工。

(1) 向欧洲市场出口的计划

土库曼斯坦从 2007 年起加强了与欧盟的接触，欧盟也视土库曼斯坦为其摆脱对俄罗斯能源依赖的制胜法宝，因为欧盟将土库曼斯坦视为纳布科输气管道项目的潜在供应国，这能助其减轻对俄罗斯能源的依赖。欧盟以"保障能源安全"为由获得土库曼斯坦油气资源的通路和实现绕过俄罗斯领土无阻碍地输往欧洲。同时欧盟领导人宣布打算投资发展土库曼斯坦的采掘业，改进现有管道并铺设新管道包括接入巴库—第比利斯—埃尔祖鲁姆干线的跨里海天然气管道，未来还要接入"纳布科"欧洲能源系统。2008 年春欧盟同土库曼斯坦签署了每年供应 100 亿立方米天然气的备忘录。2014 年 4 月，土库曼斯坦国家天然气公司与德国 RWE 签署了研究天然气供应路线的框架文件。为了争取土方，欧盟还批准了欧土贸易协定。

值得注意的是，2015 年上半年，土库曼斯坦积极推进天然气出口。土与欧洲市场的谈判明显活跃，同时欧盟方面在制裁俄罗斯的局势下也在积极寻找天然气的替代来源。因此，双方在此问题上的决心都非常大。2015 年 5 月初在阿什哈巴德的谈判中，欧盟委员会副主席、负责能源事务的马罗什·什弗恰维奇表示，欧盟希望在 2019 年从土库曼斯坦进口天然气。实施这些计划不仅需要欧盟和土库曼斯坦的努力，也需要过境国阿塞拜疆、土耳其和格鲁吉亚等国的同意和参与。格鲁吉亚很长时间以来已经脱离关于向欧洲出口土库曼斯坦天然气的谈判，但是现在，当从巴库到欧洲东南部的"南部天然气走廊"基础设施开始建设的时候，欧洲关于土库曼斯坦天然气的梦想变得更真实，必须与该项目的所有组成国家进行紧密合作。土库曼斯坦、欧盟、阿塞拜疆和土耳其在阿什哈巴德举行关于向欧洲出口土库曼斯坦天然气的会谈，也邀请了格鲁吉亚参与谈判。土库曼斯坦总统希望尽早与格鲁吉亚领导人就此问题进行双边讨论，并预先获得支持，建立南高加索能源走廊。格鲁吉亚总统吉奥尔吉·马尔格维拉什维利总结双方会谈时也呼应，土库曼斯坦是非常正确的，战略地看待本国的发展和与格鲁吉亚的合作，这种合作不仅有利于格鲁吉亚和土库曼斯坦两国，也有利于区域、欧洲地区许多国家乃至全球。为此，土库曼斯坦、阿塞拜疆、土耳其、欧盟成立四方能源工作组，专注于严格遵守国际标准和规范建造交通运输基础设施，保障技术安全和生态环境；一致同意本着平等互利原则，根据国际法规和欧盟法律建立相应的商业框架，支持土库曼斯坦天然气长期向欧洲出口。

具体计划为：铺设 300 千米跨里海天然气管道，抵阿塞拜疆海岸并经土耳其转口土库曼斯坦天然气到欧洲，已经签署联合声明。此前土库曼斯坦的计划是每年向欧盟出口天然气 400 亿立方米，其中 100 亿立方米由在土库曼海上区块作业的马来西亚石油公司负责，其余 300 亿立方米由在建的东西管道从卡尔克内什气田输送到里海岸边。据英国 Gaffney, Cline & Associates 公司评估，卡尔克内什及其附近的亚什拉尔气田储气量达 26.2 万亿立方米。新的东西向天然气管道（运输能力为每年 300 亿立方米）建设成本估计超过 20 亿美元。该管道自马雷州的沙特雷克天然气压缩站始建，直抵巴尔坎州的别列克压气站，直径达 1420 毫米，长 766 千米。沙特雷克天然气压缩站于 2010 年 5 月 31 日开始动工。整个管道将跨 3 个州，共建 7 个压气站。

伊朗对土库曼斯坦天然气出口到欧洲市场表示出了极大的积极性，认为欧洲获得中东和中亚天然气的最经济的路线是，在伊朗获得土库曼斯坦和阿塞拜疆天然气，然后经过土耳其运输到欧洲。政治障碍一旦解除就可以开始项目的相应基础设施建设。伊朗官方认为，目前通过里海水下管道将土库曼斯坦天然气经阿塞拜疆出口到欧洲的计划成本昂贵，不切实际。而此前，阿塞拜疆在 2012 年与土耳其签署了跨安纳托利亚天然气管道（塔纳尔）建设协议，将阿塞拜疆天然气经土耳其运送到欧洲。

（2）土库曼斯坦—阿富汗—巴基斯坦—印度天然气管道

由于里海划分等因素使得跨里海管道建设难度较大，土库曼斯坦也积极推动土—阿—巴—印管道的建设，该方向的出口量大约在 330 亿立方米。

据印度石油和天然气部官方公布，建设土库曼斯坦—阿富汗—巴基斯坦—印度（塔比）天然气管道起于土库曼东南部到阿富汗后，沿赫拉特和坎大哈城际公路到巴基斯坦，经奎达市和木尔坦市到达印度的旁遮普邦，管道长1814千米，将耗资76亿美元。管道年运输能力超过380亿立方米，每天运输9000万立方米，其中阿富汗购买1400万立方米，印度和巴基斯坦购买3800万立方米。2014年11月，土、阿、巴、印四国天然气公司成立联合体（TAPI Pipeline Company Limited），决定于2015年上半年进行国际招标选择联合体"领头羊"，年底前确立中标者。亚洲开发银行于2013年11月正式同意成为该项目的融资顾问。但是，该管道的地缘政治风险巨大。2016年美军和国际联军将基本撤出阿富汗，塔利班等叛乱组织和恐怖组织势力尚存。拟建的管道有774千米经过阿富汗，并经过坎大哈等多处塔利班控制区，面临恐怖袭击的现实风险较大。

二 与中国的合作

1. 与中国的战略合作伙伴关系

1991年12月27日，中国承认土库曼斯坦独立。1992年1月6日土库曼斯坦同中国建立大使级外交关系。建交以来两国高层领导人互访不断，两国关系发展迅速，双方在各领域中的合作不断加强。2006年4月尼亚佐夫总统对中国进行国事访问，双方签署了联合声明。2007年7月，别尔德穆哈梅多夫总统对中国进行国事访问，两国签署联合声明。2007年11月温家宝总理对土库曼斯坦进行正式访问。2008年8月胡锦涛主席对土库曼斯坦进行国事访问两国发表联合声明。2008年8月土总统别尔德穆哈梅多夫来华出席北京奥运会开幕式。2009年12月14日胡锦涛主席出访土库曼斯坦，与土库曼斯坦、乌兹别克斯坦和哈萨克斯坦三国总统参加了巴格德雷第一天然气处理厂竣工仪式。

2014年中国对土库曼斯坦的直接投资量为19515万美元，截至2014年年底中国对土库曼斯坦的直接投资存量约为4.47亿美元。其中，中石油是在土库曼斯坦开展油气合作最主要的中国企业，投资建设的最主要项目是阿姆河项目，并在巴格德雷、土库曼纳巴特、马雷等区块上均有业务。2002年，中石油与土库曼斯坦石油康采恩签署《古穆达克油田提高采收率技术服务合同》，获得古穆达克油田100%的权益，合同期五年。2007年7月，中石油与土库曼斯坦油气资源利用署、土库曼斯坦天然气国家康采恩签署土库曼斯坦阿姆河右岸天然气产量分成合同和中土天然气购销协议。根据协议,未来30年内,土库曼斯坦将通过中亚天然气管道每年向中国出口400亿立方米的天然气。8月,公司获得《阿姆河右岸勘探开发许可证》,阿姆河右岸项目正式启动。2009年12月中亚天然气管道开始向中国境内输气,2010年8月,正式实现双线运营。2011年11月,中国与土库曼斯坦签署了每年250亿立方米的天然气供销合同。未来土库曼斯坦每年向中国出口的天然气将达到650亿立方米。2012年中土双边贸易额为103亿美元。中国已成为土库曼斯坦第一大贸易伙伴。

自2013年中土建立战略伙伴关系以来,政治互信更加牢固,相互支持更加有力。中方感谢土方在涉及中国核心利益和重大关切问题上给予的坚定支持。双方在打击三股势力、维护地区安全与稳定方面保持密切沟通和协作。双方共同签署了《中土友好合作条约》,将两国关系发展的原则和方向以法律形式固定下来。双方还制定了2014—2018年《中土战略伙伴关系发展规划》,这是未来五年双方合作的路线图,中土关系迎来大合作、大发展的新时期。中方坚定支持土库曼斯坦人民走符合本国国情的发展道路,中土是彼此信赖和相互支持的战略伙伴。

习近平指出,中土互为最大的天然气合作伙伴,合作基础扎实、发展前景广阔。双方要加强全方位合作,尽早启动中国—中亚天然气管道D线建设,加快实施气田开发项目,扩大油气加工合作,共同维护两国油气管道和设施安全,携手打造互利共赢的能源战略伙伴。

2015年3月19日,土库曼斯坦总统别尔德穆哈梅多夫会见在阿什哈巴德进行工作访问的中国国家发展和改革委员会副主任、国家能源管理局局长努尔·白克力时表示土视中国为重要的战略合作伙伴,双方就建立在长期合作基础上的重点领域合作问题交换了意见。报道称,中石油CNPC公司自2009年始从中亚购买天然气,A线和B线天然气管道自土库曼斯坦经乌兹别克斯坦和哈萨克斯坦到中国,同样路径的C线开始施工。目前正在筹备新的运输管道D线的建设工作,D线将经乌兹别克斯坦、塔吉克斯坦和吉尔吉斯斯坦到中国。中石油公司于七年前获得运营商和承包商许可,在列巴普州巴格特亚尔雷克合同区勘探和开采天然气。

2. 对华合作前景

中土政治关系十分友好,中土油气合作得到了国家元首的高度关注和直接支持。长期以来,土库曼斯坦天然气产量的60%以上通过俄罗斯向独联体国家出口。2003年土俄签订天然气购买协议后,俄罗斯几乎买断土库曼斯坦向独联体出口的天然气。2009年以来,由于欧洲天然气消费增长缓慢,以及欧洲实施进口多元化政策,导致俄罗斯天然气在欧洲市场所占份额持续减少,俄罗斯减少了对土库曼斯坦天然气的需求,加上中央中亚管道事故的原因,进一步推动土库曼斯坦实施天然气出口多元化战略,尤其是加大中国的市场分量。前总统尼亚佐夫曾抱病访问中国,土库曼斯坦将中国视为战略合作伙伴、最为巨大的天然气市场。2008年后中土关系得到重大推进,中国市场地位超越俄罗斯。中国—土库曼斯坦天然气管道打破了俄罗斯对中亚天然气资源的垄断,土库曼斯坦天然气出口多元化格局初步形成。中国已经成为土最现实的天然气出口市场,建立了良好的信任关系,为我国继续拓展对土的天然气投资合作创造了良好机会。

3. 不确定性因素

目前,中土建立起了较为牢固的战略合作关系,但是,也存在一些不确定性因素:中国国内天然气需求增长速度下降,市场消纳能力有限,同时,天然气价格相对较高,竞争力下降;预计2020年前后亚洲天然气供应增多,不同来源的天然气之间的竞争加剧。此外,土库曼斯坦积极推动欧洲市场和印度市场的通道开发。因此,今后的中土油气合作的重点不在规模,而在精耕细作。首先,与土库曼斯坦保持长期合作战略依然是:确保周边天然气长期稳定供应,保证气源稳定,扩大上游项目,逐步扩大多领域合作的有利基础。其次,正确规划和谨慎推进中国—中亚天然气管道D线建设,积极推进复兴气田开发,适度参与里海勘探开发。总之,做好国内外天然气的整体规划,必须重视2014年以来中国国内经济发展新形势和地区经济合作的新格局,回顾和提升对土库曼斯坦的长期合作战略规划。中石油虽然在中土油气合作中起着主导作用,但是也不可孤立规划,也不可脱离国内市场规划。目前国内天然气需求的下降和今后几年天然气消费趋势正是需要研究的内外结合的问题。同时，要做好30—50年的长期和超长期规划，不可盲目推进E线。

4. 策略

国家主管部门要根据陆上丝绸之路经济带的构想，积极规划中亚能源合作的整体构想，为企业提供政策框架和大方向。中石油做好中国—中亚天然气管道项目的提升转型和发展。今后需将以战略通道为主线，稳定土国天然气供应，2020年中方所掌控和所利用的天然气规模可达800亿立方米，2030年可达到1000亿立方米以上。通过合作开发和工程技术服务，占领土库曼斯坦的服务市场。

第四章

沙特阿拉伯油气战略研究

第一节 国情概览

沙特阿拉伯位于亚洲西南部的阿拉伯半岛,国土面积225万平方公里,全国人口3077万人(2014年),是中东地区经济实力比较强的国家,2014年国内生产总值7525亿美元,人均GDP为24456美元。沙特主要民族为阿拉伯族,伊斯兰教为国教,其中,逊尼派占85%,什叶派占15%。

一 政治经济特征

沙特阿拉伯王国是政教合一的君主制王国,无宪法,《古兰经》和《圣训》是国家立法和执法的依据。国王行使最高行政权和司法权,有权任命、解散或改组内阁。目前,沙特的王位正由阿卜杜勒·阿齐兹国王的第二代向第三代过渡,现任国王萨勒曼国王于2015年继位,王储已更换为第三代的纳伊夫,副王储为国王儿子本·萨勒曼。

沙特政治体制主要包括议会、中央政府、地方政府及司法机构。议会(沙特协商会议),于1993年成立,不具有立法权,为国家政治决策重要的参考咨询智库。议会主席和150名委员由国王任命。首相由国王兼任,副首相由沙特王储兼任,第二副首相由副王储兼任。全国分为13个地区,省长由国王直接任命。司法机构以《古兰经》和《圣训》为执法依据,由司法部和最高司法委员会负责司法事务的管理。

21世纪以来,沙特经济持续稳定增长,沙特国内生产总值由2001

年的 1830 亿美元增长到 2014 年的 7525 亿美元，年均增长 11.5%，人均 GDP 由 8315 美元增长到 24456 美元，增速在高收入国家中较为罕见。目前产业结构仍以工业为主，农业占比 2%，工业占比 62.5%，服务业占比 35.5%。沙特的经济发展与石油产业紧密关联。2008 年下半年金融危机，国际油价价格的急剧下跌，沙特经济受到巨大冲击，2010 年恢复增长。2014 年下半年，国际油价从 100 美元以上持续下降到 50—60 美元，到 2016 年 1 月维持在 30 美元，受此影响，2015 年沙特 GDP 出现负增长，增速为 -14.3%。

沙特的经济运行状况相对平稳。通货膨胀率较为稳定，2009—2011 年期间通胀率为 5%，2012 年至今一直维持在 2%—3% 的合理区间。长期以来，沙特的失业率维持在 5%，但 15—24 岁的青年失业率达到 30%。受低油价的影响，2015 年沙特出现巨额财政赤字，高达 3670 亿里亚尔（979 亿美元），公共债务水平和外汇储备开始出现不利变化。2014 年年底，公共债务 120 亿美元，占当年 GDP 的 1.6%，2015 年年底，公共债务提高到 380 亿美元，占当年 GDP 的 5.9%。截至 2015 年年底，沙特的外汇储备由 2014 年的 7320 亿美元降至 6119 亿美元，但是基本无对外债务。

沙特是高福利国家，全体国民享受免费医疗，公立学校实行免费教育。2014 年沙特政府财政预算为 2280 亿美元，其中教育支出为 560 亿美元，医疗卫生和社会发展支出 288 亿美元，分别占到财政预算的 25% 和 13%。

沙特的科技研发主要集中在油气一体化开发各个主要领域以及海水淡化领域。其中，石油勘探开发研究继承国有化前西方建立的研究基础，实力比较雄厚。沙特十分重视人才引进，投入大量资金引进人才，开展科技研发。

虽然近十年来，沙特采用多样化政策的实施发展，积极发展本国的钢铁、炼铝、水泥、海水淡化、电力、农业和服务业等非石油产业，但是依赖石油的局面没有根本改变，石油收入占国家财政收入的 70% 以上，占国内生产总值的 52%（见图 4-1）。这是沙特经济可持续发展的最大矛盾所在。沙特的兴在石油，可能亡也在石油。沙特最大的幸运在于石油的开采成本极低,大约在2—7美元/桶。这使得沙特在当前的国际石油市场竞争中仍然具有较大的底气和周旋余地。

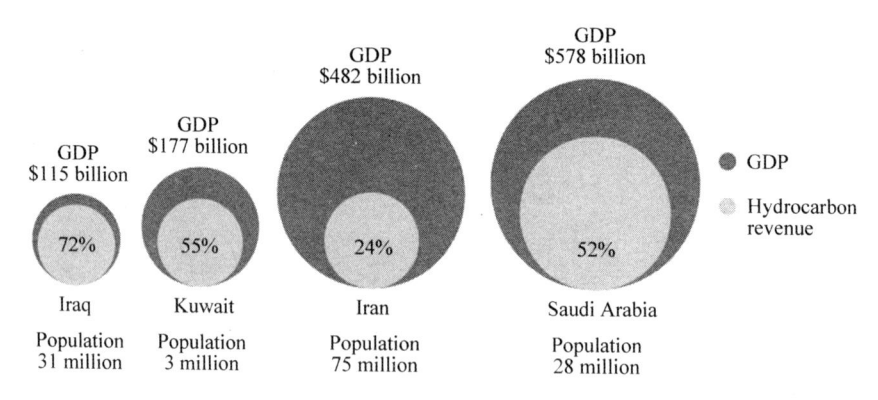

图4-1　2011年部分国家油气资源收入和GDP对比

注：GDP按2011年美元和市场汇率计算。

资料来源：IEA, *World Energy Outlook 2012*。

二　能源部门概况

1. 能源消费现状

随着经济高速增长,沙特的能源消费和电力消费也保持着强劲的增长势头,2015年能源消费和电力消费分别达到2.64亿吨油当量和3281亿千瓦时,近十年的平均增速为4.8%和6.1%,对应能源弹性系数和电力弹性系数分别为0.87和1.10。2015年沙特人均用能8.37吨油当量,人均用电为10404千瓦时。

目前,沙特的一次能源消费能源结构实际上就是油气结构,能源消费中煤炭和可再生能源消费约十万吨油当量,占比不足0.1%,沙特无水电和核电消费。在2015年一次能源消费结构中,石油占比63.7%,天然气占比36.3%(见表4-1)。

表4-1　　　　　　2008—2015年沙特阿拉伯一次能源消费（单位：百万吨油当量）

	2008年	2009年	2010年	2011年	2012年	2013年	2014年	2015年
一次能源消费量	186.9	196.5	216.1	222.2	235.7	237.4	252.4	264.0

续表

	2008年	2009年	2010年	2011年	2012年	2013年	2014年	2015年
石油	114.4	125.9	137.1	139.1	146.2	147.3	160.1	168.1
天然气	72.4	70.6	78.9	83.0	89.4	90.0	92.1	95.8
煤炭	0.1	<0.05	0.1	0.1	0.1	0.1	0.1	0.1
核能	—	—	—	—	—	—	—	—
水电	—	—	—	—	—	—	—	—
可再生能源	—	—	—	<0.05	<0.05	<0.05	<0.05	<0.05

数据来源：《BP世界能源统计年鉴》，2016年6月。

2. 油气资源开发状况

沙特阿拉伯曾经是一个土地贫瘠、资源匮乏、地广人稀的沙漠之国。然而，1938年在东部地区发现了石油，沙特阿拉伯王国的历史从此发生了根本变化。沙特的石油和天然气资源丰富，储量巨大。根据英国石油公司（BP）的统计，2015年已探明的石油储量2666亿桶（约366亿吨），如果仅计算常规石油储量，居全球之冠，约占世界总储量的15.7%，储采比为60.8。天然气储量为8.3万亿立方米，占世界天然气总储量的4.5%，居世界第四位，储采比为78.2（见表4-2）。

表4-2　　　　　　　　　　沙特油气资源量

	1995年	2005年	2015年	全球占比（%）	储采比
石油（十亿桶）	261.5	264.2	266.6	15.7	60.8
天然气（万亿立方米）	5.5	6.8	8.3	4.5	78.2

数据来源：《BP世界能源统计年鉴》，2016年6月。

沙特具备日产1200万桶的生产能力。多年来，沙特阿美石油公司（Saudi Aramco）已在沙特境内发现了100多个油田和气田，其中加瓦尔（Ghawar）是全世界最大的陆上巨型油田，萨法尼亚（Safaniya）则是全世界最大的海上油田。加瓦尔油田拥有1000亿桶的石油储量，原油产能580万桶/日，而萨法尼亚拥有500亿桶的石油储量，原油产能

120万桶/日。据沙特石油和矿产资源部估计，目前沙特油田产量年均下降速度不超过2%。沙特的长期目标是通过开发新油田或在现有油田中增加钻井来抵消老油田产量的自然下降以维持目前的产量水平。因此预计未来沙特原油产能将基本保持在1200万桶/日的水平。产能增长主要来自Manifa巨型油田、Shaybah油田和Khurais油田。

沙特的石油具有品质多样的特点，从重油到轻油品种齐全，可满足世界各地炼油厂的需要。沙特阿美石油公司生产的原油有五个等级：阿拉伯超轻质级（ASL）、阿拉伯特轻质级（AXL）、阿拉伯轻质级（AL）、阿拉伯中质级（AM）和阿拉伯重质级（AH）（见表4-3）。

表4-3　　　　　　　　　主要油田的产能　　　　　　　（单位：万桶/日）

油田	位置	产能	类型	2017年扩产目标
Ghawar	陆上	550	阿拉伯轻质级	
Safaniya	海上	140	阿拉伯轻质级	
Khurais	陆上	120	阿拉伯重质级	30
Manifa	海上	90	阿拉伯重质级	
Shaybah	陆上	75	阿拉伯特轻质级	25
Qatif	陆上	50	阿拉伯轻质级	
Khursaniyah	陆上	50	阿拉伯中质级	
Zuluf	海上	50	阿拉伯轻质级	
Abqaiq	陆上	50	阿拉伯特轻质级	

资料来源：美国能源信息署（EIA）。

沙特以丰富的油气资源为依托，大力发展炼油工业，其原油加工能力由2010年年底的210.7万桶/日增至2014年年底的290.7万桶/日，占中东地区总炼油能力的三成（见表4-4）。

表4-4　　　　　　　　　沙特炼厂炼油能力　　　　　　　（单位：千桶/日）

公司	地点	2011年	2012年	2013年	2014年	2015年
Saudi Aramco	Ras Tanura	550	550	550	550	550
Saudi Aramco	Yanbu	235	235	235	235	235
Saudi Aramco	Riyadh	124	124	124	124	124

续表

公司	地点	2011年	2012年	2013年	2014年	2015年
Saudi Aramco	Jeddah	88	88	88	88	88
Saudi Aramco & Mobil	Samref Yanbu	400	400	400	400	400
Saudi Aramco & Petrola	Rabigh	400	400	400	400	400
Saudi Aramco & Total	Satorp	—	—	400	400	400
Yanbu Aramco Sinopec	Yasref Yanbu	—	—	—	400	400
Saudi Aramco & Shell	Sasref Jubai	310	310	310	310	310

资料来源：OPEC, *Annual Statistical Bulletin 2016*。

沙特拥有12000英里的油气管道，其中东西管道（Petroline）最为重要，东起Abqaiq西至红海，运输能力达到480万桶/日。与之并行的Abqaiq-Yanbu NGL管线日输送能力29万桶，主要用于Yanbu的炼油厂。沙特还拥有两条国际油气管道（Trans-Arabian Line和IPSA），但目前均处于关闭状态（见图4-2）。

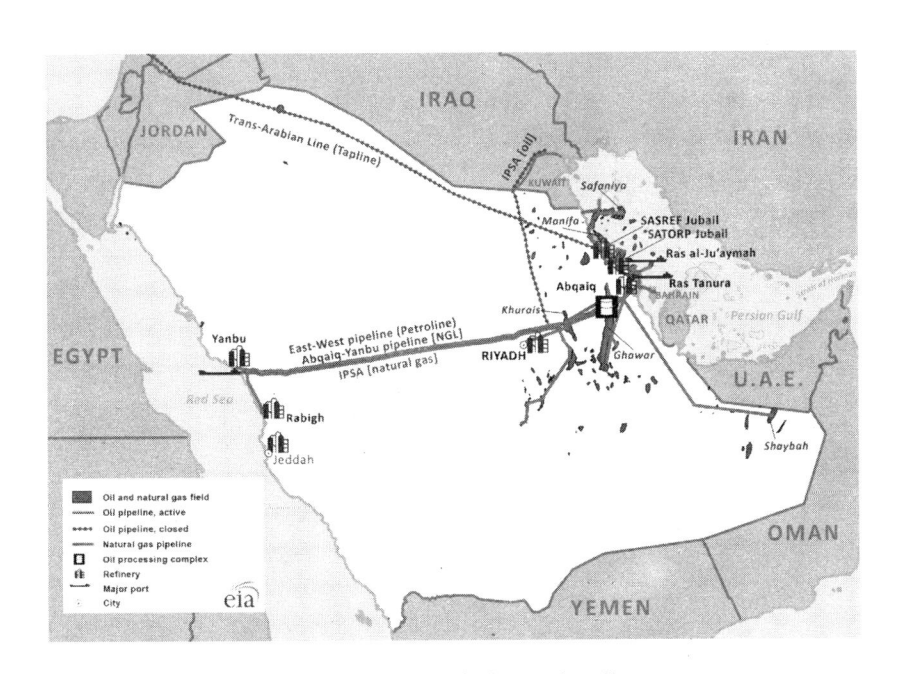

图4-2 沙特油气资源开发现状

资料来源：美国能源信息署（EIA）。

3. 油气供需与出口

沙特的能源供需关系就是石油与天然气的产量、出口和消费的关系。根据BP的统计，2015年沙特石油产量1201.4万桶/日，同比增长4.6%，占世界总量的13.0%；石油消费量389.5万桶/日，同比增长5.0%，占世界总量的3.9%。亚太地区一直是沙特原油的主要出口地（占比60%—65%），近年来一直维持在450万桶/日。而对北美和欧洲的出口呈现下降趋势，一方面是因为欧美的石油输入国由于提高能源效率和实施石油替代，能源和石油消费量呈现下降趋势，另一方面是受到美国页岩油革命和俄罗斯出口的挤占。以2013年为例，沙特的原油前五大出口国依次为美国（134万桶/日）、日本（110万桶/日）、中国（108万桶/日）、韩国（79万桶/日）和印度（78万桶/日）。

与石油供需不同的是，目前沙特的天然气供需基本维持自给自足。在过去10年里，天然气产量和消费量由2005年的712亿立方米持续上升，2013年达到1000亿立方米，2015年天然气产销量达到1082亿立方米，同比增长4.0%，约占世界总量的3%。预计今后还将出现进一步进口国外天然气的趋势（见表4-5）。

表4-5　　　　　　　　沙特油气产量与消费量

（单位：百万吨油当量，亿立方米，%）

	1995年	2005年	2014年	2015年	2015年同比增长率	2015年世界占比
石油消费量	60.2	94.2	160.1	168.1	5.0	3.9
石油产量	437.2	521.3	543.4	568.5	4.6	13.0
天然气消费量	429	712	1024	1064	4.0	3.1
天然气产量	135	712	1024	1064	4.0	3.0

数据来源：《BP世界能源统计年鉴》，2016年6月。

4. 沙特阿美石油公司

沙特的油气工业由沙特阿美石油公司垄断经营。该企业是世界最大的石油生产公司和世界第六大石油炼制商，业务遍及沙特王国和全世界。它主要从事石油勘探、开发、生产、炼制、运输和销售等业务，拥有世界最大的陆上油田和海上油田。

石油勘探和生产是沙特阿美石油公司的业务核心。沙特王国境内的勘探生产工作为阿美公司一家独揽，从1986年开始实施全国勘探计划，到1994年全国的勘探范围扩大了大约七倍，总面积150多万平方公里，成功的勘探和改进的开采技术使该公司得以持续提高原油储量。

沙特阿美公司在全球经营着多家炼厂，总炼化产能达540万桶/日。沙特阿美公司不仅在国内与壳牌、埃克森—莫比尔等公司建立合资炼厂，而且积极在海外布局，如沙特阿美公司占50%股份的星企业公司负责在美国的石油炼制和油品销售业务，经营着3座炼厂，加工能力约3000万吨/年；还经营了50个石油分配终端和1000多个加油站。另外，沙特阿美公司在韩国、菲律宾、希腊各拥有一家炼油厂的股份。目前沙特阿美公司15%的出口原油在其国外的联营炼厂进行加工。多年来，阿美石油公司对国内外石油产品经销网络进行了大量的投资。

5. 能源（油气）决策层次

鉴于沙特阿美公司在国内的重要地位，政府专门在该公司董事会之上设立了一个最高理事会，负责监督董事会的活动。最高理事会最初成立于1989年3月，由法赫德国王兼任理事会主席。最高理事会的职能是：批准公司的五年工作计划和投资计划；根据董事会的推荐任命总经理；批准董事会年度报告；就董事会提出的所有其他问题做出决定。目前最高理事会的成员还包括石油大臣、财政和国民经济大臣等四位大臣、沙特公司总经理、两个银行和两个公司的代表及一位原来的副大臣。

作为主席，国王对一些重大政策问题，包括公司的组织、鼓励公司发展的措施、环保标准等都拥有最终决定权，甚至亲自决定汽油、柴油的价格。公司董事会有11名成员，除董事长和总裁以外，其他成员有4个来自公司的管理阶层，有2个来自沙特政府或教育机构，另外3个分别是埃克森公司、雪佛龙公司前任董事长和美国银行家。董事会负责高级规划、预算、项目和运营决策。公司最高执行官是总裁。公司的高级管理人员大多在阿美以及它的前身或其余石油公司供职30年以上。

6. 能源科技水平

沙特阿美石油公司的前身为美洲阿拉伯石油公司，当时美国的埃克森等四家石油公司为阿美石油公司的股东。1988年国有化后，该公司更名为沙特阿美石油公司。该公司继承了美国石油公司现代经营管理的好传统，也继承了美国公司遗留的科技基础。该公司的石油勘探工程中心就是一个例子。该中心是世界上最大最先进的科学研究设施之一，在中东地区更是首屈一指。该中心广泛使用的三维地震探测技术，可以准确地划分新发现的油层的界线；运用水平钻探技术，使在困难地带和近海勘探成为可能。在尽力开发陆地原油生产潜力的同时，沙特还大力发展海上钻井平台技术，努力挖掘海上石油生产潜力。从20世纪60年代大规模勘探以来，沙特已经发现了约70个油气田，其中包括上述的加瓦尔巨型油田和萨法尼亚油田。为了收集天然气，20世纪70年代沙特建造了万能天然气系统。该系统每日可收集加工1.3亿立方米的天然气，相当于为世界能源市场每日增加100多万桶的原油。红海沿岸的延布工业区和地处海湾的朱拜勒工业区的燃料、原料以及重要的公用设施的电力均来自于该系统。

7. 在地区和国际能源治理中的地位与作用

沙特于2005年12月加入世界贸易组织，还是世界银行、国际货币基金组织、阿拉伯货币基金组织、海湾国家合作理事会（GCC）、泛阿拉伯自由贸易区、伊斯兰发展银行和伊斯兰会议组织经济贸易合作常务会等机构的成员。与40多个国家签署了双边经济、贸易、技术协议和避免双重征税协议。GCC是沙特经济贸易的第一层辐射对象，阿拉伯经济区是第二层辐射范围，其余国家是第三层，特别是在美国和欧洲地区。

沙特的油气工业在西亚地区和世界油气工业中均具有极为重要的地位和作用。首先，在海湾地区、GCC国家中，沙特的油气工业地位、供应能力和油气政策对本地区的油气供需和市场变化具有难以撼动的影响力，是GCC国家油气政策绝对的领导者，即使在欧佩克内部，沙特也具有极大的影响力。其次，在国际上，沙特的石油政策对国际油价变化具有重大的影响。沙特基于巨大而稳定的石油出口，对美国、日本、中东和欧洲等地区和国家具有重大影响。沙特也是 G20 的成员。在国际能源领域具有重要的话语权,是美国、俄罗斯和其他产油国、消费国不可忽视的战略合作伙伴。

在当前的低油价形势下,沙特改变了过去的机动国角色和石油政策,依然对目前和今后的国际油价和市场具有不小的影响力。

第二节 能源战略

一 国家意图

1. 国家发展目标和基本政策

沙特对于能源产业的发展意图是清晰的:扩大石油天然气的生产能力,巩固石油在国民经济中的基础地位;鼓励非石油经济的发展,扩大非石油产品的出口;促进私有化经济的发展,逐步放宽对私有经济的限制;加大开放力度,积极引进外资;加速基础设施建设,夯实经济发展的基础条件。

2016年4月,沙特副王储穆罕默德·本·萨勒曼发布了沙特阿拉伯愿景2030,旨在让沙特在2030年前摆脱对石油的依赖,提出了一系列雄心勃勃的发展目标。(1)提高沙特的经济地位和竞争力,到2030年,使沙特在全球经济体的排名从目前的第19名提升至前15名;将全球竞争力指数排名从第25名提升至前10名。(2)实现国家收入的多元化,政府的非石油收入计划从1630亿里亚尔增长到1万亿里亚尔,让非石油出口占非石油 GDP 的比例从16%提高到50%。(3)发展私营经济、引进外资,计划到2030年让私营领域对经济的贡献率从40%增长到65%,让外国直接投资占 GDP 的比例从3.8%增加到国际标准的5.7%。(4)将沙特转型成连通亚洲、欧洲和非洲三大洲的全球性枢纽,到2030年物流绩效指数的全球排名从第49位提升到第25位,成为地区领导者。为实现上述愿景,沙特将建立起价值2万亿美元的世界上最大规模的国家主权财富基金,同时将在阿美公司的首次公募(IPO)中出售其股份的5%。

2. 国家战略部署对能源发展目标的要求

目前，我们没有看到沙特最高决策部门关于未来能源发展的规划。从电力角度看，沙特装机容量达到 410 吉瓦，基本满足工农业的发展需要，但是电源结构主要依赖油气发电。为此，沙特国王于 2010 年 4 月成立核能和可再生能源城（KACARE）。该机构曾计划在 2032 年前新建 16 座核电站，投资 1000 亿美元，总发电量达到 21 吉瓦。该机构还于 2012 年发布核电和可再生能源的发展规划，原计划到 2032 年使沙特的电能结构发生重大的转变，其中核电达到 21 吉瓦，满足高峰时期 1/6 的电力需求；太阳能达到 41 吉瓦（25 吉瓦光热、16 吉瓦光伏），地热达到 1 吉瓦，风电达到 9 吉瓦。可再生能源约占总发电装机容量的 38%。其中，2020 年可再生能源发电能力达到 24 吉瓦（见图 4-3）。

沙特第一个太阳能电站位于 Farasan 岛，于 2011 年 10 月 2 日获批，该项目是一个装机 500 千瓦倾角固定的光伏电站。此外，沙特还计划在首都利雅得建设一个装机 200 千瓦的分布式光伏项目，预计该项目年发电量可达到 330 兆瓦时。沙特现在已经完成了装机规模总计 1100 兆瓦的光伏项目和装机规模总计 900 兆瓦的光热发电项目。当时的专家表示：因为石油价格的不断上涨和大规模太阳能装机成本的不断下降，沙

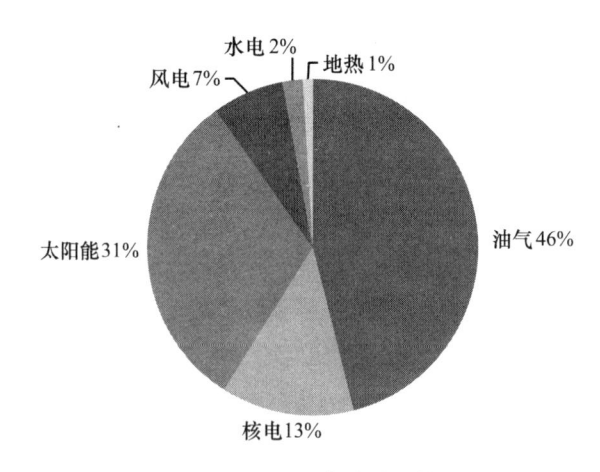

图 4-3 2032 年电能结构

注：届时装机规模达到 133 吉瓦。

特的太阳能发电可以实现平价上网，发电成本可以与沙特传统能源发电成本相当。但是，KACARE发布了一系列文件对沙特的可再生能源发展计划反复修订，也降低了人们的信任。多数专家认为，未来这一能源转型面临诸多挑战。2015年年初KACARE发布报告，沙特阿拉伯已将其可再生能源发展计划推迟了八年，将发电装机能力的目标推迟到2040年。目前的新国王对于核电和可再生能源的热情不高。

从目前看，特别是世界进入新的能源时代（尽管沙特不愿意听到这样的声音），从2016年以后沙特将不得不更新长期的发展战略思路和规划。在目前这场沙特与美国的石油价格大战中，沙特不仅需要依靠低成本，更需要有充足的技术和能源转型的实力、行动。

3. 对外合作政策

在对外关系上，沙特阿拉伯奉行睦邻友好、不干涉别国内政、不结盟的政策，致力于国与国之间的友好合作关系。在双边关系上，沙特与美国一直保持传统的友好关系，长期以来把对美关系放在外交首位。但是，近几年来也更加注重发展更加平衡的外交关系，积极开展与阿拉伯、伊斯兰国家的关系，致力于阿拉伯团结和海湾合作委员会的一体化建设，积极参与地区热点问题的讨论和解决。大力发展多元外交，加强与欧盟、俄罗斯、中国和日本的关系。

沙特投资总局发布的外商禁止投资的目标包括：石油勘探开发（但不包括服务合同），服务领域，调查和安全领域，军工领域，劳务市场，护理服务、麦加和麦地那的不动产投资。但是沙特允许外资以合资或独资方式在沙特设立公司、工厂和办事处。对大型项目，允许实行BOT方式合作。沙特鼓励投资的领域包括：以能源为基础的产业，运输物流，信息通信技术产业，医疗卫生、生命科学和教育。经济开发区也是沙特对外开放的主要形式，朱拜勒和延布工业区建设不断拓展和开发。工业城和经济城建设计划在全国大规模开展，推动经济转型和发展。

今后沙特的能源对外合作是多领域的。石油出口市场需要以亚洲及欧美市场为依托；油气下游开发业需要与亚洲结合；加大核能和可再生能源、化工、水资源开发、道路等基础设施建设，需要国际合作。

4. 投资合作环境与存在问题

根据世界银行和国际金融公司联合发布的《2016年营商环境报告》，在全球189个经济体中，沙特的营商便利指数由2013年的第26位跌至2015年的第82位，在西亚北非地区次于阿联酋、巴林、卡塔尔和阿曼等国。世界经济论坛《2013—2014年全球竞争力报告》，也将沙特列为全球148个最具竞争力的国家和地区中的第20个国家。主要是由于沙特进口关税较低，平均关税为5%。对投资领域和投资比例的限制逐步减少，利润可自由兑换和汇出。金融制度和汇率相对灵活。水、电、气和油价格较低。土地和房屋价格的地段差距较大，总体趋势上升。通信、交通、银行、保险及零售业已陆续对外国投资者开放。国内政治社会秩序稳定，政府支付能力强。主权信用评级较高（Aa2—Aa3级）。

根据我们的直接观察，沙特营商环境仅次于阿联酋和巴林。在办事效率、文化多元性和交通便利性领域，仍存在诸多不便之处。虽然沙特的投资机遇和规模比阿联酋和巴林更大、更多，但是近年来公共投资领域的支出逐步减少。同时也存在潜在的恐怖主义威胁。

二　能源战略态势

1. 2008年以来的油气发展态势

2008年沙特的石油产量达到5.10亿吨/年。2009年和2010年下降到4.56亿吨和4.73亿吨，2011年石油产量提升到5亿吨以上，2012年石油产量为5.49亿吨，2013年和2014年略有下降，2015年又上升到5.69亿吨。总体来看，石油产量起伏较大。

2. 沙特石油的发展规划和执行情况

沙特具有1250万桶/日的石油生产能力，自称可保持稳产50年，并且计划在此基础上可将日产进一步提高到1500万桶/日。这一生产能力目标一直受到外界的质疑。由于自1988年后欧佩克和沙特不再公布油田产量数据，也使得外界既无法研究也更加怀疑沙特的增产潜力。在当前的低油价下，沙特依然坚持稳产和增加出口的政策，从而推动国际石油市场供需"自我平衡"，对当前和今后的石油市场具有重大的影响。

2015年9月任命的沙特阿美公司首席执行官Amin Nasser提出的产能加倍计划将日产量提高至1000万桶、到2025年成为世界最大炼油商，为此需要投入上千亿的资金。

近几年来，天然气探明储量和产量双双实现增长，天然气探明储量从8万亿立方米提高到了8.2万亿立方米。2013年天然气产量为1000亿立方米，2014年达到1082亿立方米。但是国内的天然气消费量也逐年提升，几乎同步增长，消费了全部的产量。今后，沙特如果不能调整能源结构，即继续高度依赖石油和天然气消费，有可能逐步成为天然气的进口国。

3. 公司资本化

为了应对当前的国际石油市场形势，阿美石油公司正在考虑将部分公司资产重组和上市。这是2015年年底和2016年年初国际资本市场热议的话题。但是猜测很多，莫衷一是。根据我们的综合分析，阿美石油公司可重组上市的主要资产是下游企业和资产。理由之一是沙特阿美石油公司具有庞大的国内外炼油化工资产，是仅次于埃克森、壳牌和中石化的世界第四大炼油企业，但目前下游投资巨大，给公司带来巨大资金压力。前法赫德国王大学石油和矿产教授Mohamed Ramady称，出售下游业务股权能够让沙特阿美募集足够的资金扩大国内及国外的炼油业务投资组合。理由之二是沙特阿美有合资炼油企业上市的经验。沙特在30年前在美国采取过类似策略，由于原油价格暴跌，1988年在德州和路易安纳州收购了3处炼油厂。在2008年，其出售合资企业Rabigh Refining and Petrochemical的部分股份，自己保留37.5%的股份，出售给住友化学公司37.5%股份，剩下的在当地股票市场出售。

三　影响因素分析

1. 当前政局、政权和政策的影响

沙特国王年事已高，王室内部权力争夺敏感。副王储的地位上升。石油部和沙特阿美石油公司经过重组，副王储对沙特阿美公司的控制增强。由前国王设立的核能和可再生能源城，并未得到现国王的高度重视，核电和可再生能源发展计划反复修改和拖延。在地区政策上，沙特与伊朗的关系出现变化。这些因素均是影响沙特政局和政策走向的重要因素。

2. 国内经济与当前形势

沙特政府正不断鼓励私有经济的发展，以减少国家经济对石油出口的依赖，同时为快速增长的人口提供更多的就业机会。但是总体进展慢于预期。水资源的短缺与迅速增长的人口有可能限制该国实现农产品自足的目标。

3. 国际市场和国际关系的影响

沙特一反常态所实施的石油产量和出口政策对于当今国际市场和油价具有重大的影响。当前的低油价是一把双刃剑，既有利于沙特在国际市场上驱逐高成本的非常规石油供应，又有利于沙特扩大市场份额，但其同时也大大减损了沙特的财政收入、外汇储备和国内的公共开支。如何相机抉择（掌握时机，见好就收），对于沙特来说是一个重大考验。

四　未来走向

1. 未来国家战略与政策走向

沙特的国家主体战略是：基于较快的经济增长和石油利益，推进国民收入的多样化，经济主体的私有化，国民就业的"沙特化"。经济发展的目标是：成为世界前10位经济最具有活力的国家，到2020年沙特石化工业生产能力达到世界前10名。为此，沙特制订了长期的经济发展规划。但是，由于这个国家的经济高度依赖于石油价格，这些规划往往会因国际经济环境的变化而变化。

2. 经贸投资合作

未来沙特的对外经贸与对外合作将更加注重平衡和多元发展，特别是在非油气领域，需要与具有产业、技术和信息服务优势的国家和企业合作。

3. 地区和国际影响

今后沙特将继续通过世界银行、国际货币基金组织、阿拉伯货币基金组织、海湾国家合作理事会、泛阿拉伯自由贸易区、伊斯兰发展银行和伊斯兰会议组织经济贸易合作常务会等机构对外部世界产生影响。海合会和阿拉伯世界是沙特经济贸易协议的主要辐射对象。在油气领域，今后沙特将继续通过海合会、欧佩克、G20 等机构加强与俄罗斯、挪威、巴西和中国的合作，逐步发挥重大的地区作用。同时在能源领域，沙特会通过国际能源论坛、海合会和国际能源署和国际可再生能源署等机构施展其影响力。但是，在非油气领域，沙特难以在 2030 年前形成较大的影响。面对不断变化的能源转型和新能源时代，沙特未来的油气地位和以油气资源为引导的油气政策将受到不断加大的挑战。

第三节　能源合作

一　对外合作

1. 贸易与投资情况

沙特实行自由贸易和低关税政策。出口以石油和石油产品为主，进口主要是机械设备、食品、纺织等消费品和化工产品。2015 年，沙特进出口贸易额达 1.4 万亿里亚尔，与 2014 年的 1.9 万亿里亚尔相比，跌幅达 26.7%；其中，出口额达 7630 亿里亚尔，比 2014 年的 1.28 万亿里亚尔相比，跌幅为 40.6%，石油出口占总商品出口的比例下降至 75%；进口额达 6550 亿里亚尔，与 2014 年的 6520 亿里亚尔相比，涨幅达 0.5%。

根据 2016 年联合国贸发会议发布的《世界投资报告》，2015 年沙特吸收外资存量达到 2240 亿美元。其中 40% 的外部直接投资集中在沙特的工业领域，如炼油、石化、矿业、建筑、食品、塑料、橡胶等行业。

2. 油气领域合作

为实现战略目标，沙特阿美公司于 2003 年 11 月通过 South Rub Al Khalid 公司（SRAK）与壳牌签署了一份非联合性天然气勘探和生产协议，其中的特许权位于沙特阿拉伯的 South RubAl-Khali 地区，涵盖 21 万平方公里。参与者将根据业界认可的税收—特许权使用费模式，勘探并开发天然气资源。

沙特阿美公司还签署了三个上游业务一揽子协议，涵盖面积达12万平方公里。2004年3月，公司与俄罗斯鲁克石油公司（Lukoil）、中国石油化工股份有限公司以及意大利埃尼（ENI）和西班牙Repsol组成的联合企业签订了合同。这些上游协议的签订，开启了沙特天然气开发的新时代，表明了沙特阿拉伯欢迎投资、愿意提供优惠条件的态度。

亚洲地区仍是沙特阿美公司国际业务的基石。目前，阿美石油公司正在亚洲的3个国家进行4个合资项目：韩国的S-石油、日本的昭和壳牌、中国的福建联合石油化工有限公司（FREP）以及中石化森美（福建）石油有限公司（SSPC）。所有合资项目共处理约130万桶/日原油，其中90%都是阿拉伯原油，每年生产约6300吨石化制品以及1300吨高质的第二类和第三类基础油。

二 与中国的合作

1. 与中国的关系

中国与沙特阿拉伯1990年建交，2008年建立战略友好关系，2016年提升为全面战略伙伴关系，两国的经贸关系发展迅速。沙特连续多年是中国的第一大原油供应国和在西亚非洲地区第一大贸易伙伴。2013年，中国首次成为沙特第一大贸易伙伴。2013年，双边贸易额达到722亿美元。其中中国对沙特的出口额为187.4亿美元（主要产品为机电产品、纺织品和日用品），中国自沙特的进口额为534.6亿美元，主要是原油和石化产品。2013年中国从沙特进口的原油规模达到5390万吨，占中国原油进口总量的19.1%。受低油价影响，中国与沙特贸易由逆差转为顺差，2015年中国从沙特的进口额只有920.69亿里亚尔（245.5亿美元）；对沙特的出口额为923.98亿里亚尔（246.4亿美元）。工程承包和劳务出口一直是中沙两国合作的传统领域。到2013年，中国在沙特的承包工程合同有138份，合同额达64亿美元，当年派出劳务人员3.5万人，此外中国港湾工程公司承建了沙特吉达防洪项目，华为技术公司承建了沙特的电信项目。

2014年中国对沙特的直接投资为18430万美元，截至2014年年底中国对沙特的直接投资存量19.87亿美元。中国与沙特的直接投资主要集中在石油化工领域。2012年11月,沙特阿美公司在北京设立亚洲公司总部,开展包括原油和化工品市场营销,合资企业间协调、采购、检验、研发、项目管理等各类业务。

(1) 与中国石化的合作

除了原油贸易业务以外,沙特与中石化在油气领域的合作始于2004年,中石化与沙特组建的中沙天然气公司中标沙特B区块天然气勘探开发项目。双方对该项目累计投资超过5亿美元。沙特阿美石油公司十分看中中国东部地区炼油化工和销售领域的巨大潜力,拟在大连、天津、连云港、泉州等地合资建设大型炼油基地,但多数以失败告终。在中国,2009年,中石化福建炼油化工有限公司、埃克森美孚和沙特阿美石油公司斥资近50亿美元(以50:25:25的股比出资)扩建福建泉州炼油厂,年炼油能力达1200万吨。2009年中石化与沙特基础工业公司合资在天津设立了中沙(天津)石化有限公司,双方各持股50%,一期工程年产100万吨乙烯及配套的项目于2010年1月全面投产。

2011年8月,中国石化和沙特阿美公司确定在沙特延布合资建炼厂项目。根据协议,两大公司将在沙特西部的延布工业区建设一座占地面积520万平方米的炼油厂,日加工阿拉伯重油40万桶(约2000万吨/年),沙特阿美与中石化分别持有62.5%和37.5%的股份,总投资近100亿美元。2015年1月首批30万桶柴油装船,正式进入商业化运营阶段,这是中石化首个海外炼化项目。

(2) 与中国石油的合作经验

中国石油与沙特阿美公司合作的云南炼油项目却一波三折。2011年3月20日,双方共同签署了云南炼油项目谅解备忘录和原油销售协议补充协议。根据协议,双方将共同建设云南石化炼油项目,并在资源、加工、销售等方面进行一体化合作。该炼厂加工能力为1000万吨/年,总投资约200亿元,中国石油、沙特阿美和云天化三家公司投资比例分别为51%、39%和10%。中国石油云南石化炼油项目是中缅油气管道的配套项目,这一项目将填补云、贵地区炼油项目空白,满足西南地区成品油快速增长的市场需求,促进区域经济社会的发展。该合资炼厂于2013年2月正式开工,计划2015年建成投产,届时可为云南及四川、贵州、广西等省份提供成品油760万吨/年、液化气25万吨/年。由于中缅石油管道的输送能力为2300万吨/年，因此，该炼厂在完成一期建设之后，将考虑炼厂二期建设，炼厂的原油加工能力有望达到2000万吨/年。如果该规划顺利实施，草铺地区最终将成为"2000万吨/年炼油、100万吨/年乙烯、75万吨/年PTA等"的"西南地区大型炼油—化工一体化基地"。该项目引起了广泛的公众关注，认为存在公众参与缺失、选址不合理、为引进污染企业牺牲环境容量、为项目修改城市规划、降低项目污水排放标准、草铺片区水资源缺乏可能"与民争水"，以及危险废弃物处理涉嫌转移污染七个问题。由于该项目建设内容发生重大变动，未重新报批环境影响评价文件，擅自开工建设，被环保部叫停。目前这一工程项目仍在缓慢推进，预计将于2017年第二季度建成。

2016年7月，中石油管道局成功中标沙特拉斯坦努拉管道项目，合同额3.3亿美元。该项目是中石油中东地区公司进入沙特市场的第一个投标项目，也是中石油在中东高端市场上的又一重大突破。

2. 不确定性或潜在风险

从目前看，中沙在油气领域的合作依然面临诸多问题。一是中国的石油企业除了技术服务外难以进入沙特的油气勘探开发领域，在重大工程承包上面临技术标准等方面的限制；二是沙特阿美石油公司在亚洲和中国市场的总体战略是大胆和有眼光的，但是整体进展缓慢，对于中国能源产业发展与社会利益缺乏深入的了解和把握。

三 未来中沙合作方向

1. 未来合作方向

2016年1月，习近平主席中东之行首站选择沙特。两国领导见证了一系列合作文件的签署，涵盖产能合作、航天科技、核能与可再生能源等，特别是双方将在共建"一带一路"和产能合作两方面取得新进展。初步判断未来的合作方向：原油贸易、炼油化工领域的相互投资与合作经营、石油零售领域、油气工程与技术服务、核电和新能源领域、交通和物流领域。

2. 中长期能源合作建议

从中长期看,中沙能源合作应该基于石油发展石油工程技术一体化开发与合作;超越石油贸易,走向更加综合的能源、经济、贸易与金融服务性的综合合作。为此,我们做了专题分析,提出若干建议,详见专题三。

第五章

伊朗油气战略研究

第一节 国情概览

伊朗位于西亚地区的心脏地带，南邻波斯湾，北接里海，面积近165万平方公里。人口约为7780万人，72.5%的人口集中于城镇。伊朗是一个拥有工业体系和众多受过教育的工作者的区域性强国，2014年国内生产总值达4253亿美元，人均GDP为5443美元。近年来，伊朗依托宗教影响力，积极打造什叶派新月地带，在本地区积极扩大影响。

一 基本国情

伊朗实行政教合一的伊斯兰民主政体，神权统治高于一切，国家一切行为必须符合伊斯兰原则。宗教领袖拥有至高无上的权力，凌驾于所有权力机构之上，终生任职，现任领袖为阿里·哈梅内伊。专家委员会是选举和监督伊朗最高领袖的权力机构，职责是选定和罢免领袖，该委员会中的88个委员由民众从伊斯兰教士中直接选举产生。在宗教领袖的领导下，伊朗实行行政、立法、司法三权分立制度。伊朗实行总统内阁制，总统拥有除领袖掌管事务外的行政领导权，由公民投票直接选举产生，总统任期4年，可以连任一届。现任总统鲁哈尼于2013年6月获胜。伊朗议会是最高立法机关，议会通过的法律须经宪法监护委员会批准方可生效。司法总监（司法领域最高职务）由领袖任命，司法总监任命最高法院院长和总检察长。

在过去的20多年里，伊朗顶住了西方制裁和联合国制裁的压力，

第五章 伊朗油气战略研究

国内政治体制经受考验，至今相对稳定，政策比较保守。伊朗的内部威胁主要是政治派别斗争错综复杂，特别是保守派（倾向自力更生）和改革派（希望引进外资和外部竞争）之间的争斗。2016年2月伊朗进行了新一届议会和专家委员会选举，伊朗议会长期由保守派垄断的格局被打破，这一选举对于鲁哈尼后两年的执政具有重大影响，预计他将在2017年谋求连任。

除了上层社会问题外，失业、通货膨胀和网络传播等社会问题日益凸显。随着全球化趋势的进展和信息的开放以及伊朗80后和90后年轻一代的崛起，将对未来的伊朗社会政策具有重大影响，包括伊朗政教合一政治体制受到越来越大的冲击。

一直以来，伊朗是西亚地区的经济大国，2003—2008年伊朗经济一度保持较快增势，年均增长21%。自2010年以来，美国推动联合国安理会出台多项对伊朗制裁决议，美国、欧盟、加拿大、日本等相继推出一系列更加严厉的对伊朗单边制裁措施，打击伊朗石油工业，隔绝伊朗和外界的金融联系，伊朗经济出现停滞和衰退，由2011年的5920亿美元下降到2014年的4253亿美元，人均GDP由7874美元下降到5442美元。2014年伊朗的第一、第二和第三产业分别占比9.1%、40.7%和56.2%。伊朗的失业率长期维持在10%左右，2015年的失业率为10.7%，其中15—24岁的失业率达到25.4%。近年来，伊朗里亚尔对美元汇价持续贬值，由2011年的1美元兑17000里亚尔，贬值到2015年的1美元兑27994里亚尔。

以鲁哈尼为首的改革派于2013年掌握政权，致力摆脱经济滞胀，建设"抵抗型"经济，争取实现正常的对外交往。伊朗的经济形势出现明显好转，通货膨胀从40.4%降到2016年的9.2%，这是25年来首次实现个位数通胀率。石油贸易收入占GDP的比例从40%减少到20%，伊朗的商业环境排名从全球的第152位上升到第118位。

2016年1月伊朗进入"后制裁时代"，这一重大变化为了伊朗的未来经济复苏和发展，特别是油气产业的恢复发展提供了机遇。2016年2月17日伊朗通过国际银行的转账SWIFT系统逐步开通，从而对外贸易融资渠道逐步开通，与国际银行体系相连。同时，原先冻结的大约

1000亿美元的伊朗境外资产可以利用（其中至少500亿美元资产与目前伊朗的债务和其他义务挂钩，一时难以动用）。

伊朗是一个多民族国家，波斯人占51%，阿塞拜疆人占24%，库尔德人占7%，其他民族为阿拉伯族和土库曼族等。伊朗伊斯兰宗教色彩十分浓厚，98.8%的居民信奉伊斯兰教，其中，什叶派穆斯林占91%。伊朗是具有5000多年历史的文明古国，也是中东地区具有辉煌的历史和宗教影响力的地区大国，波斯帝国辉煌历史塑造了民族自豪感和倔强心理。

二 能源部门概况

1. 能源消费状况

2015年伊朗能源消费达到267.2百万吨油当量，电力消费达到2819亿千瓦时，近十年的平均增速为3.2%和4.3%，对应能源弹性系数和电力弹性系数分别为0.57和0.72。伊朗的石油消费维持在9000万吨左右，能源消费增长主要来源于天然气。2015年伊朗人均用能3.38吨油当量，人均用电为3563千瓦时。

伊朗的一次能源消费主要依靠天然气和石油，分别占比64.4%和33.3%，非化石能源比例很低，水能占比1.5%，核能占比0.3%，煤炭占比0.5%（见表5-1）。

表5-1　　　　2008—2015年伊朗一次能源消费　　（单位：百万吨油当量）

	2008年	2009年	2010年	2011年	2012年	2013年	2014年	2015年
一次能源消费量	215.9	226.7	227.8	237.9	238.6	247.6	260.8	267.2
石油	93.1	95.4	86.8	88.0	89.0	95.5	93.1	88.9
天然气	119.9	128.4	137.6	146.0	145.4	146.6	162.0	172.1
煤炭	1.2	1.4	1.3	1.4	1.1	1.2	1.2	1.2
核能	—	—	—	<0.05	0.3	0.9	1.0	0.8
水电	1.7	1.5	2.2	2.4	2.8	3.4	3.4	4.1
可再生能源	<0.05	0.1	<0.05	0.1	0.1	0.1	0.1	0.1

数据来源：《BP世界能源统计年鉴》，2016年6月。

2. 油气资源开发状况

伊朗的石油大发现始于1908年,是在中东地区最早发现和开发石油的国家。伊朗石油储量十分丰富,是世界主要石油生产大国和输出大国之一。根据英国石油公司(BP)统计,2015年该国的石油剩余可采储量为217亿吨(1578亿桶),居世界第四位,占世界总储量的9.3%;常规天然气可采储量为34万亿立方米,世界排名第一,超过了俄罗斯,占世界总量的18.2%(见表5-2)。根据美国地质调查局对全球待发现油气资源的评估,伊朗待发现油气资源主要聚集在扎格罗斯盆地和波斯湾伊朗海域,未来的主要勘探方向可能集中在伊朗靠近伊拉克边境地区。丰富的油气资源为伊朗经济带来了巨大的发展潜力。

表5-2　　　　　　　　　　伊朗油气储量

	1995年	2005年	2015年	全球占比(%)	储采比
石油(亿桶)	937	1375	1578	9.3	110.3
天然气(万亿立方米)	19.4	27.6	34.0	18.2	176.8

数据来源:《BP世界能源统计年鉴》,2016年6月。

伊朗国内的炼厂位于阿巴丹、伊斯法罕、阿巴斯、德黑兰等九个城市,均属于国家石油公司(NIOC),2015年炼化能力为178.1万桶/日,与2011年的171.5万桶/日相比,增长缓慢。

3. 油气供需结构与出口

伊朗的石油产量曾于1974年达到3亿吨的高峰,之后由于两伊战争和西方制裁等原因,产量维持在1亿—2亿吨。2011年产量恢复到2.12亿吨,但是由于制裁加剧,2012年下降到1.77亿吨。2015年的原油年产量为1.83亿吨。随着经济和国内人口的增长,伊朗国内消费水平同步增长,2015年消费达0.89亿吨。伊朗年出口原油能力为1亿吨。由于产能和产量下降,国内消费增加,导致出口萎缩,伊朗在欧佩克的出口份额被其他国家占据。亚太地区是伊朗的主要出口方向,根据欧佩克公布的数据,2015年伊朗出口石油108.11万桶/日,其中亚太为96.97万桶/日,占比90%;欧洲为11.14万桶/日,占比10%。

作为天然气资源和生产大国，2014年伊朗的天然气产量为1820亿立方米，超越卡塔尔世界排名第三（位于美国、俄罗斯之后）。与石油不同，伊朗的天然气产量一直保持稳定增长的趋势，今后仍然具有较好的发展前景。但是主要用于满足国内的天然气需求，而且国内需求不断增长，2015年本国天然气消费量达到了1912亿立方米（主要用于回注油井和天然气发电），几乎占据了国内全部天然气产量（见表5-3）。

伊朗积极与周边国家开展天然气贸易，包括通过管道向土耳其出口89亿立方米；由于国内南北消费不平衡，需要从土库曼斯坦进口天然气65亿立方米，同时也向周边个别国家出口部分天然气。考虑到伊朗国内其他能源的薄弱情况，对天然气资源的高度依赖导致伊朗难以形成大规模的天然气出口。

表5-3　　　　　　　　　　伊朗油气产量与消费量

（单位：百万吨油当量，亿立方米，%）

	1995年	2005年	2014年	2015年	2015年同比增长率	2015年世界占比
石油消费量	63.9	80.5	93.1	88.9	-4.5	2.1
石油产量	185.5	207.8	174.7	182.6	4.5	4.2
天然气消费量	337	1027	1800	1912	6.2	5.5
天然气产量	337	1023	1726	1925	5.7	5.4

数据来源：《BP世界能源统计年鉴》，2016年6月。

4. 油气产业地位、体制和对外合作模式

1979年伊斯兰革命后，伊朗对油气工业实行国有化，伊朗石油部负责油气工业全产业链的宏观行政管理，国有企业以垄断经营方式运作。石油部下属的国有企业有国家石油公司（NIOC）、国家天然气公司（NIGC）、国家石化公司（NPC）、国家油轮公司和国家石油购销中心等。其中，伊朗国家石油公司下属有国家南方油田公司、海洋石油公司、中部油田公司、伊朗石油设计开发工程公司、Pars油气公司和国家钻井公司。伊朗的所有投资和合作计划都必须提前做好预算和报批，其石油管理体制类似于计划经济。

长期以来，伊朗石油合同主要采用回购模式，即石油勘探或开发项目若在规定期限内达到规定产量，伊朗根据成本加上固定比例收益从石油公司购回该项目。这一合同模式一直备受国际公司的批评，制约了伊朗的对外合作和引进外资。为了吸引外国投资、技术和开发经验，自2013年10月后伊朗开始大幅修改模式和条款。考虑到2016年制裁后的新形势，伊朗正与国际公司和法律机构讨论，做出更大的修改，业界披露伊朗极有可能采纳PSA的类似条款和模式，对国际公司有足够的吸引力，达到恢复伊朗油气生产的目的。

5. 未来伊朗油气出口地位的不确定性

伊朗是连接欧亚两大洲的重要桥梁，是连接波斯湾地区油气出口和里海与波斯湾的重要枢纽，更是连接欧洲、俄罗斯、印度和中国四大经济体的中亚枢纽。伊朗北通里海中亚，南扼霍尔木兹海峡，后者是全球最为重要的石油出口咽喉。近年来，日运量高达8.4亿吨，约占海运石油贸易总量40%，全球石油贸易总量27%。

由于过去几年伊朗石油出口下降，在欧佩克的出口配额减少，出口市场份额被其他国家占据。今后伊朗石油出口对国际市场的影响，一要看伊朗国内能有多少石油（产量和储备）可供出口，这些与设备、技术、产量提升和出口能力直接相关；二要看作为欧佩克成员国的伊朗有多少份额可以出口，这取决于欧佩克内部的博弈和对外政策（目前以沙特为首的海湾国家依然不愿限制出口），需要在今后几个月内多次谈判确定；三要看全球经济和需求状况，新兴市场国家增长放缓将削弱全球石油需求增长的基础。

第二节 能源战略

一 国家意图与战略

1. 本国发展战略意图

伊朗政府也制订了"社会、经济发展五年计划"，目前处于第五个五年计划（2011年3月到2016年3月）结束、第六个五年计划开局的阶段。伊朗正在稳步推进改革，试图采取措施，逐步降低国有成分在国民经济中的垄断地位,加快私有化和经济全球化融合的进程,实现经济运行和发展模式合理化。政府原计划在第五个五年计划期内,经济增长速度保持在8%,通货膨胀率控制在12%以内,失业率控制在7%以内。但是由于西方和联合国制裁未消除、世界石油市场波动等外部原因,上述计划均落空。目前,政府正进入执行第六个五年计划(2016年3月至2021年3月)阶段,经济增长的目标仍为8%,吸引500亿美元的外国投资,将石油产量提升到470万桶/日,2016年1月伊朗迎来了西方和联合国制裁的解除,为这个五年计划带来新的希望。

2. 国家战略部署对能源(油气)发展目标的要求

过去20多年来,伊朗石油工业的发展与严峻的外部关系,特别是与西方制裁和国际投资萎缩紧密关联。一方面,伊朗石油工业的现代化需要国际投资与合作的推动;另一方面,长期的西方制裁使得国际投资与合作步履维艰,因而伊朗的石油工业发展十分艰难。而由于油气工业技术落后、设备陈旧,也造成事故不断。

为了实现第六个五年计划的目标,伊朗依然需要依靠和首先推动本国油气工业的发展。第一步必须恢复石油出口配额,第二步是不断扩大出口市场。但是,需求疲软和低油价使得伊朗增产十分困难。

二 油气战略分析

目前,伊朗石油基本战略和政策基本延续1979年以来的系列内外战略与政策。过去30年来的油气发展十分艰难,2015年7月伊朗核协议的签署,为伊朗今后的发展带来契机。但是,我们依然很难判断这个国家未来的油气发展新战略的具体内容。

根据我们的研究,今后伊朗的油气发展战略依然必须立足于解决国内油气工业面临的种种问题。首先,需要延缓国内油田的老化,2010年特别是2012年后石油上游产量出现下滑。伊朗必须解决目前稳产、增产所需要的技术、设备和资金问题。其次,虽然同期天然气产量取得较大发展。但是2007年以来天然气的整体开发速度较慢。由于制裁和成本上升,天然气的出口项目难以启动,国内供应被推迟。未来天然气的发展主要取决于外国公司对天然气处理设施的投资和新技术的获取问题。最后,伊朗必须根据西方和联合国解除制裁带来的机遇,对现行的油气发展战略和政策进行较大的调整。我们预计主要体现在以下几个方面。

一是制订和出台具有足够吸引力和国际化的对外合同模式和条款。根据伊朗与西方法律机构的商谈,西方人士预计这一模式会非常接近产量分成合同(PSA),即在内容和模式上出现较为明显的调整。

二是对税收做相应的配套调整。

三是逐步改变石油管理体制,更加适应市场需求。

四是推进天然气的综合利用程度,推进市场和产品的多元化,开辟周边油气出口市场。特别是管道天然气和LNG的出口。伊朗于1989年提出伊朗—巴基斯坦—印度(IPI)管道,全长2700公里,伊朗境内1100公里,巴基斯坦境内1000公里,印度境内600公里,管道设计输量为550亿立方米(220亿立方米供应巴基斯坦、330亿立方米供应印度)。

五是加快推进国内能源转型,加大对核电和可再生能源的开发力度。伊朗每年的电力需求增长率在7%—9%,为此伊朗发电容量需要每年提高3600兆瓦。这一计划意味着今后将出现大规模的电力投资,政府必须对外国公司开放电力市场。目前的独立电力项目工程(IPPs)和现有发电设施的销售十分缓慢。核电项目一直备受争议,并受到严格的制裁。2010年下半年俄罗斯支持的核电站已经投入使用。

天然气日益成为政府用来弥补地区电力短缺的替代燃料,并可减轻其对石油的依赖。但是由于制裁期内资金和技术短缺,使得天然气的上游开发十分缓慢,天然气替代石油的项目面临着较大的风险。

三 影响因素分析

1. 国际关系的影响

联合国和美国对伊朗的商业投资限制和政治孤立使得伊朗一直处于较高投资与合作风险的边缘。而这一局势又由于2008年3月联合国的第三轮制裁和2010年6月的第四轮制裁更加恶化了。美国制裁和针对伊朗核危机的多边行动使得日常项目运作十分困难，伊朗的政府冒险政策并没有出现多大的改变。2015年7月签订的伊核协议和2016年国际制裁的解除，可能会使伊朗的被动局面得到缓和、目前的发展局面出现转机。据费氏全球能源咨询公司（FGE）曾预测，伊朗2015年的原油产能将从2010年的420万桶/日下降到350万桶/日，2020年有可能进一步下降到330万桶/日，如果国际制裁进一步影响到中国和其他亚洲国家与伊朗签订的石油合同，那么到2015年伊朗的原油产能可能降至300万桶/日。目前看，这一状况不会出现了。

2. 地区关系不和

伊朗与周边的阿拉伯国家有着类似的经历和不同的感受。回顾20世纪50—70年代的历史，在诸如国有化等问题上，伊朗人与阿拉伯人有不同的经历和做法，这也造成了伊朗人与阿拉伯人之间的矛盾不断加深。伊朗的对外合作原则和思维与西方国家的价值观和思维也具有重大的差异。但是，伊朗人具有足够的智慧，可以与外部世界保持协作。

3. 腐败、官僚和低效管理

政治意志推动的决策依然是主要的作业风险，政府部门办事效率低下，而且中央政策不稳定，外汇管制，融资困难。

4. 基础设施

伊朗的基础设施老化是阻碍油气行业扩大生产的能源战略实施的重要因素。据穆迪估计，该国基础设施现代化改造需投资1500亿—2000亿美元，目前伊朗政府对私人部门负债多，财政收入下滑，限制了政府的投资能力。

四 未来研判

解除制裁以后，伊朗政府主动向外界传递2016年伊朗将启动大规模国际合作的诸多信息。伊朗重返国际油气市场将对目前低油价下的全球油气市场、世界经济和地缘政治带来新的冲击，也将对中国与伊朗的双边合作、"一带一路"战略构想的实施带来新影响，具体分析详见专题一。

第三节 能源合作

一 对外合作

1. 伊朗外交政策的特点

根据伊朗宪法,伊朗的外交政策由宗教领袖哈梅内伊直接制定。自伊朗革命以来,伊朗的外交政策一直体现尊严、智慧和利益的三大原则。其中,尊严强调自主和独立,不受任何势力控制;智慧强调谨慎权衡利弊,三思而后行;利益是指政府和革命的利益。为此,伊朗奉行独立、不结盟的对外政策,反对霸权主义、强权政治,愿意同除以色列以外的所有国家发展相互尊重、平等互利基础上的外交关系。伊朗的外交政策背后具有波斯大国情怀、独特的宗教倾向和什叶派倾向,与西方主导的价值观有着重大冲突,但其不怕外部势力的压迫;其同时处于本国的内部矛盾和外部困境之中,却也不时地体现灵活外交的思路和技巧,争取本国的最大利益。

2. 伊朗的周边关系

即使在伊朗与非以色列的世界之间,其关系也十分复杂。首先在西亚地区或波斯湾地区,伊朗与阿拉伯国家、民族的关系较为复杂,远远超过了宗教的差异。其中,伊朗与沙特阿拉伯长期不和睦、与邻国伊拉克的冲突曾经十分突出。长期以来,伊朗支持本地区的什叶派势力,是叙利亚的坚强支持者,在本地区引发巨大的外交冲突和矛盾。当前的叙利亚乱局和内战就是一个突出的例子。

3. 伊朗与西方的关系

伊朗与西方国家的合作和斗争历史较长,分分合合,十分复杂。1979年前,西方扶植伊朗巴列维王朝。1979—1992年出现美国人质危机,美伊断交;1980年发生了伊朗与伊拉克战争。美国在两伊战争中支持伊拉克,1987—1988年美伊发生海上军事冲突。1993—2000年克林顿政府推出针对伊朗的遏制政策。1996年出台《伊朗制裁法》,但又实施接触政策。1997年改革派哈塔米当选总统后,美伊恢复对话。但是,进入2001—2008年小布什总统时期后,美国推动多边制裁,一是推动联合国安理会通过三份对伊朗的制裁决议；二是实施军事威慑，加大在海湾和伊朗邻国的军事力量；三是释放信号缓和美伊关系，但又继续延长对伊朗的单边制裁，推动新一轮对伊多边制裁，其中核制裁成为主要内容。

2015年9月前，美国维持其对伊政策，使得伊朗难以从美国方面获得任何发展和突围的可能。但是，伊朗与美国非官方多渠道的联系和交流较多，为伊朗提供了大量的突破美国压力的资源和通道。2013年伊朗总统大选后的表态为逐步缓和与西方的紧张关系提供了机遇。而欧盟对伊朗的政策坚持对话与制裁并行的原则，因此具有一定的发展空间。欧洲的石油巨头在伊朗仍有较大的投资规模，这是伊朗刻意利用和运作的结果，同时伊朗也喜欢使用欧洲的工业标准。

4. 伊朗与金砖国家和新兴经济体的关系

首先伊朗与俄罗斯保持着复杂而微妙的外交关系。俄罗斯在伊朗问题上两面下注：一方面借助伊核问题，与伊朗发展能源合作，比如2010年11月俄罗斯帮助伊朗修建的首座核电站布什尔核电站投入运营，将伊朗作为其在中东地区的战略伙伴，施展俄罗斯的影响力，制衡美国力量；另一方面俄罗斯又参与西方阵营，同意安理会制裁伊朗，换取美国暂停在东欧部署反导系统、乌克兰大选亲俄派获胜等战略利益。伊朗看到了俄罗斯的外交意图，对俄持谨慎应对和保持适度合作的态度。

近十年来，伊朗注意与新兴国家发展关系，开拓其外交空间，推进能源突围战。比如与巴西签订核燃料交换协定；与委内瑞拉扩大经贸和能源合作，共同反对石油美元，呼吁建立世界新秩序。自1971年建交以来，伊朗一直与中国保持紧密的外交关系，经贸合作紧密，但是受国际大环境，特别是联合国和西方制裁影响较大。但是中国十分看重伊朗的传统关系、地区作用和制裁后的新合作前景。中国与伊朗在诸多国际事务上具有共同的利益和语言。

5. 伊朗对外关系和政策的调整方向

根据以上的分析，我们认为，今后可能的变化取决于两个因素：一是伊朗国内形势的变化，2013年总统选举后已经出现了推动改革和灵活外交的良好趋势，出现系列政策的重大调整，开始打破目前的国际制裁格局；二是美欧对伊核政策的调整。这两个因素中的任何一个因素出现变化，都会为伊朗在全球政治经济关系上带来戏剧性的变化。但是，今后伊朗也会因当前低油价下新的国际油气竞争格局而出现新的政策变化，特别是伊朗、沙特阿拉伯和欧佩克的关系。2016年2月16日伊朗石油部部长经过与伊拉克、卡塔尔和委内瑞拉石油部部长的商议，十分意外地赞同沙特和俄罗斯关于控制目前油价的提议，一时间将布伦特油价提高了6.7%，达到34.35美元。可见过低的油价也不符合伊朗的意愿。2015年，伊朗83亿美元的财政赤字和沙特近1000亿美元的财政赤字使得两国都不敢做出两败俱伤的事。

今后伊朗的对外政策也将根据美国、欧洲、俄罗斯、印度、中国等国家和地区在伊朗市场上的新竞争态势而调整。2016年2月初，伊朗鲁哈尼总统访问意大利和法国，推动欧洲企业与伊朗签订了数十亿美元的合作意向，而美国企业还在内部争议之中。

6. 伊朗对外油气合作

伊朗于20世纪90年代中期开始对外开放国内油气领域。但是，外国公司的地位与作用一直在伊朗国内备受争议。国际石油公司在伊朗的油气合作的存在可追溯到20世纪之初，即1908年后的英波石油公司时期。1979年前伊朗的对外油气合作模式主要实行产量分成合同。但是1979年后在伊朗引入回购合同后，逐步形成较为独特的合作模式。2005年保守派政府上台给合作前景带来了阴影，不仅因为核危机，而且也在价格和成本问题上难以谈判和妥协。在2010年前，许多项目的外国投资逐步增加。但是在2010年联合国和美国对伊朗实施制裁，致使包括亚洲石油公司在内的一批外国石油公司在伊朗投资呈下降趋势。截至2010年3月，共有来自23个国家的36家石油公司参与伊朗的35个合作项目。后来因为制裁而不得不撤离了一批外国石油公司。政府希望通过对外合作，将国内油气产量从2009年的420万桶/日提高到2015年的500万桶/日的计划始终无法实现。

其中，2007年下半年以来，伊朗对外合作出现了较大调整，不仅没有签署较大的新项目协议，而且已有的涉及国际石油公司的大项目处于停滞。如由于欧盟对于伊朗出口燃料进行制裁，道达尔公司停止与伊朗的石油贸易。而一些亚洲公司的兴趣不减（尽管日本的 Inpex 公司由于美国的压力，从阿扎德甘油田撤离了，将它的 75% 的权益减至 10%）。西方公司基本保持观望的态度。伊朗希望中国和印度的公司具有足够的力量抵制美国的压力，而且确实在一些项目上（如亚德瓦兰和北阿扎德甘），以获得下游的合作机会，特别是 LNG。现在西方的制裁在金融领域确实产生了期待的效果。伊朗一直在提高石油出口价格，同时不允许公司获得风险溢价，许多国际石油公司很难与伊朗的官僚当局继续谈判。

长期以来，伊朗的油气投资合作协议执行困难，难以如期完成。2004 年，道达尔和壳牌公司分别与伊朗签订帕斯液化天然气和波斯液化天然气项目框架协议，年产能分别为 1000 万吨和 1610 万吨。迫于政治压力，道达尔和壳牌公司一直在"等待和观望"，一再推迟提交"最终投资计划（FIDs）"。2010 年 6 月，伊朗国家石油公司（NIOC）取消与这两家公司签订的南帕斯 11 期、13 期和 14 期开发合同；8 月，NIOC 宣布放弃帕斯液化天然气和波斯液化天然气项目。

截至 2010 年，对外油气合作项目中仅有伊朗液化天然气项目仍在进行。该项目设计总产能 1080 万吨/年，据称已投资了 13 亿美元，由当地公司和韩国公司联合组建的财团正在建设液化天然气储罐，前 2 个储罐已经成功吊装封顶，伊朗当地承包商 Mapna 承接配套工程的设计和建设。但是，液化天然气厂的核心工程液化设备的建设则几乎毫无进展。尽管伊朗液化天然气公司已经与德国林德公司签订协议，获得使用该公司多级冷冻液化技术的许可，由于该许可协议和前端工程设计（FEED 设计）都是以欧洲技术为基础，属于受欧盟制裁的范围。因此，伊朗从欧洲公司购买到关键性的液化设备的希望非常渺茫。

此外，过去几年伊朗与多家外国公司（主要是亚洲公司）签订了一系列气田开发及天然气出口初步协议，计划建设液化产能 3500 万—3800 万吨/年。但是，迄今为止，还没有一个项目签订最终协议，而且很难预计签订的时间（估计 10 年内难以实现）。如果伊朗的国际政治环境没有改善，即使资金有保障，技术挑战也可能使液化天然气项目被长期推迟。

尽管伊朗拥有丰富的天然气资源,具有巨大的液化天然气供应潜力,但是计划中的三大液化天然气项目(波斯液化天然气、帕斯液化天然气和伊朗液化天然气项目)均难以如期实现。

2014年以来油气对外合作开发状况没有突破,直到2015年下半年伊朗与六大国的核谈判取得阶段性进展,才为伊朗未来的油气发展带来了希望(见专题一)。

二 与中国的合作

1. 中国—伊朗油气合作成就

2016年1月中伊双方同意建立全面战略伙伴关系。近十年来两国经济合作发展迅速,中国已成为仅次于欧盟的伊朗第二大贸易伙伴。2014年双边贸易额518.5亿美元,中国自伊朗进口275.1亿美元,向伊朗出口24.4亿美元。2014年中国对伊朗直接投资5.93亿美元,截至2014年年底,中国对伊朗直接投资存量34.85亿美元。

中石油和中石化参与了伊朗的上游勘探和下游炼化项目(见专题表1-1)不过伊核危机爆发,2010年年末,中国的能源公司暂停或放缓了在伊朗的项目。制裁取消后,中国的能源公司恢复在伊的开发工作,2016年10月,中石油首船伊朗权益油抵达国内,标志着回购合同模式进入成本回收阶段。

在2011年中伊建交40周年之际,伊朗期望与中国建立经济共同体,体现了伊朗对中国的重视和关注。同样,伊朗对于中国维护在西亚地区的影响、推动地区合作意义重大。2000—2007年,中国已成为伊朗最大的投资国,共计向伊朗投资1017亿美元,主要在石油天然气、水利水电、交通设施、金融领域,其中油气及化工行业投资967亿美元。2011年2月中国与伊朗签署130亿美元的铁路修建合同,中国将为伊朗修建5300公里的铁路。

伊朗对于推动"一带一路"战略具有重要的战略意义。中国于2013年9月提出"一带一路"战略构想后,伊朗给予了积极呼应,希望参与"一带一路"战略构想的合作。中国将伊朗视为在西亚地区推进这一战略构想的支点国家,尤其在 2016 年西方取消对伊朗制裁后,将迎来巨大的合作机会。

2016 年 2 月 22 日,从浙江义乌出发的 32 节货物列车经 14 天、10399 公里达到伊朗德黑兰。这一跨亚洲贸易通道将经过西亚延伸到欧洲,伊朗在其中发挥了极为重大的延伸和中转作用。目前,伊朗交通部正在计划将德黑兰规划为欧亚大陆的地面和空中运输中心。

2. 潜在风险

根据 Global Insights 评估,近 20 年来,伊朗的投资风险一直远高于世界平均（2.8）和中东地区的平均水平（3.2）,处于 4 的高风险区域。但是,2016 年解除制裁后的伊朗投资与合作风险走势如何,有待观察和重新评估。从我们的观察看,中国—伊朗油气合作的潜在风险在于如下几个方面。

（1）伊朗对核协议的实际执行情况是否引发西方制裁的反弹。根据伊朗核协议,美欧国家保留着这一制裁大棒。根据 2016 年 2 月 24 日美国民意调查机构 Gallup 的调查,57% 的美国人反对奥巴马政府批准解除对伊朗的制裁。在共和党内部,80% 的共和党人反对,只有 9% 表示支持。2016 年 2 月 23 日美国国会通过法案限制奥巴马对伊朗核协议的批准权限,虽然这一法案还需要得到参议院的批准和总统的签字。即使参议院通过了,奥巴马总统也会否决这一法案。2016 年 9 月 11 日,伊核协议已由参议院通过但仅以微弱优势通过,未来恐生变数。

（2）中东的局势变化,特别是伊朗与沙特阿拉伯的关系,尤其在叙利亚内战的介入上,也包括在欧佩克内部的协作上。该地区的千年恩怨情仇随时有可能爆发。

（3）伊朗的对外合作政策和合作模式是否具有吸引力。根据目前的伊朗对外合作需求,预计未来的合作政策相对宽松,但是伊朗不会走向类似 20 世纪 90 年代中亚国家的对外合作局面;但是,国际公司依然十分谨慎地看待伊朗的投资与合作环境,主要考虑到了伊朗目前的惩罚性税收法、不稳定的汇率、商务程序烦琐、政策不稳定、较高的通货膨胀率和高成本、经济衰退和国内低需求水平等因素。

（4）伊朗的改革趋势。长期以来,伊朗的产业管理体制十分僵化,运行效率很低，对合作项目的运作具有重要影响。虽然解除制裁后的伊朗对外合作热情较大，但是从油气产业角度看，陆上石油开发基本形成稳定的合作态势，难开采的油田和海上天然气开发难以在低油价下推进。液化天然气设施受制于西方国家的垄断，管道天然气的建设受到中亚、西亚和南亚地区复杂地缘政治的制约，非常耗时。

三 未来与中国的合作方向

1. 对伊制裁解除后的合作方向

中国在西方和联合国对伊制裁时期为推进油气合作承受了巨大的国际压力。解除制裁后，中国与伊朗的合作方向主要有两个。

一是逐步启动现有的油气项目，重新评估现有的成本效益和政策支持。应积极参与工程技术服务项目，特别是勘探、开发、管道运输和炼油设施建设，参与现有油气设施的技术改造和设备更新项目，扩大产能合作。

二是以交通基础设施为突破口实现互联互通和产能合作，利用中方在铁路、电力、通信、工程机械、冶金、建材等领域的技术优势，发挥丝路基金和亚投行的资金优势，扩大两国在基础设施、工业化和信息化等领域合作，实现优势产业、优质资源、优良市场对接。

2. 中长期能源合作建议

中国需要继续保持与伊朗的长期的石油贸易伙伴关系，并应不断提升这一原油贸易关系到更加综合全面的能源合作计划，参与更多的基础设施的投资合作，包括电力领域的合作。

根据伊朗与欧洲的紧密合作进程（2016年1月德国前总理施罗德率德国贸易代表团访问伊朗；鲁哈尼总统亲自访问意大利和法国等），建议国内机构尽快跟进习近平主席2016年1月对伊朗的国事访问成果，加大对伊朗合作动态的跟踪研究和商务调查，研究西方国家公司和周边国家（特别是印度公司）等外部竞争者的动态；以"一带一路"战略对接为抓手，扩大全面的产业合作。

第六章

伊拉克油气战略研究

第一节 国情概览

伊拉克地处西亚海湾地区的中心地带，国土面积43.83万平方公里。2014年人口为3258万人，城镇人口占比70%。其中，阿拉伯民族占78%（什叶派60%、逊尼派18%），库尔德族占18%，其余为土库曼人、亚美尼亚人等，居民中99%以上信奉伊斯兰教。伊拉克是西亚的文明古国，也曾是西亚比较富裕的国家，受伊拉克战争影响，2004年伊拉克的人均GDP仅为1392美元，2013年增长到6817美元，为战后最高水平，但是仍普遍低于西亚地区其他产油国家。

一 政治经济特征

根据2005年10月25日全民公决中通过的宪法规定：伊拉克是拥有完全主权的、独立的联邦国家，实行议会代表制。伊拉克设总统委员会（由总统和2位副总统组成）、总理府（部长内阁）和议会（325位议员），实际行政权力掌握在以总理为首的部长内阁手中。内阁成员由总理推选，总理还担任武装部队总司令职务。现任总理是什叶派人士阿巴迪。伊拉克地区政府拥有行使立法、行政和司法的权利；地区政府可以按照需要的方式实行管理，并有权建立自己的安全组织，如警察部队、治安部队和卫队等。地区政府在不违反国家宪法的前提下，可以起草自己的法律，确立自己的行政权力机构以及行使这些权力的机制。

伊拉克宗教信仰浓厚，主要为伊斯兰教，但是什叶派与逊尼派不仅派别不同,而且历史上处于不同的社会地位,在萨达姆时代逊尼派多数为社会精英,长期处于统治地位,伊拉克战争以后,人口上处于多数的什叶派,通过选举开始上台执政。

一直以来,伊拉克面临着教派和民族分歧。阿巴迪政府致力于实现国内各宗派民族和解,通过一些务实的政策,向其他党派让步,换取团结共赢的局面,打破现有的基于民族、宗教派系分权的"配额制"政治体系。如2014年年底中央政府和库尔德地区政府就石油收入分配等问题达成协议,很长一段时间内库区独立建国的可能性不大。

社会治安形势至今依然不可乐观。在西方制裁、美军入侵,随着萨达姆政权被推翻,原有的政治格局和社会秩序被打乱,伊拉克社会陷入混乱,恐怖袭击频发。2011年年底美国实现完全撤军,伊拉克的安全保障能力下降。2014年以来,"伊斯兰国"攻占了伊拉克西部、北部和中部大量地区,控制范围占伊拉克国土面积的40%,直接威胁到伊拉克首都巴格达的安全。伊拉克政府军、地方武装和美国为主导的国际社会对于伊拉克境内的极端主义武装团伙进行了一系列的打击,先后收复了提克里特、费卢杰和舍尔加特,"伊斯兰国"在伊拉克的影响有望得到控制。但是,中东社会失序导致的权威弱化、伊斯兰原教旨主义抬头这些滋生恐怖主义的土壤并未根除,伊拉克国内安全问题会长期存在。

伊拉克存在政府腐败不作为、警方和媒体等公共机构缺乏公信力的问题,根据透明国际公布的《2014年度全球腐败指数报告》的"清廉度"伊拉克在175个国家中排名第170位。

经历了20世纪80年代和90年代两次大规模的战争(两伊战争和海湾战争)和长达13年的经济制裁,伊拉克的经济状况、基础设施和社会生活均呈现出极端困难的局面。伊拉克战争以来,伊拉克经济活动趋于正常化,国内生产总值由2004年的366亿美元增长到2013年的2325亿美元,年均增长20%。受低油价的影响,2014年和2015年分别负增长3.9%和24.6%。目前,国民经济主要依靠油气资源开发为主的工业,以2014年为例,农业占3.3%,工业占54.5%,服务业占32.3%。

伊拉克战争结束后,国内物价曾波动剧烈,但2009年以来通货膨胀率一直在3%—6%波动，2015年转为-1.2%。伊拉克的失业率长期维持在15%，15—24岁的青年失业率则超过30%。

伊拉克的经济制度仍不健全，基本属于国家控制下的有限制的市场经济。伊拉克商会联合会与各省商会起着半官方的作用，代表伊拉克私人公司利益与政府部门和外交使团进行联络沟通。伊拉克实行进口许可证制度，一般进口许可证仅发给国有商业公司、政府采购代办或商会会员。

二 能源部门概况

1. 能源资源状况

伊拉克地理条件得天独厚，石油、天然气资源十分丰富，根据英国石油公司（BP）统计，2015年该国的石油剩余可采储量为193亿吨（1431亿桶），居世界第5位，仅次于委内瑞拉、沙特阿拉伯、加拿大和伊朗，占世界总储量的8.4%；常规天然气可采储量3.7万亿立方米，占世界已探明总储量的2.0%，居世界第11位。相对于石油来说，伊拉克的天然气勘探活动有限，天然气储量可能受到低估。天然气产量主要是油田伴生气，长年被放空燃烧（见表6-1）。

表6-1　　　　　　　　　　伊拉克油气储量

	1995年	2005年	2015年	全球占比（%）	储采比
石油（十亿桶）	100.0	115.0	143.1	8.4	97.2
天然气（万亿立方米）	3.4	3.2	3.7	2.0	—

数据来源：《BP世界能源统计年鉴》，2016年6月。

伊拉克油田分布相对集中，现有的大多数油田基本位于南部的什叶派地区、北部的库尔德地区，另有部分油气田位于逊尼派控制的中西部区域。伊拉克南部有五个超大型油田，这五个油田原油储量约占该国原油储量的60%。另外北部地区原油储量约占该国原油储量的17%，鲁迈拉油田石油储量约178亿桶，该油田日产量约150万桶。不过，其运营者计划未来几年内将该油田日产量提高至285万桶。

图 6-1 伊拉克石油产量

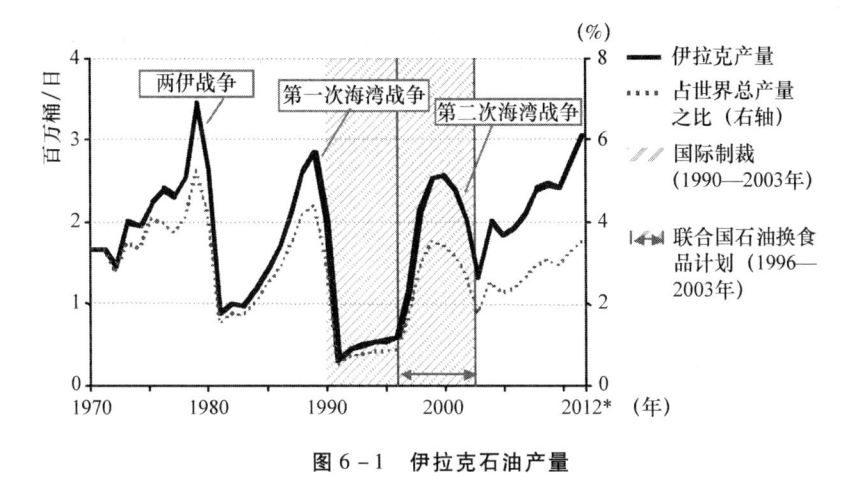

资料来源：IEA，*World Energy Outlook 2012*。

1980年以来，伊拉克石油生产多次受到战争影响，在每个十年中，产量总是一路攀升至峰值，然后骤然下降。（见图6-1）由于两伊战争、海湾战争以及国际社会对伊拉克实施全面制裁，其石油设施遭到严重破坏，基础设施也基本陷于瘫痪。2009年伊拉克石油水平已恢复到1.20亿吨/年，仍低于其历史高峰产量1979年的1.71亿吨。根据伊拉克石油部的观点，通过对外招标，勘探开发现有的油气田，该国石油产量可在5—6年内达到3亿吨，2017年后石油产量可提高到6亿吨。如果基础设施都到位，产量达到5亿吨是可能的，但是难以确定达到这一目标的具体年份。伊拉克的专家（Terry Shafig）建议伊拉克政府要分步骤实现上述目标，经过一个阶段的增长措施之后，要看油藏的反应，逐步推进。国际石油公司从目前的出口设施看，对2017年实现6亿吨表示怀疑，预计届时石油产量最多能达到3亿吨。

伊拉克70%的天然气属于石油伴生气，主要产于北部基尔库克油田和南部鲁迈拉油田。伊拉克有9个集气站，日处理天然气0.42亿立方米。天然气通过管道输送至位于祖拜尔和巴士拉的液化处理站经液化供出口。北部油区通过油管在黎巴嫩、叙利亚与土耳其的地中海港口输出原油，南部油田通过油管至沙特阿拉伯的红海岸延布油港输出原油（见图6-2）。

上篇　主要国家油气战略研究

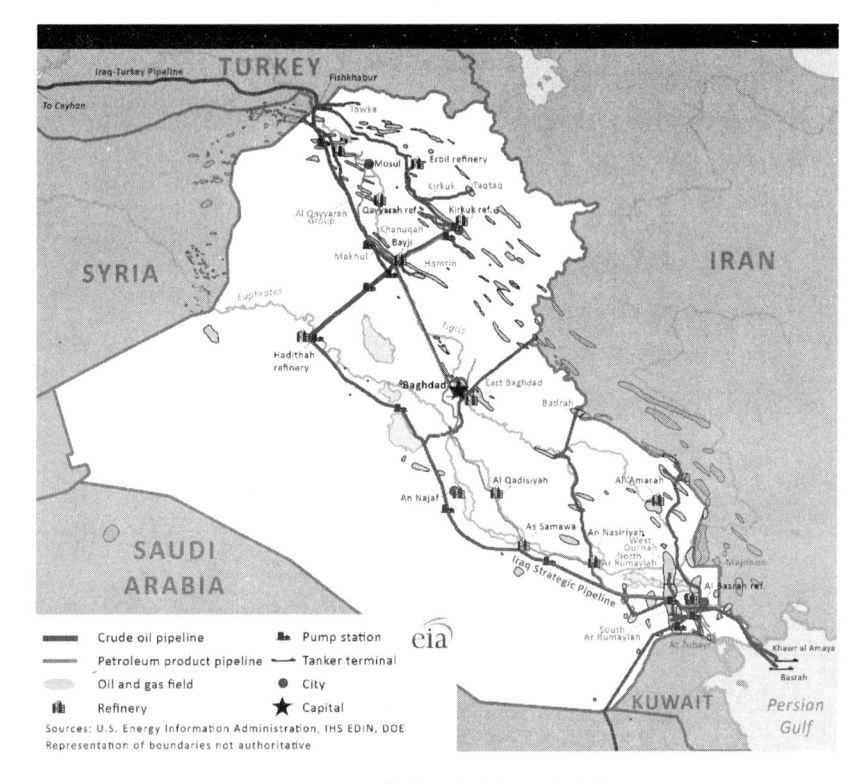

图6-2　伊拉克油气资源开发现状

资料来源：美国能源信息署（EIA）。

根据欧佩克的统计数据，2015年伊拉克共有炼厂13座，设计炼化产能90万桶/日，其中，多数炼厂炼化能力在3万桶/日。2014年6月，位于北部的伊拉克的最大炼厂Baiji遭到伊斯兰国袭击，目前已经关闭。

目前伊拉克国内电力供应不足，发电装机规模名义为2000万千瓦，实际可用的装机仅有一半左右。只有22.4%的人口用电依赖于公共电网，但是平均供电只有7.9个小时，其中，巴格达最少，平均每天5个小时。其余人口需要寻求其他途径，如自备发电机，社区和家庭的自备发电每天可供应6.4个小时和4个小时。目前伊拉克需要从土耳其等国进口电力。

2. 油气供需与出口

伊拉克的能源供需实际上是油气供需，而油气供需实际上又是油气产量与出口的关系。国内石油消费大体维持在 6700 万吨，石油产量大部分用于出口。

战后石油工业逐步走上正轨，石油产量及出口量稳步增长。2011 年，伊拉克原油日产量 280 万桶，日出口量 217 万桶，2012 年伊拉克原油日产量约 310 万桶，日出口量 240 万桶。2013 年伊拉克原油日产量和日出口量与 2012 年持平。2014 年原油产量进一步增长至日均 328.5 万桶。出口方面，2014 年 12 月伊拉克中央政府与库尔德地区政府签订暂时性和解协议，恢复了北部原油出口通道，当月全国出口就到达 294 万桶/日。2015 年原油产量达到 403 万桶/日，为历史最高水平，全年出口 10.97 亿桶，日均 300 万桶。亚太是伊拉克的主要出口方向，根据欧佩克公布的数据，2015 年伊拉克出口石油 300.49 万桶/日，其中亚太为 187.62 万桶/日，占比 62%；欧洲为 84.48 万桶/日，占比 28%，此外还有部分石油出口至北美和拉美。

伊拉克的天然气的产量较低，2015 年为 10 亿立方米。由于没有管道和其他设备来运输储存，只能烧掉。2016 年 3 月，伊拉克出口首批天然气凝析油，预计 2020 年后可能有 200 亿立方米的出口能力（见表 6-2）。

表 6-2　　　　　　　　　伊拉克油气产量

（单位：百万吨油当量，亿立方米，%）

	1995 年	2005 年	2014 年	2015 年	2015 年同比增长率	2015 年世界占比
石油产量	26.0	89.9	160.3	197.0	22.9	4.5
天然气产量	32	15	9	10	13.5	—

数据来源：《BP 世界能源统计年鉴》，2016 年 6 月。

3. 油气产业体制和地位

目前，伊拉克的石油法律体系基本沿用了萨达姆时期颁布的对外合作模式和合同模式。油气资产归伊拉克全体人民所有，中央政府和产油区地方政府对现有油田所开采的石油和天然气进行共同管理。虽然在 2003 年后美国和平研究所和贝克研究所等有关智库为伊拉克设计了国际通行的产量分成合同制度。但是伊拉克当选政府具有强烈的民族意识和主权传统，坚决把握本国石油政策制定的决定权，体现伊拉克作为主权国家的统一利益（北部的库尔德地区根据自身的自治地位出台了产量分成合同制度，但是并不被伊拉克政府所接受）。

目前，该国石油行业体制相对集中在伊拉克政府手中。石油部对本国石油产业实行较为集中和直接的管理，石油部下属伊拉克南方石油公司、北方石油公司、内地石油公司、米桑石油公司等国家石油公司。虽然成立单一的国家石油公司制度曾经受到一些专家和资深政治家的支持，但是难以被国内各种势力接受，始终没能出台。石油部与下属国有石油公司的定位与分工并不十分清晰，导致石油部把大量的精力放在油田的管理和运作上，而不是放在能源基础设施建设上（管道、电厂、炼厂和港口等）。

2008年后伊拉克通过多轮对外招标，吸收国际石油公司参与国内重大油气项目开发。一批国际石油巨头、大的独立石油公司和一批国家石油公司参与了多轮招标，获得了伊拉克国内一批对外合作的重大项目，其中包括英国石油公司与中石油联手投标、联合中标和经营的巨型油田以及参与西库尔纳油气田的开发。外国公司的参与是伊拉克吸收国际资本的重要手段。

在研究伊拉克油气体制时，需要注意到库尔德自治区的独立性。库尔德地区是中东地区的石油老区，邻近具有争议的北部石油重镇基尔库克，发现于1927年，具有多年历史的老油田。但是，这一地区的油气资源潜力依然巨大，预计石油储量在250亿桶以上，仍具有大幅提高石油产量的资源潜力，2012年达到5000万吨。在当今国际陆上油气资源版图上，像库尔德地区这样的陆上在产并具有上升潜力的油气区较少。而且，库尔德自治区相对稳定，投资环境（对外合作政策、合同模式和社会环境）有利。多年来，这一地区一直吸引着美国和欧洲的独立石油公司的注意力，但是投资活动受到伊拉克联邦政府的制约。

4. 在地区和国际能源治理中的地位与作用

伊拉克是欧佩克和海合会成员，巴格达是欧佩克的诞生地，历史作用和影响突出。但是，由于现阶段伊拉克国内政治秩序比较混乱，限制了伊拉克在地区组织舞台上的作用。但是伊拉克作为产油大国和出口大国，2020—2035 年具有 5 亿—6 亿吨/年的出口能力，将对世界市场特别是亚洲市场具有重大的影响。同时，伊拉克还是国际油气勘探开发和工程技术服务的巨大市场，对于国际油气产业具有重要的投资价值和合作潜力。

5. 伊拉克能源展望

2012 年国际能源署（IEA）对伊拉克能源产业开展了专题研究。根据研究，2020 年伊拉克的石油产量在核心情景下可超过 600 万桶/日，2035 年增至 830 万桶/日（见图 6-3）。在高情景中，2020 年石油产量超过 900 万桶/日，并在 2035 年达到 1050 万桶/日。但是，为了实现这些目标，伊拉克需要在诸多领域取得快速、协调的发展，确保钻机的及时供应，维持油田压力的水资源供应充足，以及足够的储存、运输和出口能力。

在核心情景下，2035 年伊拉克天然气产量将增至近 900 亿立方米（见图 6-4），在高预期情景下，受新增天然气加工能力的支持，可达到近 1150 亿立方米。同时，IEA 预计非伴生气产量也将增长，特别是在伊拉克北部。

IEA 认为，就伊拉克国内情景看，上述产量增长的主要制约因素均在水资源供应和系列配套基础设施，在未来数十年内，不存在储量制约和生产成本的制约，因为伊拉克的油气作业成本均在 2 美元左右。但是，这些产量增长短期内仅靠伊拉克本国的实力是不可实现的。因此，必须进行对外开放与大规模的国际投资与合作。而这一国际合作又取决于该国消除投资障碍的速度、长期开采油气计划的清晰度、国际市场环境和伊拉克国内稳定政治局势与开发人力资源的成功度。

在能源结构中，天然气将从边缘资源上升为重要资源和供应。2035 年的天然气需求量将超过 700 亿立方米，成为发电的主要燃料，替代石油并为出口释放出更多的石油资源。化石能源仍将主导伊拉克能源结构，水电和可再生能源的作用较小。

到 2020 年，伊拉克总装机容量将几乎是现在的四倍（4000 万千瓦以上），到 2035 年超过 8000 万千瓦。随着时间的推移，伊拉克将从以石油发电为主转为以天然气发电为主，主要使用燃气涡轮（gas turbine）或者更高效的联合循环燃气涡轮（CCGTs）。如果不能实现这一转变，2035年伊拉克国内石油需求量将高出约120万桶/日，出口收入损失累计高达5200亿美元。

根据IEA的研究，2020年前，在强劲经济增长拉动下，伊国内能源需求将迅速增长。在核心情景下，到2035年伊拉克的能源需求将比2010年高出四倍多，从目前比科威特稍高的水平（4000万吨油当量左右）增至意大利的需求水平（1.48亿吨油当量）。

到2020年，伊拉克终端能源消费量至少翻番，2035年的消费量将几乎为目前的四倍。伊拉克目前的乘用车数量约为300万台，今后将增长五倍，2020年石油需求量将达到170万桶/日，2035年达到200万桶/日。曾经被抑制的住房及家电消费需求将推动居民能源消费增长，而能源密集型行业（例如水泥、化肥和化工行业）将吸收越来越多的投资。

在能力投资方面，IEA预计，2012年至2035年伊拉克石油和天然气累计投资近4000亿美元（平均每年167亿美元）；在高预期情形中，累计投资将增至5800亿美元（平均每年242亿美元），大大超过2011年70亿美元的投资规模。如果投资维持在2011年的水平上，伊拉克石油生产增长的速度将缓慢得多，到2020年和2035年产量仅能分别达到400万桶/日和530万桶/日。

第二节　能源战略

一　国家战略

1. 国家发展目标

2013年9月伊拉克计划部发布了2013—2017年国家发展计划，对伊拉克宏观经济、社会发展以及重点产业做出如下规划：（1）通过重点产业投资和推动经济多元化，实现国内生产总值年增长率达到13.31%（含石油生产）或国内生产总值7.5%（不含石油生产）；（2）加大公共行业投资（329万亿第纳尔），激发私人投资（88万亿第纳尔），在提高效率和竞争力的基础上，建立公共行业与私人行业的经济合作关系，确保现有经济转向市场经济；（3）将贫困人口比例下降至13%，创造就业机会，将2017年失业率下降到6%，建设新的住房以满足目前住房需求的50%；（4）加强电力系统的建设，2017年的发电能力目标是达到2500万千瓦（高于2017年的发电需求500万千瓦），完成尚未完工的电站建设，修复现存电站，关闭效率低下的电站；（5）建设安全稳定的经济社会环境和自然环境，继续鼓励外国石油公司投资国内的油气产业的上下游业务；（6）建立先进、高效、安全的交通运输网络，确保各类运输方式的均衡发展，计划将铁路总长度由目前的2000公里提升到10000公里，并配备时速200—250公里/小时的电气列车，同时加强伊拉克在本地区交通运输中的枢纽作用。

2. 国家战略对油气产业的要求

根据伊拉克的能源产业对于经济的重大意义，伊拉克的国家战略必须依托于能源战略。因为石油出口收入占伊拉克政府收入的95%，GDP中的70%依赖于能源产业，而能源产业的80%以上是油气产业（西亚国家的平均油气占比为50%），目前主要是石油产业。按照上述伊拉克的国家发展目标和方向，伊拉克必然对国内石油和天然气产业发展提出明确的要求。

按照上述规划，伊拉克认为，为支撑国内经济恢复和发展，需要将原油产量由2012年的320万桶/日提高到2017年的950万桶/日；将石油出口量由2012年的260万桶/日提升到2017年的600万桶/日；将原油储备能力由目前的1098.7万桶提升到2017年的3035.7万桶；将炼油能力由2012年的60万桶/日提升到2017年的95万桶/日。然而这些目标由于国内管道设施落后、出口港口和配套设施建设的滞后，一直难以实现。外国公司对于油田勘探开发的投资也十分谨慎。2020年石油产量能否达到600万桶/日或更高水平，存在疑问。

二 油气战略

1. 2008年以来油气发展态势与政策

伊拉克石油的稳产增产不存在资源制约。2008年至2010年伊拉克石油产量维持在 240 万桶/日左右，2011 年增长到了 280.1 万桶/日，2014 年石油产量达到 328.5 万桶/日，同比增长 4.6%，是海湾地区石油产量增长最突出的国家，但是，这一水平不仅大大低于原定的 450 万桶/日的目标，而且也低于 2013 年的目标 370 万桶/日；2015 年石油产量达到 403.1 万桶/日，激增 22.7%。由于国内石油消费的增长，出口增长略慢于产量增长。在低油价下，增产和增加出口是伊拉克最现实的战略与政策。过去由于战争和制裁使伊拉克错失了高油价下开发石油和发展国民经济的黄金时期，现在伊拉克必然继续保持加大石油生产和出口的态势（见表 6-3）。

表 6-3　　　　2008 年以来的伊拉克石油产量和出口量　　（单位：千桶/日）

年份	2008	2009	2010	2011	2012	2013	2014	2015
产量	2428	2452	2490	2801	3116	3141	3285	4031
出口量	1855	1906	1890	2166	2423	2390	2516	3005

数据来源：《BP 世界能源统计年鉴》，2016 年 6 月；OPEC, *Annual Statistical Bulletin 2016*；OPEC, *Annual Statistical Bulletin 2012*。

2. 执行情况与存在问题

我们认为，今后伊拉克依然保持稳定增产和出口的态势。今后提高石油产量的直接障碍是水、电等基础设施；同时，国内管理体制问题日益突出，为此必须理顺石油部的职责，放松对油田的过多干预，有序地加大对油气基础设施的投资引导，创造条件吸引国际资本投资基础设施，创造强大的石油出口能力和国内的配套能力。不断完善法律法规的保障，消除投资者的潜在担忧。

三　影响因素分析

1. 政局、政权和政策的影响

影响今后伊拉克能源战略的主要因素依然离不开法律约束程度、政府有效管理和社会治安秩序。近年来，基地组织和 ISIS 组织等极端势力对伊拉克的武装干扰，使得今后伊拉克的油气战略难以有效实施。目前的伊拉克政府依然是一个较弱的政府。这些因素依然是人们预测未来时的最大担忧。

2. 制度建设的影响

根据 IEA 的研究，为实现其能源政策目标，影响未来伊拉克能源发展的制度因素主要在于：（1）改善管理机制和提高人力资源效率；（2）完善决策协调与合作；（3）拥有一个强大而明晰的法律和监管体系；（4）为私人与金融部门参与创造更好的条件；（5）对于未来政策方向取得更加广泛的共识。这些政策建议都是良好的治理建设。如果成功实施以上政策措施，未来伊拉克能源行业乃至整个国民经济前景将大为改观，并可能使其成为本地区和全球能源体系的发动机。但是，这些制度建设将受到伊拉克国内多种因素的制约。政府内部政治势力争斗不断，影响了对重大项目的审计和审批。同时，石油部过多干预石油企业的经营，使得对油田勘探干预过多、过细，影响了企业经营的积极性。

3. 外部市场和国际关系

当前影响伊拉克油气战略的因素还在于外部市场竞争和复杂的国际关系。目前较弱的政府需要重建与周边国家和世界大国及利益相关者的合作关系。我们相信，这些关系将得到逐步的改善。

需注意的是，伊拉克的油田为陆上常规油田，构造简单且规模大，作业成本低，在低油价的背景下，其油气资源就变得更加有诱惑力。

四　未来走向

1. 2020 年战略与政策走向

根据伊拉克 2017 年的国家发展计划、石油部的规划和国际能源署的报告，经过四轮国际招标后，伊拉克获得了必要的国际投资，主要油田均处于恢复和增产的过程中，今后的最大战略任务或政策重点是加大对基础设施建设的投资，同时不断改进国内的投资合作环境，在此前提下，确保油气产量和出口量的持续发展。

从 IEA 的研究报告看，2020 年前是快速发展的重要时期。这一研究报告实际上已经为伊拉克的战略规划奠定了基础。因此，今后五年是对伊拉克政府治理能力的最大考验，也是国际合作最重要的时期。这一发展趋势是否会受到目前国内治安环境的影响，也是各方最大的担忧。

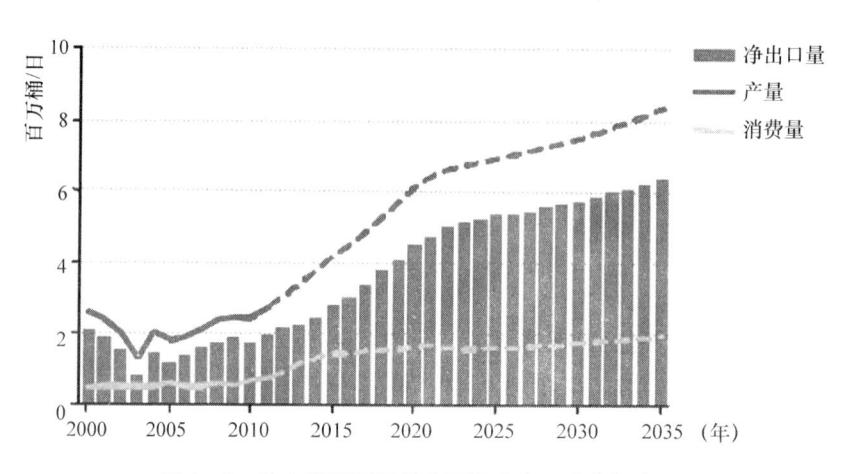

图6-3 核心情景下伊拉克石油生产、消费与出口

资料来源：IEA，*World Energy Outlook* 2012。

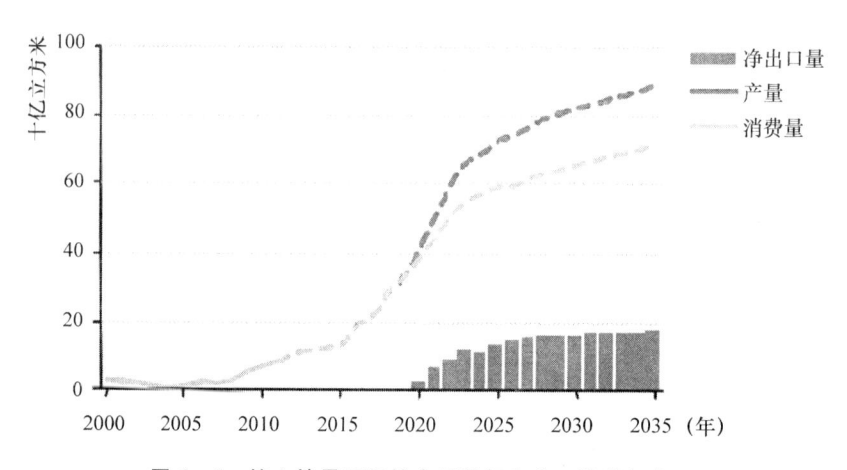

图6-4 核心情景下伊拉克天然气生产、消费与出口

资料来源：IEA，*World Energy Outlook* 2012。

根据 IEA 的研究，到 2035 年伊拉克将向全球石油市场增加供应 560 万桶/日（见图 6-3），这一贡献大于其他任何石油生产国。届时伊拉克将成为仅次于沙特阿拉伯的全球第二大石油出口国，也是面向亚洲快速增长市场的一个关键供应国。伊拉克将在 2020 年前后开始出口天然气，2035年出口量接近200亿立方米（见图6-4），一方面通过管道向邻国和欧洲市场出口天然气，另一方面在南部以液化天然气形态向亚洲市场出口天然气。

2. 地区和国际影响

目前，伊拉克在周边国家、在阿拉伯国家之间的贸易投资比较活跃。但是除了石油与天然气以外，规模不大，影响有限。为此，我们预计，伊拉克将加大以下国际合作，扩大国际影响。

一是在石油领域扩大与中国、印度等亚洲国家之间的石油贸易合作，对沙特和伊朗的现有市场发起挑战。这种卖方之间的竞争十分有利于石油消费国的利益。二是积极呼应与欧洲的合作，将伊拉克的天然气资源与欧洲市场连接。为此需要与土耳其的跨安塔托尼亚管道方案积极协商，也积极寻求南部液化天然气的出口市场。三是继续开放国内市场，吸引国际资本投资于伊拉克国内的公共设施、基础设施和民生工程。在确保安全的前提下，这些领域对于中国等国家具有极大的吸引力。我们预计，今后伊拉克会围绕这三个领域扩大地区与国际交流、对话与合作。

第三节 能源合作

一 对外合作

1. 贸易与投资概况

2014年伊拉克的出口贸易额944亿美元，进口额623亿美元，贸易总额1567亿美元。主要的进口贸易伙伴是土耳其、中国、叙利亚、美国、韩国等；主要的出口贸易伙伴是印度、中国、美国、韩国、希腊等。目前伊拉克的进口货物主要是基本食品、药品和工业制成品；出口货物主要是原油（占出口额的84%）、椰枣和化肥。

伊拉克与周边国家签署了32个双边协定和9个多边协定。与11个国家奠定了双边自由贸易区协议，与美国签署了一项贸易与投资框架协议。

根据2016年联合国贸发会议发布的《世界投资报告》，2015年吸收外资流量34.7亿美元，2015年年底吸收外资存量为266.3亿美元，主要集中在石油、电力和基础设施领域。虽然2006年通过第一部《国家投资法》，但是外部认为该国的投资环境极差。根据世界银行发布的《2016年营商环境报告》，在189个国家中，2015年伊拉克排名第161位。

2. 石油开发对外合作过程

伊拉克油气发展取决于持续性的对外招标和出口设施建设。2008年以来伊拉克已经先后举办了多轮对外油气招标。

第一轮招标始于2008年1月7日，萨达姆政权被推翻后。此轮招标包括了鲁迈拉、西库尔纳、朱巴、米桑、基尔库克和巴哈桑共六个油田以及阿巴斯和曼苏里亚两个气田。在2008年上半年对所有参与第一轮招标的外国石油公司进行资格预审后，确定了石油巨头、国家石油公司和其他大石油公司组成的35家正式参加招标资格的公司后，伊拉克石油部于2008年6月30日正式招标。但是，整整过了一年之后，即2009年6月30日才正式开标，包括壳牌、埃克森、英国石油公司和中国石油集团在内的31家外国石油公司对8个油田进行了投标。结果是，石油部只授予一个许可证，即储量具有170亿桶的鲁迈拉油田，由英国石油公司和中国石油集团联合中标。英国石油公司和中国石油集团投标的服务价格为3.99美元/桶，结果伊拉克石油部仅接受2美元/桶，高峰产量为285万桶/日（1.50亿吨/年）。5亿美元的签字费在2011年后分五年回收，最低的工作量为3亿美元。

2009年下半年举办的第二轮对外招标的15个油田都是长期发现而未开发的油田，完全不同于第一轮招标的油田。国际石油公司普遍看好第二轮招标。在第一轮招标中，由于伊石油部顾问GCA公司的建议，主要针对具有经营大油田经验的国际大公司开放。大批小一些的国际石油公司被置于一边。根据伊石油部其他咨询公司的推荐，第二轮招标降低门槛，允许第二梯队的国际石油公司参与招标。从第二轮招标的结果看，在10个待开发的招标油田中，有三个油田无投标者；另三个油田由单一公司投标，即无竞争者；其余四个油田由多个公司投标，竞争激烈，其中包括马吉努、西库尔纳2油田、哈法亚和格雷夫。较为明显的赢家包括壳牌公司、鲁克公司、中国石油和马来西亚国家石油公司。

2010年10月20日伊拉克举办了第三轮针对天然气的招标。这轮招标区块是位于伊拉克西部安巴尔省的阿卡斯气田、东部迪亚拉省内的曼苏里耶气田以及南部巴士拉省内的锡巴气田。伊石油部数据显示，这三座气田已探明天然气储量共为3180亿立方米。伊石油部时任部长沙赫里斯塔尼说，伊拉克举行天然气田招标的目的是满足伊拉克计划建造一批新发电厂对天然气的需求以及向全世界出口天然气。

从这些招标看，国际石油财团和国际石油资本的投入已经有力地推动了伊拉克油气工业的重建步伐。各大国际石油公司在伊拉克石油法出台之前为重返和新进伊拉克油气领域进行了激烈的竞争。经过前三轮对外招标，一批国际石油公司和国家石油公司得以获得一批储量较大的勘探开发项目。

第三轮招标的成果意味着在此后六年内，伊拉克的天然气生产量将每天增加2290万立方米，足够每天生产3万千瓦时的电力。而当时伊拉克的天然气日产量仅为150万立方米，而且全是伴生气，其中50%被燃烧掉。

2012年5月30—31日伊拉克举行了第四轮招标，伊拉克石油部拿出12个油气区块，39家石油公司参与竞标，仅有三个区块招标成功。中标的三个区块分别为：第八区块，由巴基斯坦石油公司获得，桶油报酬为5.38美元；第九区块，由科威特能源、土耳其TPAO和阿联酋龙油公司组成联合体获得，桶油报酬为6.24美元；第十区块，由俄罗斯卢克石油公司和日本Inpex组成的联合体获得，桶油报酬为5.99美元。

此次招标拿出来的油气区块多数位于伊拉克偏远的中西部，安全形势堪忧。同时，与前三轮招标不同的是，12个油气区块全部是勘探区块，风险高。再加上此轮沿用西方石油公司都不热衷的服务合同（中标者仅能获得桶油报酬，而非产品分成），无法立即产生现金流。这些原因都限制了国际石油公司的兴趣。伊拉克石油部人士表示，即使招标未能吸引国际石油公司兴趣，伊拉克也不会更改石油合同条款，而是会自己寻求开发这些油气田。

在第四轮招标结束后，伊拉克石油部部长曾表示，2013年将举办第五轮招标，届时可能拿出 10 个天然气区块供投标，并改进合同条款，但是至今尚未落地。

3. 对四轮招标的评价

首先，从前四轮对外招标看，伊拉克对所有的招标均进行了周密的规划。虽然积极听取了国际公司的意见，但是始终按照石油部的意图推进。第一轮招标是起步，第二轮招标定针对现有大油田进行的大规模招标，取得较大的成功，为实现伊拉克的油气发展目标，奠定了资金和技术基础。第三轮招标针对天然气的招标意图明确，但是并不成功。而第四轮招标是失败的。虽然试图吸引国际公司投资中西部偏远的勘探项目，但是脱离了伊拉克当前安全局势的实际。第五轮招标计划继续针对天然气开展招标，但是没有有利的投资环境和合同条款的支持，也难以吸引国际公司的兴趣。

其次，工程技术服务市场如影随形。当前主要国际石油公司在伊拉克石油产业中投入了大量资本，为石油服务公司描画了大量业务需求和利润的蓝图。一些公司已经开始提供油田服务，其中既有像威德福国际公司（Weatherford International）这样的大公司，也有区域性和地方性的小企业。在 30 年的战争和投资匮乏之后，伊拉克急需发展其已经荒废的基础设施。主要的国际公司如柏克德公司（Bechtel）、斯伦贝谢公司（Schlumberger）、哈里伯顿公司（Halliburton）以及贝克休斯公司（Baker Hughes）已经开始进入伊拉克油田服务市场。

与可能面临政治反对的国际石油公司不同，服务公司可以从主要国际石油公司那里获得分包合同，而不需要与官员进行谈判。伊拉克希望在 2017 年以前将其产能扩大四倍，增加到 1000 万桶/日以上。这为石油服务产业提供了前所未有的发展机遇。而在削减支出政策的影响下，主要市场如北美市场正在面临萎缩的困境。石油服务企业面临的政治风险远远低于国际石油公司。根据已经公布的估计数据，伊拉克油田服务市场从 2010 年的 13 亿美元增加到 2014 年的 80 亿美元。目前，西方技术服务公司是伊拉克市场的大赢家，中国的技术服务公司缺乏十分明确的差异化战略。

最后，相关基础设施投资需求加大。伊拉克最为迫切的基础设施是供水、污水处理、发电设备进口和工程建设以及维护、通信、油气储备设施建设、出口管道和港口能力扩建等。

4. 对外合作法规和政策评价

我们看到，伊拉克对外国投资制定了较为优惠的政策。如伊方合作伙伴的投资份额大于50%，合作项目的免税期限可以延长至15年（但是缺乏实际操作细节）。在石油等重点领域，政策更为优惠。比如BP、Shell、雪佛龙和道达尔等石油公司如果成功中标，将可获得相关项目的75%的权益，而非49%。伊拉克还降低了最初要求这些公司在获得报酬前必须完成的生产指标。同时，还具有系列地区鼓励政策，包括按照自由贸易区管理局第3/1998令规定，允许通过工业、商业和服务项目投资自由贸易区，可以享受资本、利润和投资收益免除一切税费。

目前，由于内部派别和地方利益冲突、争议，伊拉克始终没有出台能源法，因此难以对国际投资合作提供法律保障，也没有系统的对外合作政策支持，缺乏有利的合同条款。许多条款是伊拉克的一厢情愿，也脱离了伊拉克当前的现实。

二 与中国的合作

1. 中国与伊拉克贸易、投资的现状和前景

自1958年8月25日中国同伊拉克建交以来，两国关系发展顺利。1981年5月，中国与伊拉克签订贸易协议，成立贸易经济技术合作联委会。1990年海湾危机爆发后，中国根据联合国有关决议中止了与伊的经贸、军事往来。1996年，中国根据安理会石油换食品计划与伊拉克进行了一些经贸交往。2003年受海湾战争影响，双边贸易大幅下滑，之后逐步回升。2014年双边贸易额为285.04亿美元，同比增长14.6%。其中，中国出口77.44亿美元（汽车、家用电器、工程机械、石油设备、电力设备、通信设备、家用产品以及纺织服装等），进口207.61亿美元（主要是石油），2014年我国从伊拉克进口原油2858万吨。

2014年中国对伊拉克的直接投资量8286万美元。截至2014年年底中国对伊拉克的直接投资存量3.76亿美元。主要投资公司是中石油、

中海油、上海电气、苏州中材、中建材、葛洲坝、中电工、华为和中兴等。

2. 油气领域的合作

石油领域，自2008年伊拉克对外开放境内石油资源，中石油启动了伊拉克战后第一个对外石油合作项目艾哈代布项目。以此为起点，之后通过伊拉克第一、第二轮国际招标，以及股权收购，中石油在鲁迈拉、哈法亚、西古尔纳等项目先后中标，发挥中国石油公司的旗舰作用。中石化和中海油也取得了一定的收获（见表6-4）。

表6-4　　　　　　中国油气企业在伊拉克的项目投资

油田	参与者比例	作业者	合同类型
Ahdab 艾哈代布	中石油37.5%；振华石油37.5%；Midland Oil 25%	联合作业体	服务费，3—6美元/桶
Rumaila 鲁迈拉	BP 47.63%；中石油46.37%；SOMO 6%	联合作业体	服务费，2美元/桶
Halfya 哈法亚	中石油45%；Petronas 22.5%；Total 22.5%；South Oil Company 10%	中石油	服务费，1.4美元/桶
West Qurna 西古尔纳	Exxon Mobil 32.7%；中石油32.7%；Shell 20%；PETRAMINA 10%；Oil Exploration Company 4.6%	Exxon Mobil	服务费，1.9美元/桶
Taq Taq 塔克塔克	Genel 44%；中石化36%；库尔德政府20%	联合作业体	产量分成
Misan Group 米桑油田群	中石油63.75%；伊拉克钻井公司25%；TPAO 11.25%	中海油	服务费，2.3美元/桶

伊拉克已成为中石油海外第一个年作业产量超过5000万吨的合作区以及最大的工程技术服务市场。为了进一步提高产量，必须解决外输管道等基础设施建设。2014年8月，由中国石油、中国海油共同投资，中国石油管道局承建的米桑原油外输管线，开创了资源整合、优化投资、多方受益的合作模式，修建了年设计输油能力5000万吨的米桑石油长输战略管线，即经由米桑、巴士拉，入法奥港，连接波斯湾，使伊拉克南部石油出口能力实现跨越式提升，快速促进了米桑省及伊拉克经

济发展。2016年1月，中国石油管道局与伊拉克国家石油工程公司签署战略合作协议，扩展双方在设计、采办、施工及特种技术服务等方面的合作。

3. 对不确定性和潜在风险的判断

目前对于外国公司来说，伊拉克的投资合作存在较大的不确定性，政府各主要派别领导人政治斗争激烈，在社会治安、合同条款、石油管理等方面均存在极大风险。此外，该国必要的法律法规严重缺失，石油部行政命令强，法律约束差，基础设施发展严重滞后，形成发展的巨大瓶颈。当然，各国和各大公司对于潜在风险的判断是不同的。我们认为，伊拉克的社会治安环境总体趋稳，尤其在南部地区，因此制约因素在于基础设施。中方公司参与米桑外输管道建设是正确的决策。今后还需要加大工程技术服务和公共设施的投资，特别是在产能合作领域。为此，两国政府之间还需要加大合作，签署人员往来、经济合作和能源一体化合作协议和投资保护协议来消除潜在的投资经营风险。

三 未来方向

1. 未来合作方向

中国与伊拉克未来的合作方向在于：（1）继续推进石油贸易和投资合作，推进一体化开发，包括加大对伊拉克石油的进口规模，扩大在中国的市场份额，同时参加对伊拉克油气加工炼制领域的投资。（2）在技术服务方面，根据中国的优势和特点，加大中国重大设备的出口和技术服务，扩大对油气工程的总包，可以考虑在伊拉克直接设立钻井设备制造企业和必要的培训基地。（3）引导国内企业参与伊拉克的电厂特别是天然气发电项目建设，参与供水和污水处理设施建设以及房屋建设。（4）根据国内产能特点和优势，与伊拉克开展更加广泛的工业产能合作，重点在水泥、钢铁、平板玻璃、工程机械等领域合作，帮助伊拉克提高生产能力和相应的技术培训，还应该参与机场、港口、通信等基础设施建设，助力伊拉克的经济重建。（5）为了建立更加均衡的能源结构，中国有能力帮助伊拉克适度发展可再生能源。（6）加强农业经验技术交流，扩大农产品贸易规模，扩大民生产品合作。民生产品是中国的强项,正是伊拉克的急需,易于起步、易于见效益,体现合作成果。

上述全面的经济贸易合作、产能合作、能力建设和经验分享将为两国带来全新的发展契机。

2. 中长期能源合作的建议

伊拉克是当今备受制裁和战争破坏的国家,也是石油资源十分丰富,恢复、提升生产和出口能力极强的国家。中国进入伊拉克具有良好的正面效应,有标杆重点项目。今后这个国家与中国的合作是多方面的,包括油气,但不限于油气,能源领域的整体合作是未来的扩展方向;同时,基础设施、公共设施和民生工程是未来合作的重点领域。

我们建议,中国应通过全面合作,在西亚地区打造伊拉克为全面合作的战略支点国,但是今后必须夯实互信互惠的基础。

第七章

六国油气战略判断及合作策略

第一节 六国国情和油气战略判断

一 俄罗斯

俄罗斯地跨欧亚大陆，具有广袤的大陆腹地，地大物博，是能源资源大国、生产大国和出口大国。俄罗斯能源体系十分完整，资源、科技和人才等实力雄厚。油气是其主体能源，也是出口收入和财政收入的主要来源，国民经济对于油气产业和油气经济具有较明显的依赖。作为最大的非欧佩克国家，俄罗斯油气政策对欧亚地区和全球能源市场具有重大的影响。因此，能源是俄罗斯的战略优势和根本利益所在，处于国家战略的核心地位。

俄罗斯是十分重视能源战略规划的国家。从叶利钦时期就开始强调和加大对能源战略的研究和制定。俄罗斯的能源战略十分突出整体性、综合性、系统性、配套性和可操作性，并且定期更新。战略规划均具有一贯的原则，即实现国家利益最大化，保障能源安全，以俄罗斯为中心，不断开拓周边地区市场，促进出口市场的多元化；同时也强调科技进步和节能潜力，通过结构调整和科技进步，建立创新经济和创新产业。

当前俄罗斯能源战略的核心思想、核心利益和最新构想均体现在目前正在审议中的《2035年能源战略》上。这个战略规划是对《2030年能源战略》规划的五年更新，起步于2013年，但是经历了2014年和2015年全球能源市场的巨大变化，特别是低油价和西方对俄不断加大的制裁。

值得注意的战略要点是：（1）重点是确保加快创新发展和结构调整。能源产业结构转型促进固定资产更新，提高行业科技含量；推进市场竞争；推出高端加工产品、更高品质和生态清洁的能源产品。（2）大力推进进口替代，提高国产设备、商品和服务在经营主体采购中的比例（2020年为60%，2035年为85%）。（3）继续提高投资吸引力和投资效率，提高生产和需求能源效率，降低GDP能耗，降低对环境的负面影响。（4）提出大力发展新能源资源。为此明确了结构变化、能效目标、环保目标、新能源目标、人才目标和出口结构的系列目标。从2035年能源战略两个阶段（2020年前或延长到2022年前，2021年到2035年）看，2020—2022年是实现俄罗斯战略目标的关键时期。

这一战略规划是全面和完整的，但是联系到其国内的能源利用效率、基础设施和能源消费导向，此战略规划能否真正推动内部结构调整、确立创新体系，其效果有待进一步观察。同时，这样的战略规划能否应对今后的全球能源形势和能源转型，也值得研究。目前俄罗斯外部市场的需求明显减少，新的市场难以培育和开辟。面对外部的制裁环境，俄罗斯虽然在地区和全球市场上具有一定的影响力，但是对外政策的方针能否有效降低俄罗斯公司在对外经济活动中的风险和提高经营效率，能否切实优化能源出口市场，推动多元化与多样化，取决于俄罗斯如何认知自身和全球趋势，平衡自身利益与外部利益的关系。从俄罗斯的能源决策关系上看，取决于普京的能源战略智慧。欧洲、中国、美国和欧佩克是其必须认真思考的重要因素。

二 哈萨克斯坦

哈萨克斯坦是中亚地区最大的内陆国。虽然从位置、人口、民族和现有交通等方面看，乌兹别克斯坦处于中亚的中心地位，但是从面积、资源和经济发展实力看，哈萨克斯坦无疑是中亚地区实力最强的国家。但是，该国人口相对有限，140多个民族，1700多万人口，其中人数最多的是哈萨克民族和俄罗斯民族，受极端势力的影响较弱，相对易于管理。

自独立以来，哈萨克斯坦坚持资源立国的基本国策、多元化的经济发展方针和对外开放、合作的基本策略，其基本战略和政策均依托于当时的全球背景和环境。在2008年之前，该国经历了"黄金十年"的发展，取得了明显的效果。目前，该国的财政收入和经济发展主要依赖资源开发，依赖油气出口，而且能源结构主要依赖于煤炭（63%）消费。近几年来，该国政局和政权稳定，纳扎尔巴耶夫分别提出2030年、2050年的发展目标，提出了全面务实的经济主义、新的人才战略、联通内外的基础设施计划和未来能源规划，这些都具有强大的指导性、号召力和战略雄心。在2050年的战略中，依然期待大量出口能源资源，占领国际能源市场，发展本国经济。同时，也对未来新能源的发展指明了方向。

从资源潜力看，哈萨克斯坦的煤炭、石油、天然气、铀资源和其他可再生能源相对丰富。目前主要开发利用地下丰富的化石能源，陆上的油气开发相对成熟，产量趋于下降，未来的潜力在于哈属里海海域。为此，该国分别制订了能源、石油、天然气等中长期发展战略，即对外开放、推行相对稳定和有利的合作政策，加速开发本国的油气资源，提升出口能力。同时，为了夯实本国的能源产业，推进经济的多元性。

哈萨克斯坦油气发展战略的重点是：在稳定推进油气产业发展的基础上，不断发展石化产业，提高石油深加工能力，不断推进国内能源结构优化，增强国内能源供应能力；提高出口能力和产品的附加值，实现油气出口多元化，避免依赖单一产品出口和原料出口；大力发展天然气工业，稳步推进里海油气开发。

2014年以来，哈萨克斯坦的经济发展战略思路、既有政策和发展战略受到了低油价、全球气候变化和俄罗斯等周边新地缘政治的极大挑战。目前实施的2050年战略出台于2013年，面临着调整的空间和可能。从2014—2015年该国的能源供需形势看，该国发展战略必须做出更加务实的调整。

面对当今全球能源发展态势和低油价的态势，哈萨克斯坦的诸多战略构想和政策可能面临新的挑战。从中亚和欧亚地区新的地缘政治格局看，考虑到全球气候变化和新能源时代的发展需求，我们认为，今后该国的油气政策将有所调整，油气增产速度减慢，开发步伐放缓。新能源（可再生能源和核能）可能成为其发展新方向，能源转型和经济转型也越来越成为该国的发展方向。

三 土库曼斯坦

土库曼斯坦是一个人口小国，面积近50万平方公里，600多万人口，是中亚内陆相对封闭的国家，经济发展程度落后，百姓生活淳朴、安逸。自1991年独立以来，土库曼斯坦利用本国丰富的天然气资源优势，增加产量和出口水平，不断提升本国的经济发展水平。同时，在国家层面推进经济改革、经济多元化、市场化和私有化的进程，取得了较好的效果和良好的国际影响。这一资源立国和出口导向战略十分清晰，也取得了良好的效果。

自土库曼斯坦独立后，尼亚佐夫第一任总统，处于本国独特的地缘政治地位，提出了中立国政策，并于1995年12月12日得到了联合国的正式确认。这一中立国地位便于土库曼斯坦灵活处理周边事务，避免陷入地区冲突，降低地区地缘政治冲突的不利影响和处理成本。同时也不妨碍该国为了发展经济、提升国家地位，在地区和国际层面积极发声，主动推动国际合作。特别是在油气战略上，为了推动本国天然气的出口，增强本国在地区天然气贸易地位和作用，该国一直主动强调与国际能源宪章等机构合作，积极推进过境运输基础设施建设、制度安排和地区能源安全合作。该国还在62届联大上主动发起倡导过境运输安全；主动参加和配合能源宪章，推进区域能源安全对话和协定研讨；甚至还利用本国的中立国地位，参与和推动地区稳定与和谈。在这一方面，该国具有清晰的地区合作和油气领域的全球合作战略思路。

土库曼斯坦是世界第四大天然气资源国，天然气资源潜力和出口潜力巨大，但在苏联时期未得到充分勘探和开发。俄罗斯和中国专家曾对该国的上千亿立方米和亿吨级油气供应的资源保障一直持有保留态度。但是，复兴气田开发和资源评估（20万亿立方米以上）改变了外界对该国油气潜力的看法。从全球的能源转型趋势看，该国的天然气战略具有较大的吸引力和发挥空间。

土库曼斯坦国家战略的核心就在于油气资源战略或天然气战略。天然气是土库曼斯坦国家资源战略的王牌，对于经济发展和国家地位的提升具有重大作用，同时该国在天然气方面也具有维持大规模出口的潜力。

该国资源开发利用战略思路和基本方式是：吸引国际资本、技术服务和设备，开放本国资源，主要是提高天然气产量；不断推进多元化市场战略，以多元市场推动规模化的天然气出口。该国也意识到了亚洲天然气供需格局的潜在变化和目前低油价的冲击，因此对外政策更加积极、主动。

土库曼斯坦天然气资源与中国、印度和欧洲市场具有十分紧密的关联。其天然气出口战略布局是：留住俄罗斯传统市场（100亿—300亿立方米，但是近年来出口量不断减少）；占领中国大市场（550亿立方米能力，争取更大的市场规模；实际上，中国市场的开辟和增长，真正改变了该国对俄罗斯市场的传统依赖，改变了本国的被动地位，迈向了多元化的目标）；通过TAPI通道开辟印度市场（1735公里，330亿立方米，越来越受到重视和推进）和跨里海管道开辟欧洲市场（300亿立方米）。

我们认为，在确立中国的天然气市场后，目前和今后该国的重点是加快推动天然气开发，开辟"中国以外"的多元出口通道。因此，如何推进印度市场和欧洲市场两个新市场，是该国当前和今后几年的战略重点。随着阿富汗局势的稳定，阿—巴—印通道和印度市场目前更加受到土库曼斯坦政府的重视，该国境内部分已于2015年12月动工建设。对于欧洲来说，土库曼斯坦的天然气是欧洲多元化进口的一方面，尽管欧洲已经有专门机构（W-Stream）给予推动，但是欧洲市场不如印度和巴基斯坦市场更现实和迫切。

值得注意的是，土库曼斯坦也在积极推进能源产品多元化开发。比如液化天然气设施建设和市场开发，并且向周边国家推广；又如推动天然气化工，增加天然气合成油生产，增加高附加值产品的生产和在中亚、中东地区的推销。

四 沙特阿拉伯

沙特阿拉伯是一个西亚沙漠大国，地处阿拉伯半岛和西亚地区，是影响世界石油资源生产和出口的大国。正是由于这一独特的优势和地位，使沙特成为影响世界经济与政治的重要因素之一；同时，沙特在西亚地区具有宗教和阿拉伯文化的巨大影响力，在海合会和阿拉伯世界具有"老大"的地位和影响力。与科威特、阿联酋、卡塔尔和巴林之间具有紧密的合作关系，与伊朗对抗。

沙特清醒认知自身的巨大优势和劣势，因此该国利用石油收入加速本国经济建设，走经济多元化的道路，争取成为具有国际影响力和经济活力的国家。该国现阶段的重点在于要继续利用石油的优势，因此，其不惜余力与美国展开石油开采成本和生存能力的拼争，同时逐步推进非石油部门的发展。

目前沙特的能源战略主要是油气战略，包括国内的油气一体化开发战略、出口战略、对欧佩克的影响力以及对外合作的政策。目前的低油价对于沙特来说是一把双刃剑。在这场石油博弈中如何把握石油供应尺度，考验着沙特的智慧和经验。根据我们的观察和目前的实际效果，沙特阿美石油公司不仅将调整与石油部的关系，而且还会确立其作为商业公司的地位，减少公共投资的社会责任，并向国际化、资本化的公司发展。因此，沙特国内的基础设施建设、工业区、开发区和经济城等建设计划将更加开放，将加大吸收国内外的资本参与国内建设的力度。

在国际石油市场上，沙特将利用本国的低成本优势，测试美国的页岩油的前景、潜力。但是，在新石油秩序中，沙特并不会死拼，而是试图寻找新的供应尺度和出口政策的温度。在其国内，随着人口增长，国内需求上升，沙特需要考虑控制国内石油需求，推动天然气供需的有序发展。

另外，沙特也将积极发展非油气业务。核电和太阳能将是未来的发展方向和电能结构优化的主要方向。在这些领域，沙特缺乏技术、人才和能力储备。在未来的能源转型中（目前沙特的专家仍不认可能源转型，而强调能源结构的优化或多元化），必然将面临重大选择：是继续维持资源为王的战略，还是技术驱动？是出口导向，还是市场占有率和一体化服务？是维持目前的对外开放政策，还是开放国内资源开发？如何参与国际资本市场？如何推进非油气部门的发展？这些都是目前沙特智囊和决策层不得不考虑的问题。

五 伊朗

伊朗是西亚文明古国，具有厚重的文化底蕴和悠久的波斯文化与历史，具有独立的民族性格、宗教信仰、政治信仰与制度。因而，伊朗人的独立性格、信仰和内部制度不会因外部因素而改变。伊朗与阿拉伯国家具有历史上的复杂关系，既难以调和，也会继续博弈、妥协和共同生存下去，毕竟邻居不可选择。

长期以来，伊朗的经济社会发展高度依赖石油和天然气。由于外部制裁，伊朗的石油和天然气产业发展十分曲折而艰难。尽管伊朗的国家战略不限于国内资源战略、能源战略或油气战略，油气产业的缓慢发展和停滞大大限制了伊朗经济的发展和国力提升。

2015年7月伊朗与六国达成核协议，2016年1月西方国家开始解除对伊朗的制裁，使今后的伊朗进入新的发展阶段。如果伊朗把握机遇，因势利导，不激化国内外既有矛盾、引发新矛盾，未来伊朗的经济发展将快速跟上全球发展步伐。由于目前存在诸多不确定性，如果处理不当，不排除伊朗再次回归过去的制裁局面，后果难以想象。这正是2013年鲁哈尼当选总统后，主动做出对外和谐发展的举措的原因，并已经取得良好的效果和进展。

根据伊朗独特的政教一体的特性，伊朗制定油气战略的基本原则与其"尊严、智慧和利益"三大原则一致。1979年伊朗革命后，与美国的关系恶化，随后的两伊战争和20多年的外部制裁，使得伊朗的发展被孤立和限制，经济社会发展落后。经过20多年特别是近十多年的反复博弈，伊朗现任总统表现出了勇气和智慧，加快了与外部世界的积极合作。这一战略和政策调整的动力主要是内因，即伊朗长期稳定和可持续发展的需要。与六国达成核协议后，伊朗表现出积极回归世界的姿态，将加快开展国际投资和合作。预计今后伊朗的对外合作战略和政策将持续,并将根据新的国内外形势,做出有利于向更多、更深和更广方向发展的合作和调整。

六 伊拉克

伊拉克是西亚文明古国,具有厚重的两河文明基础和表征。但是,近现代伊拉克的突出地位和作用,在于石油以及由此而带来的政治经济特征的重大变化,主要包括两伊战争、西方制裁和海湾战争,特别是海湾战争彻底改变了这个国家的政体、政治经济地位和地区影响。而这一切又与其西亚地位、石油作用和周边关系紧密关联。

伊拉克油气资源十分丰富,是世界石油生产大国和出口大国。两伊战争前,曾达年产1.7亿吨。然而由于过去三十年的地区冲突、西方制裁和战争,该国石油产量受到破坏,起伏巨大。伊拉克战争后,该国进入了战后恢复和重建阶段,面临巨大的社会政治经济问题,这些都是目前该国制定发展战略和能源战略的基本背景。

伊拉克战争后,伊拉克以其特有的民族主义意识,没有遵循美国为其设定的政治制度和经济制度,特别是石油法规与政策。伊拉克根据本国利益的发展诉求,制订了2013—2017年的国家发展计划。一方面尽快恢复国内能源生产,将国内石油产量稳定在300万桶/日;另一方面以能源特别是油气产业为核心产业,精心规划和推出四轮对外招标,取得了十分良好的效果。截至第二轮招标,伊拉克与国际公司签署的协议产能几乎是目前300万桶/日生产水平的五倍,可使该国在这个十年内大幅提升石油生产能力。之后的招标均在天然气开发、国内新油田开发等领域积极吸引国际资本投资,期望到2020年前将石油产量提高到900多万桶/日,那将与全球石油工业史上最持续高速增长的纪录持平。但是,随后人们很快发现,这些生产潜力均难以得到及时和有效的发挥。

2012年国际能源署(IEA)对伊拉克的能源产业进行了专题分析。根据IEA的核心情景分析,到2020年伊拉克石油产量可翻番到610万桶/日,2035年将达到830万桶/日,最大增长来自南部巴士拉附近的巨型油田聚集区。如果该国能化解中央和地方在油气行业治理方面的矛盾，达成某种解决方案，将为伊拉克北部地区大幅提高石油生产带来希望。伊拉克计划到2035年实现石油出口累计收入近5万亿美元，每年平均为2000亿美元，这为改变伊拉克未来的命运提供了良机。要达到上述石油生产和出口水平，需要在整个能源供应链上取得快速协调的应有发展，且在适当的时机必须有足够的钻机供应。从波斯湾向南部陆上油田供水800万桶/日的早期项目投资，对于支撑石油生产、减少淡水稀缺的潜在压力极为重要。此外，还需要具有足够的石油储备能力和运输能力，以适应石油生产扩张的需求，减小过度依赖南部海运通道的风险。在高预期情形中（即预期2020年石油产量达到920万桶/日），对基础设施建设和投资的需求更高。

天然气可在伊拉克的未来发展中发挥更大的作用，并可减少石油在该国能源结构中的主导地位。目前伊拉克的大部分伴生气被放空燃烧，因此，收集和处理伴生气尤为关键。但是，仅靠伴生气不足以满足该国的未来需求，到2035年天然气成为电力生产的主要燃料，需求量超过700亿立方米。伊拉克的天然气供需平衡和余量出口潜力取决于开发非伴生气资源的激励因素。在IEA核心情景中，2020年前后出现天然气出口，到2035年前出口量可接近200亿立方米。现实的资源和市场潜力为伊拉克进一步扩大出口提供了条件，使其可以向邻国、欧洲市场、通过LNG向亚洲提供极具成本竞争力的天然气。

目前伊拉克电厂发电水平已经超过以往，但长时间的电力中断在该国许多地区每天发生，预计伊拉克仍需70%的电力供应净增长以完全满足国内的电力需求。根据IEA预测，到2035年，伊拉克需要安装70吉瓦的发电能力，并从过去主要依靠石油发电转移到更加依赖于高效的天然气发电。如果不能实现这一转变，那么伊拉克将损失约5200亿美元的石油出口收入，2035年的国内石油消费将增加100万桶/日以上。此外，该国的可再生能源利用水平仍低于发展潜力。

目前和今后制约伊拉克油气生产和出口的产业制约条件：一是国内管道等运输基础设施缺乏、滞后和限制；二是缺乏必要储备设施；三是缺乏更大能力的出口港口支撑；四是缺乏电力支撑；五是缺乏供应、污水处理等公共设施的支持。同时，社会制约因素主要缺乏必要的法规、高效的政府管理制度，缺乏国有经济与私人经济之间的配合。为实现其能源政策目标，伊拉克需要在以下几个方面取得实质性进展：改善、提高机制和人力资源效率；完善决策协调与合作；拥有一个强大而明晰的法律和监管体系；为私人与金融部门参与创造更好的条件；对于未来政策方向取得更加广泛的共识。如果取得成功，未来伊拉克能源行业乃至整个国民经济前景将大为改观，并可能使其成为本地区和全球能源体系的发动机。

第二节 六国能源战略规律性的特征和区别

一 能源战略思想制定及文献的特点

从六国能源战略规划及文献本身看，俄罗斯是大国，具有庞大的能源产业体系，具有突出的优势。因此，其能源战略规划相当完整、系统和配套，文本很厚实，且有团队专门跟踪研究，政府组织定期滚动更新。

哈萨克斯坦由于纳扎尔巴耶夫具有宏伟的战略眼光和战略思维，也具有类似的能源战略思维和特点，能源、石油、天然气（液化天然气）和海上油气开发均有独立、清晰的中长期发展战略规划和文献。

土库曼斯坦是一个土地和人口小国，虽然也有明确的国家发展战略和油气发展的中长期规划，但是由于特殊的国情和地缘政治特征，战略内容相对单一，侧重和依赖于天然气产业，开辟更多的出口通道是其战略的核心。

在西亚地区，沙特、伊朗和伊拉克对油气具有较大的依赖，三国能源战略的共同特点是侧重油气战略，有短期的零碎的发展目标，缺乏长期的系统的战略规划。从中长期来看，沙特和伊朗在一定程度上强调了发展非油气产业的战略意义，但是缺乏相应的战略部署和措施。伊拉克对油气的依赖程度增加，目前正处于重建和局部的冲突之中，中长期战略重点仍在石油开发，天然气是目前的短板和未来的方向，但发展目标却较为模糊。

二　油气战略重点、特点和发展趋势

1. 战略主线和出口导向

从六国的能源战略内容看，立足本国的能源资源，不断提升油气产量和供应量，确保出口规模和市场份额几乎是以上几个国家能源战略的内核。资源—产量—出口是这些国家能源战略的主线，需要不断推动出口产品的多元化和市场多元化。因此，重出口市场、保国际市场份额是战略重点和效益所在。这是六国能源战略的共性。

这些战略思想在资源为王的时代，在油气紧缺、高油价的情形下是合理的、正确的。目前的主要变化是，面对当前低油价和国际油气需求结构性的变化，这些国家的战略重点和措施受到一定程度的打击。为了生存，它们可能会形成一定程度的联盟，正如2016年3月20日至4月1日期间，俄罗斯加紧与沙特等产油国的接触，协商政策，将油价提升到合理价位。相对而言，节能、提效和科技进步尚未纳入这些国家能源战略的主线。

2. 能源产业不完整

虽然六国都是油气资源生产和出口大国，国民经济对油气的依赖性强，但是它们的能源产业体系并不完整。

俄罗斯虽具有上下游主业、服务业、辅助产业以及科研教育体系，但其液化天然气、深海油气开发、配套工程技术服务都是短板。除了核能外，其可再生能源相对不发达。

哈萨克斯坦和土库曼斯坦都缺乏开发大型油气田的技术和经验，下游加工利用和石油化工相对落后。

沙特的强势在油气勘探开发方面以及下游加工和化工领域。伊朗和伊拉克均由于制裁、战争的打击，使得油气产业体系不完整，设备技术落后，人才流失严重。

能源产业体系的不完整使俄罗斯、伊朗和伊拉克在多个关键领域受制于西方。俄罗斯在2014年后的制裁中感受强烈，因此提出了结构转型和进口替代的转型思路。而其他国家均无力短期内改变能源产业体系不完整的问题。

3. 对能源转型的认识和实践

不论能源体系是否完整，这些国家的能源战略都涵盖了能源一体化开发利用、基础设施建设和环境生态的递进式的内容。但是，到 2035 年前，这些国家依然严重依赖于化石能源，甚至是单一能源，比如沙特和伊拉克经济对于石油的高度依赖，土库曼斯坦对于天然气的依赖。虽然它们都强调了能源品种的多样化和能源结构的合理化，但是一般都未认识到能源转型的过程和趋势，造成新能源的比例很低（即使在俄罗斯），或思路不清（如沙特）。从伊朗和伊拉克、哈萨克斯坦和土库曼斯坦的能源发展方向和措施看，以上国家对新能源的投资远远不足。

4. 优势转移

这些国家的能源产业优势均体现在资源、产量和出口上。在当前全球经济衰退和需求萎缩的形势下，伊拉克的产量有所增加，俄罗斯的产量不变。但是，出口量或出口收益均普遍下降，这些国家依然摆脱不了"资源诅咒"。

同时，这些国家的资源和成本虽然具有优势，但是在基础设施和技术方面不具有优势，因而在节能、效率和创新等方面表现较差。技术创新投资和开发不足是制约这些国家未来发展的关键。俄罗斯对此有深刻的认识，而其他国家均依托于引进外国技术，从长远看，难免成为外部市场的附庸。

5. 国际影响力和话语权

这些国家曾是各国和各大跨国公司投资的重点、合作的重点，也是竞争的重点。因此，这些国家的任何对外招标都曾引发国际关注。因此，它们的对外合作政策对国际投资贸易具有重大影响。六国在地区和国际上均具有影响力和话语权。

目前，土库曼斯坦在积极利用联合国、国际能源宪章等国际能源组织，积极推动跨区域管道运输的合作。其他五国也都具有自己的舞台和通道。这些影响力还会继续延续到 2020 年甚至更长时间。但是如果缺乏能源转型、优势转移和结构性调整，六国的影响力将呈减弱态势。

三 六国油气战略的总体评价

当今世界经济正处于一个特殊的经济周期,既具有第四次产业革命前夕的科技进步特征,又面临着经济转型和新能源时代的冲击。结合这一背景,上述六国的诸多能源战略面临前所未有的巨大挑战。我们看到俄罗斯在其能源战略上做出了反应,比如提出转变经济发展模式、合理和优化能源结构、针对西方制裁提出进口替代、针对低油价提出依靠科技进步、促进节能和效率措施、提高采收率等措施。但是,这些措施落地难、进程慢。

沙特阿拉伯也看到了未来面临的巨大挑战。但是,其依然确信石油时代,确信沙特的保供地位和成本的长期竞争优势。为此,沙特正在与美国角力非常规油气资源开发。同时,到2032年的21吉瓦的核能计划迟迟难以推进,50吉瓦的可再生能源发展进程被推迟八年(至2040年实现)。

其余四个国家的油气战略思维大多停留在20世纪90年代和21世纪前五年的阶段,它们看不到世界经济结构的转变,看不到发展动力的转变,看不到新产业革命对于石油时代的冲击(即使是天然气也面临着新的结构性的消费市场的变化)。

根据我们的认识,在未来石油时代,国际石油市场需求趋于峰值,油价进入新的合理的区间;石油产业发展依靠"三化"(电气化、自动化和数字化),石油企业需要"三低一转"(低需求增长、低成本、低排放,从能源供应转向能源服务)。由此来分析六国的能源战略可以看出,它们的能源战略存在掉队落伍的威胁,继续推行现行的战略和政策可能蒙受巨大的损失。这一情况对于其他国家而言,或许不是能源合作的障碍,而是机遇所在。

第三节 中国与六国的能源合作策略与建议

中国对于自身所处的全球环境和国内形势有清晰的判断。目前的经济转型、能源革命和"一带一路"战略倡议均具有时代性。根据我们的分析,今后中国与上述六国能源合作的共同趋势是:基于油气资源,超越油气资源;重视基础设施和产能合作,重视民生工程的投资与广泛的经贸合作;重视培育"一带一路"所涉及地区支点国家和标杆性项目的培育。

但是,根据不同国家的不同国情和不同的能源战略,在做好战略对接的基础上,确立有区别的战略与策略,不断推进双边多边能源合作。

一 中俄能源合作方向和策略

中俄能源(油气)经历了七个阶段,形成了一定的规模和重大项目合作关系。中俄能源合作的突出特点是战略性、长远性,得到了国家首脑的直接支持,也具有配套的高层和产业合作机制。

1. 中俄对能源合作认知的差异

中俄能源合作基于共同的和互补的战略利益。同时,也存在明显的利益差距,这就解释了两国能源合作的阶段性和曲折性,特别是挫折。这些差异在于:(1)能源安全利益差异;(2)战略规划上的差异;(3)作为能源消费大国的中国和作为能源出口大国的俄罗斯对于能源价格一直持有不同的认识;(4)俄罗斯的"一对多"战略(一个资源国面对多个消费国的竞争)与中国的"一对多"战略(一个消费国面对多个资源国的竞争)的差异;(5)两国具有不同的战略认知、理解和经验;(6)两国能源合作与全球能源局势紧密关联。

2. 中俄能源合作的方向

(1)中俄油气合作应以贸易方式引进油气资源为主导,以管道运输为主要方式,以相互投资、合资为手段,强化俄罗斯资源与我国市场之间的紧密结合。以市场促进口是目前的战略思路。要根据形势的有利程度,加强与俄罗斯的谈判,确保达成有利条款。(2)适度参与油气管道沿线相关的油气开发。(3)根据中俄蒙能源互联互通和俄罗斯远东开发区的条件,配合俄罗斯发展战略和不同地区的需求,在俄罗斯建立油气综合利用的战略需求,参与俄罗斯油气炼制、加工处理、工程技术服务和研发合作机会。(4)推进中俄在煤炭资源开发、跨境电力输送和设备出口和相关工程技术服务方面的合作。(5)推进中俄在核能和可再生能源领域的合作。

3. 对俄合作新"十字经"

即"合、斗、让、容、竞、争、拖、度、借、灵"十个字。（详见第一章）

中俄油气合作已经在欧亚大陆乃至全球这个大棋盘上开展了一场开放式的大博弈，两国都在全球背景下寻找各自的最佳定位，我们应谨慎处理双边和多边的关系；中俄油气合作也是一场长远的战略合作，不同于一般的商业或工业合作。这一合作需要长至50年的长远规划和不同时期的中短期规划、计划，更需要双方以战略的眼光、综合的智慧以及理性分析，采取巧合作。

二 中哈能源合作策略

1. 巩固当前合作规模，适时开展多元化的合作

中方石油企业在哈应开展多元化的合作，稳定合作规模，增强抗风险能力。这主要是因为随着中哈管道、中亚天然气管道的投入运营，哈萨克斯坦日益成为我国石油供应多元化的重要陆路来源。随着哈萨克斯坦油气出口多元化战略实施及 CPC 管道扩建、BTC 管道运营以及未来的海上项目，陆上原油产量增长有限，可能导致输往中国的管道油源紧张。为此，我们应该巩固目前的合作规模，适时抓紧时机，一方面继续获得勘探、开发权益，为管道的平稳运营提供保证；另一方面也可以参与其他方向的油源出口权益。

目前，中国石油公司在哈的投资多半集中在石油开采领域，今后应开展多元化合作，进入该国油气的中下游领域，包括工程承包、材料、设备供应、炼制等领域，将我国公司打造成一个上下游一体化、具有较强抗风险能力的综合性油气公司。未来，中国石油公司应当通过对哈炼化产业的投资，帮助哈修建炼厂，一方面可以帮助哈完善石油工业产业链条，另一方面可以进入哈成品油销售领域。通过下游领域的合作，加深双方利益捆绑，促进中国在哈上游领域的投资与合作。采用灵活多样的方式参与哈国天然气工业发展和里海油气开发。主要目标重点是优势互补，利用中国的优势，推进产能合作，避免盲目扩张。

2. 加强与哈国家石油和天然气公司（KMG）的沟通合作

KMG动向也是哈萨克斯坦能源政策的方向标。中国公司应更加主动地加强与KMG的联系、合作，利用与KMG的关系和纽带，全方位开展对哈萨克斯坦的油气合作。同时，加强调研工作，密切关注能源政策变化，保持高度警觉性，同时在风险预测、控制、规避等措施上应具有前瞻性，降低风险。对于中国油气公司来说，要凭借中国石油公司陆上勘探开发以及老油气提高采收率的技术优势，扩大陆上项目合作，与KMG联手收购陆上中小油田资产；与有意发展陆上业务或在陆上项目竞争中处于劣势的国际公司合作。在海上项目上，中石油和中海油可与其他国际大油公司合作。

3. 国家层面要增强共识，做好合作战略对接

在国家层面，需要处理好以下问题：（1）正确处理消费国对资源国应尽的责任。针对公司社会风险的增大，石油公司也需要在项目的建设和运作阶段，以实际行动贯彻"公司公民"的责任。（2）统一对哈油气外交。（3）哈萨克斯坦是中国在中亚地区推进"一带"战略的支点国家，"一带一路"战略倡议与哈萨克斯坦的"光明道路"具有对接空间。这是当前和今后处理双边和多边关系的重要战略基础。在这一战略对接下，维持和稳步扩大中国在哈萨克斯坦现有的石油利益和发展构想。特别需要在这一战略对接下，推进双多边重大项目的合作的稳定发展；建立相关的安全保障机制，确保中国—中亚天然气管道运输项目的安全稳定运行。

三 中土能源合作前景

经过过去十余年的努力，特别是中国—中亚天然气管道的建成，夯实了中国与土库曼斯坦和其他中亚的国家的紧密合作关系。但是，这一天然气管道也受到单一运输、单一市场以及管道安保等问题的制约。为了全面开发两国的合作潜力，推进地区能源合作，中国对土库曼斯坦的战略需要全面、综合、长远、冷静的研究与规划。目前，中土天然气合作重在参与土库曼斯坦天然气资源的开发权、建设权，确保天然气的稳定供应，确保价格相对合理，保障我国的能源安全。

今后的中土天然气合作战略必须考虑如下因素：(1) 目前基于ABC管线的稳定供应和运营管理，需要完善技术标准、应急通道建设、多边应急响应机制等合作工作；(2) 需要考虑对ABC管线的综合利用，使其发挥更大的作用；同时中亚天然气管道公司也需要考虑自身经营模式和企业转型问题；(3) 今后，中亚天然气进口规模必须结合中国国内天然气需求和市场消纳能力来确定，即将国外进口与本国的市场需求结合，统筹规划资源、市场与基础设施的配套；(4) 在国家层面上，将我国的"陆上丝绸之路经济带"的战略构想与土库曼斯坦关于地区互联互通的铁路等交通枢纽与基础设施建设相结合，推进区域性的"五通"（政策沟通、道路联通、贸易畅通、货币流通、民心相通）；(5) 两国政府应引导跨产业、跨领域合作，综合协作发展，提升整体合作效果；(6) 利用目前土库曼斯坦急需在地区层面推动区域合作的愿望，中方应在上海合作组织和亚信非政府论坛等场合，加大建立地区能源合作安全保障体系建设的步伐。

建议将中国—中亚天然气管道项目列为"陆上丝绸之路经济带"战略构想下的示范工程，在地区能源合作上给予推广，逐步扩大这一多国合作项目的地区影响力和对地区能源一体化和经济发展一体化的带动作用。同时，确保建立该管道的安全保障机制和体系，安保机制包括年度安全演练，并由此不断考验、提升安保措施和机制。

四 中沙能源合作倡议和方向

中国与沙特之间石油贸易规模维持在5000万吨左右。目前双方在各自国家的炼油加工领域开展了交叉投资与合作，中国公司参与了沙特境内诸多领域的工程技术服务领域，为今后的发展奠定了扎实的基础。

今后的发展战略构想和方向：

一是在合作方向上，要从战略上建立大经贸合作的方向，即"基于石油，发展石油，超越石油"，建立基于石油、超越石油的战略合作伙伴，走向更加综合的能源、经济、贸易与金融服务性的综合合作。

二是在合作领域上，要继续在炼油化工和零售领域加强合作，同时扩大中国对沙特油气工程技术服务的合作程度。

三是在沙特东部、西部延布等地区探讨建立能源产业园区的合作。

四是积极介入沙特核电项目的前期能力培育计划，为今后参与和承担核电项目奠定基础。

五是积极探索在太阳能开发利用领域的全面合作。

目前，中沙两国政府部门、智库之间和人员之间的交流合作相对较少。规模性和经常性的商业层面的合作交流范围有限。在今后推进"一带一路"战略构想中，加大对沙特阿拉伯的深入调研和合作研究，加大战略规划和战略利益对接，增进了解，实现互认和互信是关键。

五 中国—伊朗能源合作前景

在联合国和西方解除对伊朗的制裁后，中国与伊朗的油气合作方向有三：

一是逐步启动现有的油气项目，重新评估现有的成本效益和政策支持。在此前提下，中方企业应积极参与工程技术服务项目，特别是勘探、开发、管道运输和炼油设施建设，参与现有油气设施的技术改造和设备更新项目。

二是除非伊朗有重大的政策调整和重大的合作项目机会，在从事油气资源性的勘探开发合作的同时，视伊朗天然气出口管道的建设动态，必要时参与伊朗出口管道的建设，把握由此带来的市场机遇；同时，视炼油销售市场条件与政策，积极参与炼油和销售领域的市场开发。预计伊朗国内油品需求（主要是交通领域的需求）将迅猛增长，重点推进批发零售方面的合作，特别是与大型交通工具机构（地面运输公司、轮船运输和大型航空公司）的油料供应合作。

三是在稳定原油进口贸易的同时，推进其他能源合作。不断扩大电力和基础设施的投资合作，推进工业和城市化进程中的产能合作，特别是新能源和新技术推动的新兴产业合作。

对于政府部门来说，中国需要继续保持与伊朗的长期石油贸易伙伴关系，并不断提升这一原油贸易关系到更加综合全面的能源合作关系，鼓励国内企业参与更多的基础设施投资合作，包括电力领域的合作。根据伊朗与欧洲的紧密合作进程，建议尽快跟进习近平主席2016年1月对伊朗的国事访问成果，加大对伊朗合作动态的跟踪研究和商务调查，研究西方国家公司和周边国家（特别是印度公司）等外部竞争者的动态；以"一带一路"战略对接为切入点，扩大中国与伊朗之间更加全面的产业合作。

六 中国—伊拉克能源合作前景与建议

在过去的30多年里，伊拉克曾是备受制裁和战争破坏的国家。另外，该国又是石油资源十分丰富，恢复和提升生产、出口能力极强的国家。中国石油企业在萨达姆时期进入伊拉克，一直具有良好的正面影响，使得中方项目不仅得到延续，而且通过招标不断扩大合作成果。

今后，中国与伊拉克的能源合作是多方面的，一是利用伊拉克石油增产的契机，扩大中伊石油贸易，重视拓展与伊拉克石化加工的项目；二是争取在伊拉克减少油田天然气燃除及天然气发电等项目上展开合作，在培育伊拉克国内天然气市场和天然气液化出口等方向提供工程和技术服务；三是向伊拉克介绍中国摆脱能源贫困的经验，参与火电厂、输配电网的项目。

下 篇

专题研究

专题一

伊朗重返国际油气市场的影响、前景及中伊合作对策

2015年7月14日，经过20个月的谈判，伊朗与美国、英国、法国、俄罗斯、中国和德国六国为十多年来时断时续的伊核问题谈判达成了全面协议（联合全面行动计划）。近半年来，有关伊朗的最新动向引发全球关注。2015年12月28—29日，伊朗德黑兰举办了国际油气大会，伊朗政府主动向外界传递2016年伊朗启动大规模国际合作的更多信息。伊朗重返国际油气市场将对目前低油价下的全球油气市场、世界经济和地缘政治带来新的冲击，也将对中国与伊朗的双边合作、"一带一路"战略构想的实施带来新影响，值得我们深入研究。

伊核协议达成确是当今国际关系上影响重大的里程碑性事件，实施这一协议将对2016年和之后的西亚地区和全球政治、经济和能源市场产生诸多影响，包括在国际政治上有利于伊朗改进与外部世界特别是西方国家的关系，有利于缓和西亚地区局势；在经济上有利于伊朗恢复几乎瘫痪的经济，改善对外合作关系；在能源领域，有利于伊朗增加油气生产和出口，同时也会对此后欧佩克产量配额再分配和出口市场再调整带来直接的冲击。

这个协议尚存在诸多问题，包括机制设计上的矛盾、应急机制的缺乏、自主权设置的不合理性等。这些问题可能对顺利实施这一协议蒙上阴影，可能对伊朗的对外关系、地区政治、经济势力角力产生不确定性。这一协议存在的不确定性和潜在投资风险依然如影随形。

（1）伊朗石油出口量估计：自2015年8月以来，伊朗通过动用其

过去的库存,已经向国际市场释放了50万桶/日(未出口到中国)。2016年第二季度有可能继续出口50万桶/日。伊朗希望逐步提升到110万桶/日,逐步达到其欧佩克出口份额(220万桶/日)。但是,这一目标既需要国内产量,又需要在欧佩克内部协商。

(2)伊朗石油增产和出口策略:由于受战争和轮番的外部制裁,伊朗经济被打残,石油产量自1979年之后快速下滑、长期维持在2亿吨左右。虽然石油增产仍具有资源潜力,但是由于油气勘探开发和生产技术、设备老化,资金严重短缺,增产回天无力。2015年12月28—29日伊朗提出了52个项目和1800亿美元的资金需求。对于伊朗在多长时间内、具备什么条件、能否形成110万桶/日的出口能力,外界缺乏信息和信心,难以做出准确评估。此外,伊朗在欧佩克的出口配额(220万桶/日)由伊拉克等其他成员国占有,重新恢复其原来的出口配额在欧佩克内部将有一个博弈过程。

(3)伊朗石油出口对西亚、欧佩克和国际油价的冲击。今后伊朗大幅增加石油出口有两种可能性:一是欧佩克考虑伊朗增产诉求,将该组织产量上限从3170万桶/日增加3270万桶/日;二是欧佩克不增产,也不归还其原配额,伊朗可能不顾欧佩克,自行增加其产量和出口量。无论哪种情况,伊朗增加出口势将大大增加市场供应,对目前的低油价构成更大的下行压力。如果伊朗在配额外增加出口,根据伊朗石油部部长赞内加的意图,很可能以低价战略,夺回其失去的市场。那样当前欧佩克内控将倒塌,国际石油市场将混乱,油价或将走向20美元或更低,这是所有产油国都不愿看到的。

(4)对伊投资前景:国际石油公司对伊朗的新局势将有一个适应和调整的过程。当前国际石油公司对伊朗均处于严密跟踪、观察和研究阶段。但是,重返国际油气市场要看伊朗的投资环境,包括对外合作政策、国内合作环境,特别是新的石油合同模式。这个新合同模式一直在内部修改,也与西方的律师讨论过多次。西方公司认为新的合同条款有较大改进,接近产量分成合同(PSC),增加了外界对伊投资的信心。但是,在最终版本出台之前,国际石油公司难以在短期内启动大规模对伊投资。

(5)对中国的影响:中国支持达成的伊核协议。与其他国家一样,中方也需慎重重估和定位伊朗的投资环境和项目效益,尤其是在"一带一路"战略构想下推动两国和多边合作,确定中方的对伊合作政策,企业也需要确定竞争战略。我们认为,伊朗的出口势不可当,中方应给予接应,尤其是增加石油进口用于国内库存(包括国家储备和商业库存)。同时,在石油贸易之外,应加大与伊朗的产能合作。

一 伊核协议的内容及评价

(一)伊朗油气领域制裁的相关情况

自20世纪90年代以来,伊朗因坚持发展本国核技术遭到西方国家的经济制裁。对伊制裁涉及油气领域的内容主要有三方面:一是对伊朗油气投资有限制;二是对伊朗进行原油禁运;三是对伊朗进行金融封锁,这三方面制裁导致国外投资大幅减少,只有中石油和中石化在伊朗从事油气投资,伊朗原油和天然气出口规模大减,无法收回原油出口收入。

制裁解除后,国际社会对伊朗油气制裁的解除将分为三个阶段,首先是解除金融封锁,允许国际资本进入伊朗进行与油气相关的金融活动;其次是恢复运输伊朗原油货轮的保险与再保险;最后是美国和欧盟分别解除对伊朗油气领域的相关制裁。

(二)协议内容

根据现有调研资料,伊核协议的主要内容如下。

(1)武器禁运:针对伊朗常规武器贸易的限制延续5年,对伊朗弹道导弹研发的限制延续8年。

(2)浓缩铀:伊朗将提炼浓缩铀的能力减少2/3,关闭近一万台离心机,停止在Fordow地下碉堡的铀浓缩工作。伊朗将通过稀释或是对外输出的方式将低浓度浓缩铀储备减少96%,至300公斤。

(3)反应堆:伊朗的阿拉克重水反应堆的核心部分将被移除以削减钚元素的产量。

(4)核安全检查:当联合国检查人员认为出现和存在未申报的核

活动时，伊朗须允许检查人员前往包括军事设施在内的基地核查。但是，这不意味着检查员可前往任何地点，伊朗可就联合国提出的请求进行协商。按照协议，伊朗将与六国组成仲裁委员会，由委员会做出决定。检查人员均来自与伊朗有外交关系的国家。

（5）纠纷仲裁：此后若有指控称伊朗并未履行协议内容，联合委员会将在30天内尽力解决纠纷；若失败，将交付联合国安全理事会，在65天内，通过投票决定是否将继续解除制裁。

在达成该协议后，国际原子能机构（IAEA）总干事天野之弥（Yukiya Amano）表示，IAEA与伊朗政府签署了一份"线路图"，"来澄清从过去到现在悬而未决的有关伊朗核项目的问题"。根据协议，一旦国际原子能机构证实伊朗已采取措施缩减核计划，伊朗同意国际社会对其核项目的长期监控，美国、欧盟和联合国将逐步解除对伊朗实施的国际制裁。

（三）对该协议的初步评价

各方达成这一协议，对伊朗、地区和国际社会都是一个重大进步。实施这一协议将对当今世界发展产生较大影响，包括在政治上可缓和海湾地区的局势；在经济上，有利于伊朗内部经济的恢复，对外合作环境的改善；在能源领域有利于伊朗油气出口的增长，并且将对世界投资、贸易与各类经济合作产生重大影响。

这一协议是各方妥协的产物，在机制设计方面存在很大问题。

首先，协调机制不足。今后的核查过程中，如何选择核查人员以及地点。以及如何界定设施的军事成分，均有待界定的问题。一旦沟通协调出现问题，就有可能重现过去两次武器核查过程中的争端（即一方面，IAEA要求彻底核查；另一方面，伊朗方面拒绝就某些项目配合检查），使得协议难以执行。目前来看，沟通、协调机制不足的原因在于缺乏互信、缺乏良好沟通协调。这一状况可能为未来埋下隐患。

其次，应急机制不足。协议的应急机制主要是新设立的六国—伊朗委员会。但是，该委员会可能无法应对产生的矛盾。而协议文本中规定，一旦发现伊朗有违背协议的行为，且这一争端没有在30天内由六国委员会解决，则交由联合国安理会表决是否进行制裁，这一时间期限为35天。这一应急机制时间长，且由联合国安理会来决定，很可能又会出现美国与其他国家（如俄罗斯、中国等）对立的情况，相互说服比较困难。

最后，协议内容仍不彻底，对美伊的自主权设置不合理。协议中关键部分表述模糊。例如在协议中，对于美国国会、欧洲相关机构对于解除制裁的具体行动方案没有明确承诺。在协议中，一方面规定一旦伊朗配合了 IAEA 的检查，美欧即终止制裁；另一方面又提到，美国的制裁仅仅是暂停实施，最终的正式废止仍然在协议八年有效期之后。

而且在协议文本中，美国应当暂停、撤销的制裁措施（主要涉及伊朗的核计划）详细记录在协议附录二中，这些措施包括：禁止参与伊朗油气生产、销售的行政命令；根据国会授权的可由总统解除的制裁。但是，协议文本还给其他一些制裁预留了空间，诸如与伊朗人权问题、支持恐怖主义问题相关的制裁措施。

在给美国预留了不少制裁空间的同时，伊朗在核查问题上也获得了不小的自主权，伊朗有权拒绝任何核查其敏感设施的行为，有权阻止任何其认为侵犯主权的核查活动。伊朗可能通过这一权利掩盖其军事设施。协议中彼此获得较大自主权的情况，使得双方一旦发生冲突将更加难以调和。

（四）协议签订时的各方反应

美国与伊朗作为谈判中最重要的两方，两国立法机关需在60天内对这一协议投票表决，两国国内都有一定的反对声音。美国国会依然弥漫着对伊朗极度不信任的情绪，而且共和党控制的国会也希望继续保持其对美国外交政策的控制。美国政府态度强硬并持续向国会施压，奥巴马此前已经威胁动用否决权，2015年8月5日奥巴马总统更是宣称："如果协议遭到否决，中东面临战争风险大增"，再度向国会施压。如果国会和奥巴马不能达成一致，奥巴马可以单方面取消或减轻由行政命令施行的制裁，包括金融制裁以及美国通过外交手段劝说包括中国在内的其他国家对减少购买伊朗石油的制裁；通过美国律法对伊朗实行的制裁，通常来说也可以由总统临时停止或宣布放弃。9月11日，共和党控制的国会众议院当天以162票赞成、269票反对的表决结果否决了一份旨在"批准伊核协议"的决议案，但是在此后的参议院投票中，针对"批准伊核问题协议"议案，该议案以58票支持和42票反对获得通过，而参议院也否决了此前由众议院通过的禁止总统单方面解除制裁的议案。在参众两院投票过程中，虽经波折，但是协议总算象征性地平安落地。但是，2016年12月，美国国会重新选举，新一届众议院、参议院先后通过延长《对伊制裁法案》，并且在参议院投票中是以99票赞成，0票反对以绝对优势通过。这无疑将对伊朗核协议造成重大打击。

在伊朗方面，虽然伊朗议会无权否决协议，但是负责协议审查和批准的是伊朗最高国家安全委员会。该机构只对伊朗最高领袖哈梅内伊负责、遵从哈梅内伊的指示。目前，虽然哈梅内伊没有明确表态，但是诸多来自伊朗伊斯兰教、革命卫队等强硬势力的反对声音仍然很大，使得协议是否可以完全通过增加了一些变数。值得注意的是，9月21日，伊朗总统鲁哈尼在达成协议后首次就协议接受采访，他表示期待伊朗议会和最高国家安全会议通过该协议，并希望伊朗革命卫队尊重这一协议。出于恢复国内经济的需求，伊朗国内各方不会对当前的发展态势加以阻扰。

其他参与和谈的五国则并未表示明确反对。中国、俄罗斯表态支持这一协议，国内对于这一问题的看法也比较一致。而英、法两国则缺乏直接利益联系，对这一问题表现平淡。而德国则对于这一协议表示欢迎。在制裁启动之前，德国是伊朗最主要的贸易伙伴，德国渴望夺回这种地位，重新向伊朗出口其工业设备。

二 伊朗重返国际油气市场的影响

（一）伊朗重返国际油气市场对其国内的影响

1. 油气生产与贸易

作为石油输出国组织成员，伊朗石油储量居世界第四，油气工业是其国民经济的支柱性产业。由于长期受西方制裁影响，伊朗油气生产和贸易受到严重影响。解除制裁后，伊朗被解冻的资产和大量海外投资将主要用于能源和油气领域，其石油产量和出口量将增加，国内经济和民生将得到改善。

2. 民用核电合法化

协议在限制伊朗武器级浓缩铀的同时，使得伊朗的核电事业得到国际社会认可。伊朗目前已经拥有一座由俄罗斯建设运营的核电站。伊朗原子能机构计划在未来2—3年内开工建设4座核电站，可能成为西亚地区核电发展最快的国家之一，对于中国、俄罗斯和其他国家来说是难得的合作机遇。

3. 技术与设备引进

伊朗在面对西方世界的制裁中，油气开采技术和工业技术均止步不前，急需新技术的支持。伊朗（特别是南帕斯巨型气田）的天然气储量高达34万亿立方米，占全世界的18%。但是2015年的天然气产量仅为1925亿立方米，占全世界的5.4%。制裁是其天然气无法正常生产、液化和外输的主要外部原因，严重缺乏天然气开采、液化技术以及出口设施则是内部原因。目前，天然气的液化技术主要由欧美国家及俄罗斯掌握。在解除制裁的前提下，伊朗利用外来技术的可能性大大提高，可能突破天然气生产的部分瓶颈。

在工业技术和基建方面，欧洲建筑企业在1979年以前主导伊朗的基建市场，之后被俄罗斯和中国公司取代。俄罗斯帮助伊朗进行了电力方面的基建，中国则在交通运输业开展不少项目，例如2013年中国承建了霍梅尼国际机场到德黑兰52公里长的地铁项目，这一项目曾经因两次中东战争中断，由中国企业接手后建设完成，使得伊朗成为中东第一个拥有地铁的国家。一旦制裁结束，伊朗可以从国外进口技术含量更高的汽车零部件，大大提高国产汽车的质量。欧洲、美国和中国的汽车制造商都对出口伊朗表达了兴趣。此外，一些生物制药企业也表示了强烈的兴趣。目前伊朗有近3000个烂尾工程，涉及工业、基建、油气开采等多个领域，协议的达成使得外国资金和技术可能在未来进入伊朗，伊朗政府也急切地希望完成这些烂尾工程项目，提升伊朗工业化水平。

4. 石油投资环境

在2015年11月底的国际油气大会上,伊朗政府表示正在为外资油气公司准备一份新的合同模式。原先的"回购模式"只允许外资公司以伊朗国家石油公司(NIOC)的名义代为开发和建设,在开发完成后NIOC以油气收入作为报酬,而且侧重短期收益。新合同模式允许外资油气公司与NIOC成立合资公司,尽管资源依然归伊朗,但是双方可以直接分享油气产量和收益,而不仅是通过开发建设油田间接获利。合同执行期从过去的7—8年增加到20年或更长时间,或与油田开发进程一致(至少25—30年);对诸如深海油气开发等风险高的项目,外资可以分享更高的石油提成;在开发成本计算上,合资公司可以成立工作组每年进行审核。但是,国际油气公司必须选择伊朗当地公司合作,50%的设备和工程服务必须由伊朗方承担。

使用新油气合同后,伊朗原先的过度干预市场、随意调节关税的做法有可能改变,其整体投资环境吸引力将得到提升。2016年8月初,鲁哈尼政府批准了新油气合同草案,并计划在10月启动首轮使用新修订合同的上游油气招标。目前,伊朗正在与外国公司就一系列油气项目进行磋商,预计将在2017年3月签署首批新油气合同。

5. 金融环境改善

解除制裁后,伊朗将有大量资金,特别是海外解冻资产流入。据估计,伊朗在国外被冻结的资产不低于1500亿美元,大部分是中国和印度由于制裁未能支付的石油款项。协议达成后,包括荷兰皇家壳牌公司在内的一些欠款企业表示将在制裁取消后立即偿付伊朗,这些资金将直接用于基础设施及油气设施的改造;另一部分将流入伊朗的国际资金主要是来自于外国的直接投资和金融融资。

伊朗负责招商引资的部门早已开始工作。此前,土耳其总理埃尔多安访问伊朗,签署了八项商业和工业合作协议。此外,表现出兴趣的国家还有波兰、德国、瑞士等诸多欧洲国家。一些亚洲的集装箱航线亦开始恢复伊朗的业务。

尽管如此,投资环境依然存在大量不确定性。西方的跨国公司仍然受制于对伊朗人权、革命卫队、支持恐怖主义的制裁。国际金融机构则由于2009年因卷入与伊朗的交易而遭到14亿美元的巨额罚款而对与伊朗交易十分谨慎。并且，美国仍担心伊朗利用金融系统洗钱、为恐怖组织融资，将持续这些领域的支持。况且伊朗本身基础设施、政治法律环境不完善也会影响国际公司的直接投资和融资支持。

（二）伊朗重返国际油气市场对国际社会的影响

1. 石油供需格局及油价

伊朗2015年年底探明石油储量达到217亿吨，居世界第4位，占全球总储量的9.3%，储产比超过100年。天然气储量约34万亿立方米，居世界首位，占全球储量约18.2%。伊朗天然气大部分供给国内市场，出口占全球天然气贸易总量不足1%。

自2014年以来，国际石油市场供需明显失衡。伊朗重返国际油气市场，将加剧全球原油供应过剩，并且进一步压低中长期油价。尤其是在伊朗采取类似沙特的战略，低价销售其原配额的石油（220万桶/日）的时候，国际油价可能进一步走低。

2. 世界地缘政治

伊朗核协议的达成无疑是对中东地缘政治格局的一次冲击。伊朗与世界关系的改善，将有利于全球的经济增长，伊朗和欧美关系也将有所改善。另外，这可能挤压沙特的利益，威胁以色列的安全。这种情况下，中东局势也将更为复杂多变。

3. 海外直接投资

虽然在美欧解除禁运的影响下，伊朗的原油开采、贸易可能会在短期内回升。但是直接的油气投资仍将增长缓慢，甚至出现波折，国际投资者将会观察协议的执行情况和制裁的解除进度。只有当协议中的条款得到落实、跨国公司确信制裁将解除时，跨国公司对于伊朗油气开采才会大量投资。如果协议崩溃，制裁将重新启动，这对于投资者来说极为不利。

在美国确定制裁有较大幅度调整之前，国际金融机构也在进入伊朗市场时踌躇再三，使得对伊朗油气开采投资增长缓慢。由于2009年一些跨国银行曾因卷入与伊朗的交易而遭到14亿美元的巨额罚款，因此，这些跨国银行对于与伊朗交易十分谨慎。这种过度谨慎此前已经影响了2013年11月份的金融救济。美国对于伊朗金融系统发展的担忧不仅仅在核计划领域，更多的在于担心伊朗利用金融系统洗钱、为恐怖组织融资。国际金融机构惧怕美国罚款的局面仍将持续，这同样将会打击对于伊朗油气开采的直接投资。

美国的跨国公司发现它们在近期将处于一个劣势地位。行政命令以及法律法规仍然严格禁止美国公司投资伊朗的油气行业。而这些行政命令并未在协议中涉及，尤其是1995年克林顿总统签署的第12957号命令，这一命令是当时为了应对伊朗的政治、经济、国家安全的威胁而采取的紧急措施。要废止这一命令，白宫必须强力地回应美国国会内部的反对派。但是这种情形并不会马上出现，奥巴马总统缺乏足够的政治支持来推动废止第12957号命令，尤其是处于即将到来的2016年美国大选的关键时间节点之上。2016年12月，共和党重获参、众两院多数，并已于2016年12月投票延长《对伊制裁法案》，恐将对美伊关系造成不利影响。

而且，伊朗依然在美国国务院的支持恐怖主义国家黑名单上。这将严格限制美国公司的投资。古巴此前也是该名单的一员，直至与美国关系改善后才从这份名单中消失。伊朗与美国关系的正常化不会是一个一蹴而就的过程。在可以预期的一段时间内，这些限制依旧存在，美国公司不太可能在伊朗进行大规模直接投资。

目前，最先表达投资热情的是俄罗斯、中国及其他亚洲国家及其公司。相比之下，与美国关系密切的公司将会更加谨慎，也是出于对过早参与伊朗投资的潜在后果的掂量。

三 伊朗重返国际油气市场的前景分析

（一）伊朗油气领域对外开放动向

为了及时吸引国际社会和石油界的关注，伊朗石油部曾在2015年6月透露，一旦达成协议，伊朗将向国际油气公司开放50项合作项目，希望吸引国际资本1850亿美元。

为了提高伊朗油气行业对外资的吸引力，2015年11月底伊朗举办国际油气大会,向来自33个国家137家油气公司的投资者发布了52个石油和天然气开发项目,包括34个陆地项目和18个勘探区块,其中有29个新项目和目前正在产油的油田,23个天然气开发区块以及油气炼化项目。伊朗原定于2016年2月在伦敦举办石油大会对外发布国际油气合作计划,但因多方原因最终取消。

(二) 出口前景不容乐观

自2015年8月以来,伊朗通过动用其过去的库存,每天向国际市场释放50万桶原油,并希望逐步提升达到其欧佩克出口份额220万桶/日。但是,这一目标既需要国内产量支撑,也面临欧佩克配额和内部协商问题,更需要应对国际供需平衡问题。

1. 伊朗具有石油增产的潜力

1973—1978年,伊朗石油产量接近600万桶/日;1979年伊朗革命后,由于西方封锁,产量下降至320万桶/日,甚至131万桶/日(1981年);1982年后,虽逐步恢复到400万桶左右,但仍未达到历史高点。2014年,石油产量约为361万桶/日。除不稳定的出口外,大量的石油转化为库存,储存于地下石油设施以及近海海上,预计这一库存量高达3000万—4000万桶。这一部分储备油可很快投入市场,换取资金,短期内如果逐步投入市场,可能不会感到对国际原油市场供需造成较大的冲击。但是,进一步的出口需要将国内石油生产恢复到制裁前水平,即570万桶/日(见专题图1-1)。

专题图1-1 伊朗历年石油产量

2. 短期内大规模增加出口缺乏国内增产的系列支撑

解除经济制裁后,伊朗难以在短期内迅速提高产量。一是由于长期的经济封锁,伊朗国内经济发展落后,石油技术和设备更新与投资滞后,部分油田设备老化严重;二是石油输出设施陈旧,目前的港口设施、输油管道老化尤为严重,无法满足突增的出口需求。

3. 重新恢复其原来欧佩克内部的出口配额存在困难

欧佩克对生产配额有诸多限制,伊朗原来的出口配额为 220 万桶/日,由于受到制裁,石油产量下降,目前其出口配额已被伊拉克等其他成员国占有。2015 年 6 月的欧佩克会议中,伊朗石油部部长要求其他成员国归还其应有的出口份额,由于这一举动涉及欧佩克内部利益格局的重新调整,这一要求至今仍未实现,因此恢复配额将是一个充满争议的过程。

4. 伊朗石油产量和出口前景预测

(1) 由于库存油的存在,出口量在短期内可能暂时快速提升,但是长期来看仍将是一个漫长缓慢的过程;(2) 伊朗一时难以获得增加出口的份额,加上对外合作不顺利,合同条款设计的不合理影响了外国公司的投资合作,导致伊朗缺乏大量的技术支持和资金注入,因而复产和增产将是一个缓慢的过程;(3) 即使欧佩克同意伊朗的增产份额要求,即允许伊朗将出口量由目前的 110 万桶/日提高 220 万桶/日,欧佩克要么调整内部产量配额,要么增加整体的生产上限到 3200 万桶以上;(4) 如果欧佩克不归还伊朗出口配额,也不允许伊朗增加产量,那么伊朗唯一的选择就是自行增产和出口,并以较低的油价出口,夺回其失去的市场份额,这样,欧佩克的运作将走向明显的分裂,从而国际油价将滑向高盛预测的 20 美元或更低价位。

诸多机构对伊朗的油气产量恢复状况作了预测。布鲁金斯学会认为伊朗在 2015 年内的产量会增长 80 万桶/日;德国商业银行则认为年内的增长量为 50 万桶/日。伊朗石油部部长赞内加称,一旦制裁解除,伊朗可立即将出口量提高 50 万桶/日(这一条已得到验证,因为伊朗有现成的原油库存);6 个月后再提高 50 万桶/日(需要增产做支撑)。

(三) 对伊需谨慎抉择

1. 伊朗的石油合同模式是吸引海外投资的关键

新版石油合同模式是否具有足够吸引力直接决定了国外投资者对其油气领域的参与度。新合同将放弃有关10年及以下的固定合同期限规定，允许外国公司参与整个勘探及生产作业过程，较原来的"回购合同"有较大改进，接近产量分成合同，原先政府过度干预市场、随意调节关税的做法有可能改变。新合同原计划在2016年1—2月推出，3—4月签署第一份合同。但是，最终版本至今未出台。

2. 伊朗投资环境依然存在诸多不确定性因素

国内基础设施、政治法律环境不完善直接影响其获得国际投融资支持，使油气开采投资增长缓慢。美国担心其利用金融系统洗钱、为恐怖组织融资，仍将其列在恐怖主义国家黑名单上，这将限制美国公司在伊投资。俄罗斯、中国及其他亚洲国家虽较积极，但仍然保持谨慎态度，相机抉择。

四 中伊合作的机遇与挑战

(一) 机遇

1. 有利于重启和推进中国在伊油气合作开发

2014年中伊贸易额达到520亿美元的历史最高值，石油占很大比重。从伊朗进口的石油占中国全部进口石油10%左右。此前，中石油、中石化、中海油和中信国际合作公司等中国企业均不同程度地参与了伊朗国内系列油气资源勘探开发项目。解除制裁后，此前未能支付的款项可以及时支付。如果伊朗确实改善油气投资环境，中国企业可以利用双方合作的基础、经验和技术，继续深入开发伊朗的油气资源，在石油开发项目、老油田二次开发及提高采收率、天然气开发、油气勘探、下游炼化等方面开展合作，包括已经参与的陆上阿扎德甘等大型油气田开发、海上天然气开发以及国内液化天然气项目等一系列项目合作，也有可能参与伊朗国内油气管道建设项目，进一步优化中国公司在伊的油气

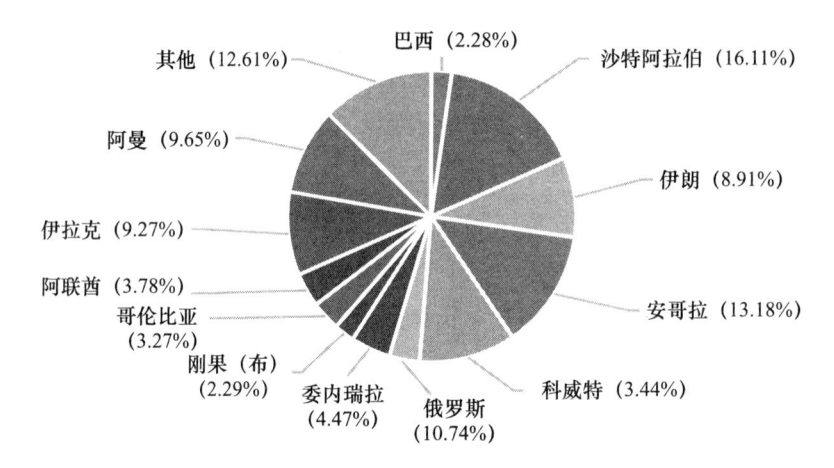

资产组合，一定程度上扩大石油贸易（见专题图1-2）。

专题图1-2　2014年中国进口石油主要来源国

沙特阿拉伯（16.11%）
伊朗（8.91%）
安哥拉（13.18%）
科威特（3.44%）
俄罗斯（10.74%）
委内瑞拉（4.47%）
刚果（布）（2.29%）
哥伦比亚（3.27%）
阿联酋（3.78%）
伊拉克（9.27%）
阿曼（9.65%）
其他（12.61%）
巴西（2.28%）

注：2014年中国进口原油3.1亿吨。

2. 有利于推动中国在伊朗的其他能源矿产资源合作

除油气外，伊朗其他资源（如铁矿、铝矿、铜矿、铬矿和天青石等）的出口也存在与中国市场对接的可能。中国有色金属建设股份有限公司等大型企业同伊朗保持着较为密切的合作。目前，中国从伊朗进口的矿石占总体进口比例较小，今后若有价格优势，开展中伊矿产资源贸易对我国具有重大的战略平衡作用。此外，伊朗也是不可忽视的消费市场，中国的工业制品和部分农产品可出口到伊朗。

3. 有利于推进中伊核电合作

伊核协议为伊朗和平利用核能提供了支持，赋予了伊朗正常使用核能的权利。因此，伊朗在紧锣密鼓地推进核电计划，并计划在未来2—3年内建设4座核电站，包括正与中国公司商谈两座核电站合作的可能性。未来伊朗发展将推动更多的核电站建设项目，为中国海外核电开发提供机遇。

4. 有利于中国在西亚进一步拓展"一带一路"的战略

伊核协议的实施有利于中国相关公司尽快解决过去在融资、运输等方面的外部限制，进一步落实"一带一路"战略。从地理位置上来看，伊朗处于中国通向中东、欧洲的关键点，且伊朗是中国在西亚地区战略发展的重要支点国家。此外，伊朗是上海合作组织的观察员国，是亚投行意向创始成员国。

协议达成后，中国中东问题特使出访伊朗商讨"一带一路"事宜，得到积极响应。目前，伊朗境内不少基础设施建设都有中国公司的参与，如北部高速公路德黑兰—索莫尔项目，马什哈德、色拉子、伊斯法罕、阿赫瓦兹等城市间的铁路项目以及伊朗首都德黑兰的地铁工程。伊核协议的达成为中国企业进入伊朗创造了良好的机会，在伊朗进口的大部分工业原料和零部件中，中国占据较大比重，是伊朗获得技术和科技支持的重要地区。中国向伊朗出口的产品中，大多数属于高附加值高科技含量的技术产品。中国重汽、东风、奇瑞、一汽、宇通等汽车在伊朗市场都有一定市场，而中船集团和中航技等公司也同伊朗保持着密切的合作关系。今后，伊核协议的达成有利于这些公司尽快解决过去在融资、运输等方面的外部限制。

今后，中国连接东亚至欧洲的油气管道、公路、铁路和通信网络，还有大型货轮、油轮和集装箱运输都离不开伊朗的支持。同时，亚投行在伊朗具有很大的潜在市场，特别是在基础设施建设和经贸领域。

（二）挑战

1. 伊核协议的执行风险

协议本身的局限性为今后的执行带来隐患。首先，协议实施协调机制不足，如何选择核查人员、地点以及如何认定设施的军事成分均有待界定。其次，协议对美伊的自主权设置关键部分表述模糊，美国国会、欧洲相关机构对于解除制裁的具体行动方案没有明确承诺。最后，协议给其他一些制裁预留了空间，诸如与伊朗人权问题、支持恐怖主义问题相关的制裁措施没有明确表述。一旦沟通协调出现问题，协议将难以执行，进而给国际合作带来风险。

2. 地缘政治及投资环境风险

中东地区仍然面临较高的地缘政治风险，伊拉克、叙利亚、巴以冲突、恐怖主义等难题难以在短期内彻底解决，这将使伊朗和中东各国面临较高的安全风险。此外，伊朗国内的投资合作环境具有不确定性。虽然伊朗开放市场给当今国际投资合作带来新机遇，但是伊朗国内经济环境差、政府效率低下、财税风险高、基础设施落后，如何应对新的投资合作环境，给伊朗政府和各相关国家和企业带来新思考和新考验。

3. 国际竞争风险

一方面是来自西方国家和企业的竞争。一旦经济制裁放松，西方国家的资本和技术将会流入伊朗。事实上，伊朗政府此前已经多次邀请法国、德国和英国等西方国家的石油、基础设施和科技代表团访问伊朗。在此前的制裁过程中，俄罗斯公司在伊朗十分活跃，在油田开发、管道建设和核电等领域拥有经验和一定的优势。此外，从伊朗的国家油气战略角度看，解除制裁后，伊朗将大力提升其天然气产量和出口。除了液化天然气技术路线外，修建天然气管道是其近几年的重点。在这一方面，印度不断加大对伊朗天然气的进口谈判力度，推进包括伊朗天然气在内的陆上天然气管道（IPI）和海上天然气管道项目。若制裁大幅度解除，伊朗对西方产品和技术比较信赖，中国石油公司面临的竞争压力将加剧。

另一方面是来自其他国家合作项目的竞争。伊朗、印度和阿富汗力推的恰巴尔港项目在海湾地区具有明显的商贸和竞争优势，阿联酋也将在富集拉建设类似新加坡的物流码头，这都可能会对中国援建巴基斯坦的瓜达尔港项目带来一定的影响。

五 对策建议

我国需谨慎看待伊核协议，客观分析和处理国际油气市场的新趋势和新环境，加强与解禁后的伊朗对外政策对接，在"一带一路"的战略构想下，构建新的双边和多边合作新思路、新策略。

1. 要从国家层面加大与伊朗的战略对接

伊朗是西亚地区较大的经济体，经济发展需求多元。中方应利用目前中伊之间在"一带一路"战略构想上的契合点和伊朗的战略需求，加大在伊朗推进开放、包容和共享的合作战略思路。扩大中伊合作的关键在于能否实现战略利益和政策的对接，今后中伊合作的目的不是单纯的资源战略，不是单纯的扩大进口，不是单纯的获取份额，中方应深入研究解除对伊制裁后的新合作环境，从"一带一路"战略的角度，扩大中伊合作视野。

2. 密切关注投资机会，探索多种合作方式

未来20年伊朗计划在油气领域投资5000亿美元，这将主要依靠外国公司的投资。因此，我国石油企业应密切关注伊朗油气投资机会，探索多种合作方式。低油价下，对伊的油气投资要兼顾上下游和相关产业链的全方位合作，不排除与其他国家联手合作。比如俄罗斯公司在伊朗十分活跃，在油田开发、管道建设和核电等领域拥有一定的经验和优势，我国可加强与西方公司合作，通过捆绑模式参与伊朗油气合作，降低风险。

3. 动态跟踪投资环境，多措施降低风险

我国相关企业要充分认识在伊投资要面临的各种风险，动态跟踪投资环境的变化，建立完善在地缘政治敏感地区开展经营活动的应急响应机制，做好应急预案和相关准备工作，避免造成财务和人员损失。

4. 在利用方式和通道上，要谋划新的合作路线

除了强调我国的市场优势和适用技术优势外，我国应在西亚的出海口勾画资源、技术、设备进出口的新通道和新物流中心，特别是加强与海湾国家（包括阿联酋的富集拉）与巴基斯坦的瓜达尔港之间的战略对接规划。同时，要特别关注伊朗与印度构建的恰巴尔港口的作用，不排除适度地参与。

5. 不宜急于追逐恢复、重启或大步进入伊朗

从缅甸、朝鲜的历史经验看，制裁完全解除是一个长期过程，或将一波三折。当前，低油价已给全球能源格局带来新变化，我国石油公司在伊朗拥有的不少油气资产和项目都需要根据新的市场环境进行再评

估。建议国内石油公司加大与伊朗合作公司的交流谈判,确立今后合作方向和策略,做好"三个突出",即突出公司资产的优化组合、突出多部门联合而不是竞争、突出利用机会,特别是低油价机会和有利的合作条款,提高经贸收益(见专题表1-1)。

专题表1-1　　国际石油公司在伊朗的项目一览表(截至2010年)

项目名称/业务	项目类型	国家/公司	持有权益(%)	备注
南帕斯13期、14期(波斯液化天然气项目)	天然气	荷兰壳牌	25	2004年签订框架协议,项目总价值为100亿美元;2010年6月合同被伊方取消
		西班牙雷普索尔	25	
南帕斯11期(帕斯液化天然气项目)	天然气	法国道达尔	30	项目总价值为40亿美元;2009年6月合同被伊方取消
南帕斯6—8期	天然气	挪威国家石油公司	37	2001年获得37%权益,2008年起暂停注资
南帕斯6—8期天然气脱硫装置	工程建设	韩国GS公司	—	2009年10月签订协议,合同总价值12.4亿美元;2010年6月退出
Anaran区块(包括Azar、西Changuleh、Dehloran和Musian)	石油勘探开发	挪威国家石油公司	75	项目总价值超过10亿美元;2007年起因受美国制裁威胁暂停活动
		俄罗斯鲁克石油公司	25	
达克霍因(Darkhovin)油田1期、2期	油田开发	意大利埃尼集团	60	2001年签订期限为5.5年的回购合同,项目总价值为10亿美元,埃尼持股60%;1期和2期开发结束;2010年4月,作业权移交给NIOC,停止关于3期的谈判
北阿扎德干油田	油田开发	中国石油集团	—	2009年1月签订服务合同,中国石油提供90%资金,投资额超过20亿美元
Masjid-I-Sulaiman	勘探开发	中国石油集团	75	2007年协议获得批准并开始钻井作业

专题一 伊朗重返国际油气市场的影响、前景及中伊合作对策

续表

项目名称/业务	项目类型	国家/公司	持有权益(%)	备注
亚达瓦兰油田	油田开发	中国石化集团	—	2007年签订合同,合同价值为20亿美元
拉万岛Resalat油田	油田再开发	马来西亚Amona公司	—	项目总价值为15.3亿美元,计划2011年9月完成
Jofeir油田增产项目	油田生产	白俄罗斯Belorusneft	—	2007年签订为期2年价值4.5亿美元的合同,2009年6月进行谈判,无后续报道
阿扎德干油田	油田开发	日本国际石油开发株式会社(Inpex)	10	迫于美国压力,2006年持股比例从75%下降到10%
		俄罗斯俄罗斯天然气工业股份公司	—	2008年7月签订合作框架协议,至2009年7月仍在谈判
		英国Hinduja公司,印度ONGC	45	2009年12月签订协议,项目总价值为25亿—30亿美元,两家公司合资参股45%
Azar油田(Anaran区块)	勘探开发	俄罗斯俄罗斯天然气工业股份公司	—	2009年11月签订谅解备忘录,无后续报道
Saveh区块	气田勘探开发	泰国PTT勘探和生产公司	100	2005年签订为期25年的合同
海上Golshan和Ferdos气田开发及液化天然气厂建设	气田开发	马来西亚SKS公司	—	2008年签订回购合同,合同价值50亿—60亿美元
	液化天然气厂建设	马来西亚Petrofield公司(SKS子公司)	—	2008年达成协议,提供全部资金,并在投入运营后7年内通过销售液化天然气和其他相关产品收回投资
Farzad-B气田(法尔斯区块)	气田开发	印度石油公司(IOC)	40	已递交2009年开发计划,项目总投资为50亿美元
		石油印度公司(OIL)	20	
		印度ONGC Videsh Ltd(OVL)	40	
拉万(Lavan)气田开发	气田开发	波兰PGNiG	—	2008年2月签订备忘录,合同价值为20亿美元;无最新进展报告
波斯湾Dayyer区块勘探	勘探	意大利Edison	—	2008年签订为期4年的勘探合同,合同价值为0.44亿美元
阿尔达比勒省Maghan 2油气区块勘探	勘探	克罗地亚INA	—	2008年4月签订合同,合同价值为1.4亿美元

续表

项目名称/业务	项目类型	国家/公司	持有权益（%）	备注
Kuhdasht 区块（即三区）	勘探	中国石油集团	75	
南帕斯 9 期、10 期	天然气	韩国 GS 公司	—	项目总价值为 40 亿美元，以 GS 为首的财团签订价值为 16 亿美元的开发合同，原定 2009 年 3 月完成
南帕斯 11 期	天然气	中国石油集团	12.5	2009 年 6 月签订合同，项目总价值为 130 亿美元
北帕斯天然气开发—液化天然气厂建设	天然气一体化	中国海油	—	2009 年签订合同，计划 2015 年完成，项目总价值为 160 亿美元
南帕斯 12 期及配套液化天然气厂建设（"伊朗液化天然气项目"）	天然气开发和"伊朗液化天然气"项目	奥地利 OMV 公司	—	2007 年签订初步协议，项目总价值 300 亿美元，无最新进展报告
	天然气开发	委内瑞拉国家石油公司（PDVSA）	10	2009 年达成初步协议，投资 7.6 亿美元，PDVSA 持有 10% 的股份
	天然气开发和液化天然气厂建设	英国 Hinduja 公司	—	2009 年 12 月签订协议，开发合同总价值 75 亿美元，英国 Hinduja 公司和印度 ONGC 合资参股 40%；液化天然气项目总价值 50 亿美元，三家公司合资参股 20%
		印度石油天然气公司（ONGC）	—	
	液化天然气厂建设	印度 Petronet 液化天然气公司	—	
	储罐建设	韩国大林公司	—	该 EPC 合同价值 1.62 亿美元，原计划 2011 年 1 月建成
南帕斯 22—24 期	天然气	土耳其国家石油公司（TPAO）	—	2010 年 2 月签订初步协议
Bid Boland II 天然气处理厂	工程建设	英国 Costain Oil, Gas & Process Ltd	—	项目总价值 17 亿美元，原定 2009 年完成
伊朗—印度海底管道	可研	意大利斯南工程公司	—	2005 年开展可行性研究，无后续报道
伊朗—亚美尼亚天然气管道	工程建设	俄罗斯天然气工业股份公司	45	项目价值为 1.2 亿美元，2009 年 5 月开工
阿拉克炼油厂升级改造	工程建设	中国石化集团	—	2008 年签订合同，合同价值 28 亿美元；预计 2011 年完成

续表

项目名称/业务	项目类型	国家/公司	持有权益（%）	备注
阿巴丹岛炼油厂扩建	工程建设	原跨国 ABB 鲁玛斯集团，2007 年瑞士 ABB 将该集团整体（包括在伊朗的项目）出售给美国芝加哥桥梁钢铁公司（CB&I）	—	项目总投资 4.5 亿美元，原计划 2009—2010 年完成，现已停止
阿巴斯港炼油厂扩建	工程建设		—	合同总值 5.12 亿美元，ABB 提供部分资金，原计划 2010 年完成，现已停止
霍梅尼港石化厂乙烯技术转让	技术转让		—	合同总值 3.2 亿美元，ABB 提供部分资金，现已停止
克尔曼沙阿石化厂	工程建设	德国 Uhde 公司	—	新建一个年产 30 万吨 HDPE 的石化厂，计划 2009—2010 年完成
	技术服务	荷兰利安德巴塞尔公司（Lyondel Basell）	—	
萨南达季（Sanandaj）LDPE 石化厂	技术服务	荷兰 LyondelBasell	—	原定 2008 年启动，无最新进展报道
	CPC 合同	意大利 Tecnimont 公司	—	

注：某些项目无最新进展报道，已经完成的项目不在本名单中。

资料来源：公司名单来自 2010 年 3 月由"美国政府问责办公室"向美国"国土安全和政府事务委员会"和参议院"司法委员会"提交的调查报告——《源自公开报道的外国公司在伊朗石油、天然气和石化领域的商业活动》，并根据 Global Insight 相关报道内容进行补充修正。

专题二

低油价下的中国—中亚油气合作前景分析

中国—中亚油气合作是跨区域合作的重要体现,也是中国践行新型能源安全观的成功案例。本部分深入分析中国与中亚油气合作的发展阶段与性质、中亚国家油气资源潜力与发展规划、中国—中亚油气合作政策趋势,阐述这一跨区域油气合作趋势对"丝绸之路"战略倡议的地缘战略意义,从而深化对跨区域能源安全局势、面临问题和未来前景的认识。

一 中亚油气资源概况

(一)油气资源量和剩余储量

中亚地区油气资源丰富,石油资源量约 172 亿—182 亿吨,天然气资源量 37 万亿—39 万亿立方米,油气资源分布有两大特点:一是西部丰富,东部匮乏。油气资源主要集中在西部的哈、土、乌三国,三国石油、天然气资源量之和分别占总量的 95% 和 99%,而探明储量几乎占 100%;东部的塔吉克斯坦和吉尔吉斯斯坦油气资源量极少。二是北部富油少气,南部富气少油。北部哈萨克斯坦石油储量最为丰富,约占地区总量的 70%,天然气储量相对少一些;天然气资源量主要分布在南部的土库曼斯坦,约占地区总量的 57%,石油储量相对较少。

从油气剩余可采储量分布特点来看,石油剩余储量主要集中在哈萨克斯坦和土库曼斯坦,天然气剩余储量主要集中在土库曼斯坦、哈萨克斯坦和乌兹别克斯坦。截至2015年年底,哈、土、乌三国拥有石油剩余可采储量41亿吨,仅哈萨克斯坦占39亿吨;三国拥有天然气剩余可采储量19.5万亿立方米,其中土库曼斯坦17.5万亿立方米。

进入21世纪以来,哈萨克斯坦和土库曼斯坦的油气储量明显增长,主要源于北里海卡沙甘油田的重大发现和英国GCA咨询公司对土库曼斯坦南约洛屯气田储量的重新评估,使两国的油气资源地位迅速上升,不仅成为本地区油气生产和出口大国,也将成为世界主要油气生产和输出国。

(二) 油气生产和出口现状

2015年,中亚五国石油产量约9506万吨,其中,哈萨克斯坦产量约7930万吨,占地区总量的82%以上;天然气产量超过1400亿立方米,其中,土库曼斯坦产量约724亿立方米,占地区总量的50%以上。中亚地区石油和天然气的消费量分别为2190万吨和932亿立方米(见专题表2-1,专题表2-2)。

专题表2-1　　　　2015年中亚五国石油数据比较　　　　(单位:万吨)

	探明储量	产量	消费量
哈萨克斯坦	393184.8	7930	1270
土库曼斯坦	8219.2	1270	640
乌兹别克斯坦	8136.9	300	280
吉尔吉斯斯坦	546	5	—
塔吉克斯坦	164	1	—
合计	410250.9	9506	2190

数据来源:《BP世界能源统计年鉴(2016年)》,美国油气杂志。

专题表2-2　　　2015年哈、土、乌三国天然气数据比较　　(单位:亿立方米)

	探明储量	产量	消费量
哈萨克斯坦	9000	124	86
土库曼斯坦	175000	724	343

续表

	探明储量	产量	消费量
乌兹别克斯坦	11000	577	503
合计	195000	1425	932

数据来源：《BP 世界能源统计年鉴（2016 年）》。

哈萨克斯坦作为中亚主要的石油生产和出口大国，近年来石油工业发展较快，石油产量和出口呈现持续增长的态势。其中，石油产量从 2000 年的 3530 万吨增长到 2015 年的 7930 万吨，出口从 2000 年的 2530 万吨提高到 2013 年的 6816 万吨。虽然该国陆上油气产量区域呈现递减趋势，但是该国三大主力油气田（田吉兹、卡拉恰干纳克和卡沙甘）尚未达到产量高峰，2030 年前哈萨克斯坦仍具有油气增产的潜力。

土库曼斯坦是中亚地区天然气生产和出口最具潜力的国家，天然气剩余可采储量从 2007 年的 2.3 万亿立方米猛增到 2015 年的 17.5 万亿立方米，居世界第四位。但是土库曼斯坦天然气产量受出口合同的影响较大，过去天然气出口渠道的单一性长期制约了该国天然气产量的增长。近几年俄罗斯进口土库曼斯坦的天然气合同量大幅减少，导致该国天然气产量大幅减少。2009 年中亚—中国天然气管道建成后土库曼斯坦的天然气产量出现了恢复性增长，2015 年生产天然气 724 亿立方米。鉴于其天然气的资源潜力，未来 10—20 年天然气产量仍将大幅增长。土库曼斯坦石油产量基本维持在年产 1000 万吨的水平上下，2015 年为 1140 万吨，有少量出口。

尽管乌兹别克斯坦也是中亚主要油气生产国，但近几年来没有大油田投产，油气生产呈现持续下滑走势，石油产量从 2000 年的 750 万吨降到 2015 年的 300 万吨。2008 年后天然气产量也连续走低，增储上产困难。

二 中国—中亚油气合作现状

（一）合作历程

中亚五国自 1991 年苏联解体而独立后，迫切需要加强经济独立与发展，巩固政治独立。而经济独立的基础在于尽快开发利用本国丰富的自然资源。为此，这些国家在1995年前后推出了油气等产业私有化政策。通过对外合作和联合开发，引入国际大资本、先进技术和服务，加快本国油气资源的勘探开发，推动一体化建设，提高国民经济实力。中国与中亚国家的油气合作正是始于这一历史背景。

1. 中国—中亚油气合作发展阶段

(1) 1997—2005年的进入与发展阶段

在这一阶段，中国石油集团以3.25亿美元收购阿克纠宾石油公司60.28%的股份，成为作业者，进入哈萨克斯坦西部阿克纠宾州的扎那若尔、肯基亚克盐上和肯基亚克盐下等油田的开发。随后逐步扩大到周边油田开发和油田出口管道建设以及天然气的加工利用。石油产量从进入初期的200万吨提高到2000年的259万吨。2003年10月，中国石油集团购买北布扎其项目股份，使石油作业产量上升到500多万吨。

同时，油气基础设施建设不断推进。2002年5月23日，肯基亚克—阿特劳管道开工建设。2003年3月28日，肯基亚克—阿特劳输油管道竣工投产。2002年12月1日，建设的第一座5万立方米扎那诺尔石油储罐投产。2004年5月17日，中哈两国政府签署了油气领域全面合作的框架协议，双方公司签署了阿塔苏至阿拉山口原油管道建设基本原则协议；6月底，中哈原油管道建设正式启动；11月27日，肯基亚克盐下油藏至扎那若尔油气处理厂油气混输管线投运。

(2) 2005—2008年进一步发展阶段

2003年后，国际石油价格上升，包括中亚产油气国在内的全球油气资源国提高石油税收，加大国有公司参与对外合作项目的股份，提高环保标准等，这些政策调整使外国石油公司面临严峻的投资环境挑战。一批较小的石油公司和个别较大的西方石油公司开始出售中亚地区（主要是哈萨克斯坦）的油气资产。

2005年后，中国公司先后与土、乌、哈三国签订了上游气田产品分成合同、天然气购销协议、政府间过境协议、企业间协议等一系列主要法律文件，逐步形成上下游、产炼销一体化的产业格局，包括2005年，中海油、中石油与哈国家油气股份公司签署了开发位北里海达尔汉区块油气资源合作备忘录；2005年10月27日，中国石油集团以41.8亿美元收购加拿大的"哈萨克斯坦石油公司"（PK公司），创当时中国企业海外大型并购之范例；2005年12月15日，中国石油集团与哈萨克斯坦国家油气公司共同投资建设的中哈原油管道一期工程（阿塔苏—阿拉山口段）投产；2006年，中国—哈萨克斯坦石油管道全线投产，作为中国第一条跨国原油管道的投产为中国开辟西部石油战略通道开了先河；2007年8月，中哈国有石油公司签署了中哈原油管道二期工程建设和运营协议，阿塔苏—阿拉山口原油管道延长至肯基亚克，并与肯基亚克—阿特劳管道相连，将管道的运输能力达到2000万吨/年。

这一阶段的合作在天然气领域取得较大进展。2006—2007年，中国与土库曼斯坦分别签署了中土天然气管道项目、天然气购销协议及阿姆河右岸油气田产量分成等协议。其中，阿姆河天然气项目成为中国当时规模最大的境外陆上天然气勘探开发合作项目。在2008年投产后30年内，土库曼斯坦每年向中国出口300亿立方米的天然气，并成为西气东输二线的主供气源。2007年中方与哈、乌签署土库曼斯坦—哈萨克斯坦—中国天然气管道的协议。2008年6月30日，中国—中亚天然气管道正式动工。作为中国第一条天然气跨国管线，与同期建设的西气东输二线衔接，直供中国珠三角和长三角地区市场。

2008年，中哈签署扩大天然气及天然气管道领域合作框架协议。根据协议，哈方在保证每年提供50亿立方米天然气进入中哈天然气二期管道的基础上，保证阿克纠宾油的天然气进入中哈天然气二期管道。同时，中哈双方共同合作开发乌里赫套凝析气田，在满足哈国南部地区天然气需求的情况下，每年对华出口天然气50亿—100亿立方米。在此原则下，双方共同实施从别依涅乌—巴卓伊—克兹洛尔达—奇姆肯特区间的中哈天然气二期管道项目，年输气能力为100亿立方米。

2007年4月，中乌签署建设和运营中乌天然气管道的原则协议；7月，两国国有石油公司签署中乌天然气管道建设和运营的原则协议。

除组建合资公司加快项目运行外，2005年，中国石油集团进入乌兹别克斯坦咸海勘探开发项目，2008年10月15日，与乌兹别克斯坦签署明格布拉克油田开发项目。

(3) 2008—2015年金融危机后的调整阶段

2008年下半年全球金融危机对中亚国家油气勘探开发产生了较大影响。中亚国家更加强化了对本国油气资源的控制，哈萨克斯坦停止对外签署产量分成项目，土库曼斯坦通过修订油气资源法，强化了对外资企业的监管力度，乌兹别克斯坦通过修改税法取消给予外国地下资源利用者的税收优惠等。但是，中国在中亚的油气合作依然取得稳步发展。中国—中亚天然气管道ABC线相继投产，D线正在详勘。这一管道整体运营状况良好，截至2015年6月，中亚天然气管道已向我国"西气东输"管道累计输气1500亿立方米。

2. 中国与中亚国家油气合作重要事件

中国与中亚国家的油气合作始于哈萨克斯坦的油气资产私有化。1997年中国石油集团首先进入哈萨克斯坦西部的阿克纠宾油气一体化开发合作，使油气产量迅速回升，双边合作取得巨大成功，扩大了中国在哈萨克斯坦的合作业务，也推动了中国与中亚地区的能源合作态势。至今，中国与中亚油气合作走过了近二十年，经历了从点、到线、到面的发展过程，为推动地区能源一体化合作奠定了坚实的基础（见专题表2-3）。

专题表2-3　　　　中国与中亚国家油气合作重要事件

时间（年）	重要的发展标志	意义
1997	中石油进入哈萨克斯坦阿克纠宾项目并向一体化方向推进	开启中亚油气合作
2005	中石油收购哈萨克斯坦PK石油公司资产	在哈萨克斯坦实现油气业务的新飞跃
2006	中哈原油管道建成运营	打通了中国与中亚的石油运输通道
2006—2009	2007年与土、乌两国签署中亚天然气管道项目、天然气购销协议及阿姆河右岸油气田产量分成等协议；2009年中亚天然气管道AB线建成投产	中亚天然气合作项目正式启动，打通了中国—中亚天然气进口通道
2008—2013	2008年在夯实陆上业务的同时，开始进入里海海域；2013年成功收购北里海财团8.3%的股份，成为卡沙甘油田的股东	加速了进入里海油气开发的步伐

(二) 合作现状

中国与中亚国家的合作模式主要有四种,即产量分成模式、联合经营模式、技术服务模式以及以上三种合作模式相互结合的混合模式。其中,联合经营模式的合作最多,主要包括中哈合作中的阿克纠宾斯克项目、PK 项目、里海达尔汗区块开发项目和北布扎齐油田项目,中乌合作中对乌斯秋尔特、布哈拉—希瓦和费尔干纳三个盆地为期五年的油气勘探项目等;产量分成合作主要有乌兹别克斯坦咸海水域油气资源勘探开发项目;技术服务模式主要有中哈石油管道和中土天然气管道的修建等。

中国与中亚国家的合作项目主要包括油气勘探开发项目和油气管道建设项目。勘探开发项目主要有中国与哈萨克斯坦的阿克纠宾油田开发项目、PK 石油公司项目、曼格斯套石油公司项目,与土库曼斯坦的阿克纠宾油田开发项目、复兴气田一期工程(即南尤洛坦气田)100 亿立方米/年产能建设项目,与乌兹别克斯坦的陆上独资项目、咸海水域联合勘探开发项目、明格布拉克勘探开发项目等。管道建设项目主要包括中哈原油管道和中国—中亚天然气管道和中亚天然气管道。2015 年,中亚天然气管道向国内年输气 305.7 亿立方米,同比增长 5%;日均输气量达 8400 万立方米;其中 AB 两线共输气 235.4 亿立方米,C 线输气 70.3 亿立方米(见专题表 2-4)。

专题表 2-4　　中国—中亚油气管道建设项目基本情况

项目	起点	途经国家	终点	长度	投产时间	设计能力
中哈原油管道	哈萨克斯坦阿特劳	哈	新疆阿拉山口	2800 公里	2006 年	2000 万吨
天然气 A、B 线	阿姆河右岸的土、乌边境	乌、哈	新疆阿拉山口,与西气东输二线相连	10000 公里	A 线 2009 年 12 月,B 线 2010 年 10 月	300 亿立方米/年
天然气 C 线	乌兹别克斯坦边境格达依姆	乌、哈	新疆霍尔果斯,与西气东输三线相连	1830 公里	2014 年 5 月	250 亿立方米/年
天然气 D 线	土库曼斯坦复兴气田	土、乌、塔、吉	新疆乌恰,与西气东输五线相连	1000 公里	预计 2016 年或延期	300 亿立方米/年

三 中亚油气合作政策与低油价下的政策趋势

（一）中亚国家现行油气政策和发展规划

1. 现行油气政策

中亚国家油气政策的核心内容是大力发展油气工业，满足国内油气需求的同时带动其他产业，确保国民经济持续发展。为此，中亚各国均选择了多元化战略和积极的对外开放政策。

多元化战略主要是指油气资源投资主体的多元化和油气出口通道的多元化。首先是油气资源投资主体多元化，积极引进外国公司参与油气资源开发，允许外国资本参与本国油气公司私有化，对外资开放油气区块招标，在税收优惠和投资保护方面创造良好的投资环境等。哈、土、乌等国已经引进美、英、荷、法、意、加、中、日、俄、瑞士、马来西亚、韩国、利比里亚等国家的公司参与合作。其次是油气出口通道多元化，即改变单纯经俄一个方向出口，其油气出口通道变为东、南、西、北四个方向。

2. 油气发展规划

"资源立国"是中亚国家能源战略的核心思想。在苏联时期，哈萨克斯坦、土库曼斯坦和乌兹别克斯坦都是苏联的原材料供应地。三个国家独立后纷纷制订长期能源发展规划，把油气工业作为发展本国经济的重要支柱产业。

近几年来，哈萨克斯坦先后制订了《2011—2015 年油气战略发展规划》《2015 年天然气发展规划》《2015 年里海油气开发规划》《2030 年哈萨克斯坦发展战略》和《哈萨克斯坦 2050 战略》等一系列重要规划，主要可归纳为四个方面：一是加快能源发展，保证国家能源安全。二是加大投入，加快油气发展，促进出口多元化。三是大力促进天然气工业发展。四是加快里海油气开发。根据哈萨克斯坦 2010—2030 年规划，2016—2018 年的石油产量维持在 9000 万吨，2019 年和 2020 年上升到 1 亿吨，2025 年为 1.1 亿吨，2030 年逐步下降到 9500 万吨。2016—2018 年的天然气产量基本维持在 550 亿立方米，2019 年和 2020

年上升到650亿立方米，2025年780亿立方米，2030年继续增加到820亿立方米。2015年天然气的出口量为140亿立方米。随着国内天然气需求的上升，出口量将稳步下降到2018年的90亿立方米和2020年的40亿立方米（见专题表2-5）。

专题表2-5　　　　哈萨克斯坦天然气发展规划　　　　（单位：亿立方米）

年份	2016	2017	2018	2019	2020	2025	2030
产量	540	560	550	650	650	780	820
商品气产量	260	270	240	260	240	230	225
消量	135	150	150	180	200	250	300
出口	125	120	90	80	40	—	—

资料来源：《2010—2030年哈萨克斯坦油气发展规划》。

土库曼斯坦在制订的经济发展纲要中提出的油气发展主要任务是：加大对里海油气资源的勘探与开发；优先建设油气领域的基础设施，建设新的石油和天然气运输管道；加大对陆上油气资源的勘探和开采；发展油气加工业和石化工业；加大吸引外资力度，允许外商直接投资。根据该国《2030年前油气工业发展战略》，2020年石油产量目标3000万吨，出口1000万吨，天然气产量目标为1700亿立方米，出口1400亿立方米；2030年石油产量目标为6700万吨，出口4200万吨，天然气产量2300亿立方米，出口1800亿立方米。此外，在《2030年油气发展规划》中提出，到2030年天然气产量达到2500亿立方米，石油产量达到1.1亿吨，为了实现这一规划，必须实施更加开放的对外合作政策。

根据乌兹别克斯坦国2010—2030年规划，2020年天然气储量增长1万亿立方米，原油储量增长7000万吨，凝析油储量增长6600万吨。乌国预计2020年石油产量为350万吨，天然气产量660亿立方米。2030年油气行业发展构想是：将加大勘探、增加油气储量作为战略重点，提出到2030年油气可采储量分别达到1.3亿吨和2.4万亿立方米（凝析气达到1亿吨）。

吉尔吉斯斯坦和塔吉克斯坦石油和天然气资源有限，油气消费量也有限。预计吉尔吉斯斯坦 2020—2025 年的石油消费量为 11 万吨左右，天然气消费量为 7.3 亿—7.5 亿立方米；塔吉克斯坦 2020—2030 年的石油消费量为 280 万吨左右，天然气消费量为 3.8 亿立方米左右。

(二) 低油价下中亚各国的政策调整

哈萨克斯坦等国作为世界上的重要产油国，其油气出口收入占政府预算近半，2014 年以来，油价下跌、国家货币贬值、欧洲市场需求下降、出口方竞争日益激烈以及欧美 2014 年以来对俄制裁政策等对这些国家的经济造成较大冲击。

面对上述种种挑战，中亚国家做出相应的能源策略和油气政策调整。整体而言，中亚国家采取了与俄罗斯类似的策略来应付低油价。一是向潜在的投资者出售一些资产，包括国有银行或石油公司的股份。哈萨克斯坦计划在 2016 年私有化国企来吸引资金。二是准备储备基金渡过难关并寄希望于形势尽快好转。2015 年年末，哈萨克斯坦和土库曼斯坦分别有约 600 亿美元和 360 亿美元的外汇储备，按照现在的政府支出水平，这笔资金大约可以支撑政府两年的支出。三是削减国家开支。例如，哈萨克斯坦为了降低低油价和货币贬值等对本国经济造成的影响，采取了一系列措施以期刺激本国经济，主要包括通过政策和立法手段放宽限制，吸引投资，举行大规模的矿产招标活动；加快三大主力油气田的开发，在 2016 年年底恢复卡沙甘油田的生产以弥补老油田减产的损失；加快本国陆上和里海大陆架的勘探开发力度，提高资源潜力等。总体而言，哈萨克斯坦在低油价下的油气政策趋向于着重法制法规的完善和对现有油气项目的调整，促进三大主力油气田和里海油气的开发是其今后的主要方向。

土库曼斯坦作为世界第四大天然气储量国，其各项政策紧紧围绕天然气立国的战略。一方面加快天然气资源开发，扩大天然气开采能力。另一方面坚持天然气出口多元化政策，全力争取开辟向欧洲的天然气出口通道。加快实施石油和天然气化工项目，提高化工产品的工业附加值，同时积极吸引投资参与里海大陆架油气开发。

四 新形势下中国—中亚油气合作的挑战

（一）低油价的影响不可忽视

由于低油价导致中亚国家收入减少，经济状况恶化，一些合作项目或被推迟或无法按期实施。例如，乌兹别克斯坦方面将中亚天然气管道D线该国境内段的开工时间从2015年年底推迟到2016年，哈萨克斯坦因资金问题推迟奇姆肯特炼油厂的升级改造项目。此外，中俄东线天然气管道建设和气源开发也存在气源不足、现有油价水平下对华供气亏损等问题。此外，油价下跌对中亚地区油气企业的直接影响是企业收入减少。目前，中国企业在中亚地区拥有多个上游油气勘探开发项目和油气工程建设服务项目，油价下跌使一些上游项目已经无利可图或者陷于亏损，企业盈利直接减少，尤其是使用本币结算的项目，因汇率大幅下跌而亏损严重，导致中资企业生产经营困难，大大挫伤了企业的投资积极性。

（二）大国博弈和地缘政治更加复杂

中亚地区始终处于多个大国激烈的博弈之中，各国在中亚地区控制油气资源和控制战略通道的博弈中，出发点和战略各不相同。俄罗斯要力保其对中亚原有的影响力和对中亚油气资源及出口通道的控制权；美国一方面想在中亚切分能源利益蛋糕、鼓励本国企业积极参与中亚油气资源开发，另一方面是要打破俄罗斯对中亚油气出口的控制和垄断，力促其他中亚国家绕开俄罗斯的油气外输管道进行建设；欧盟对中亚的油气战略核心在于绕开俄罗斯引进中亚的油气，不再受俄断油、断气的威胁。资源国、周边国家和西方国家的多方利益相互交织，为油气博弈增加了难度，中亚地区的油气资源竞争将更加激烈。

（三）中亚国家之间的分歧与矛盾短期内难以消除

中亚国家内部仍然存在诸多分歧和矛盾：一是哈乌两国争夺中亚主导权，乌兹别克斯坦地处中亚核心，与中亚其他国家共有边界，军事力量较强；哈萨克斯坦近年来由于石油出口收入增加，经济状况较好，是该地区的主要政治经济力量；二是上游国家与下游国家之间的水电之争；三是国家之间还存在不少边界争议；四是没有一个中亚五国共同参与的内部合作平台。

目前，中国在中亚的能源外交和合作更多地是集中于国别层面和双边关系，没有显示出地区性和统一性。由于中亚地区不同国家至今存在矛盾和争端，从长期来看，任何一方出现的问题都可能影响到其他国家，甚至影响整个多边合作，这也是目前中国—中亚天然气管道面临的现实问题。双边、多边和多元能源外交应当是一个整体，今后对于中亚地区的油气合作，还需要结合双边外交与多边外交，加强统一协调、统一规划。

（四）中亚国家能源政策有所收紧

近年来，随着经济实力上升以及油气行业利润增长，中亚国家为了增强国家在资源利益分配上的话语权、使本国利益最大化，纷纷采取措施加大政府对油气资源的控制力度，对外合作及能源政策较以前有所收紧，对外国公司投资行为渐显严苛。例如，哈萨克斯坦相继出台"国家优先权""当地含量"的本土化机制、设定产量分成协议中的成本回收限制和政府利润要求、提高资源开采领域税收、修订合同条款、调整资源国与投资者的利益关系，强化对外资的社会责任要求等；土库曼斯坦通过修订油气资源法，强化对外资企业的监管力度；乌兹别克斯坦通过修改税法，取消给予外国地下资源利用者的税收优惠，大幅提高产量分成项目的税赋，进一步强化总统对天然气出口关税的调整权等。总之，如何适应新修改的财税政策和法律法规、新的环保壁垒以及对外合作门槛和条款等，成为外国投资者有待研究的新议题。

（五）现行的合作思路面临挑战

中方的中亚油气合作面临高峰产量下扩大产能规模的困难局面，深度合作缺乏整体的思路。与20世纪90年代中后期形势不同，目前，中国公司在哈萨克斯坦的石油产量已超过该国总产量的1/3，随着中国在中亚资源国投资合作规模的扩大和程度的加深，上游资产和油气管道的运营都面临着越来越大的社会压力。除中央政府外，管道沿线的地方政府也希望共享跨国油气运输带来的巨大利益。此外，从国家层面看，中国对外投资的目的在于满足本国的供应缺口，这一政策考虑了本国的利益，但难以避免外部所谓的"资源掠夺""中国威胁论"等压力，让资源国难以产生主动融合和协同发展的合作愿望，为中国的中亚油气多边合作带来难度。

五 "一带一路"战略下的中国—中亚油气合作前景展望

综合来看，俄罗斯和中亚现在的情况对中国有三方面影响。第一，俄罗斯与中亚国家更需要中国的融资。对中国而言，在低油价时期并购优质上游政策是一项不错的投资。第二，中亚作为一个过境线路对中国的吸引会变弱。因为沿线的市场吸引力下降而且有不稳定风险，这对中亚国家来说是不利的协商局面。第三，在低油价、经济与原油需求增长放缓的时代，俄罗斯、中亚以及中东等原油出口国都将中国视为增加收入或者弥补收入下降的重要买家，都在准备争夺中国的市场份额。

通过总结近二十年的合作历程可以看出，中国的中亚油气合作是中国"走出去"战略的重要体现，实践证明是成功的。2013年下半年以来，中国提出了"一带一路"的战略倡议，在国内激发了跨区域协同发展的新思路，同时得到了沿路诸多国家的积极响应。中亚国家在"丝绸之路"战略倡议上与中国具有诸多共识和相似的战略构想。从能源安全角度看，中国与中亚的油气合作是供需互保型能源安全的重要体现。从"一带一路"战略构想看，中亚地区是今后跨区域合作的第一个战略板块，具有重要的战略地位和期待。夯实中国与中亚地区的油气合作对双方具有多重战略意义，并形成互为依托、互为支点的跨区域合作。

（一）中国与中亚合作互利互惠空间广阔

在当前低油价、经济与原油需求增长放缓的新形势下，中亚各国会将中国视为增加收入或者弥补收入下降的重要源头，更需要中国的融资。今后，中国与中亚国家的油气合作要以战略通道为主线，做强哈国油项目、做大土国气项目、做实乌国新项目，可形成哈土乌等若干油气合作区，年油气产量达到5000万吨以上。

对于中国国有石油公司来说，中国—中亚油气合作依然以哈萨克斯坦和土库曼斯坦为重点。其中，在哈萨克斯坦，随着陆海勘探开发的推进，石油作业产量有可能进一步提升到3000万吨以上；在土库曼斯坦，通过合作开发和工程技术服务，2020年天然气作业产量还有进一步提升的空间，所利用的天然气规模有可能达到800亿立方米以上。中国其他石油公司包括国内有实力的民营企业也应加大与中亚国家的油气一体化合作步伐。

（二）全面推进油气合作

首先，进一步巩固中国在哈萨克斯坦的合作基础，依托中哈原油管道的优势，扩大中哈原油合作规模；同时将中哈原油管道向西拓展，与哈萨克斯坦的里海港口的油气田管网相连，将原来通过里海国际石油管线从里海港口销售到欧洲的原油输往中国。

其次，发挥和延伸区域合作组织的功能，推动成立与中亚五国实施能源合作的多边协调机制，保障能源战略通道运营安全。增强信息交流和协调，在多边框架下组织培训和交流活动，增强能力建设。

最后，依托中国—中亚天然气管道不断拓展的优势，进一步扩大与沿线所有国家的天然气合作规模，将这一管线与沿线国家的管网连接，逐步扩张为具有更大覆盖面的中国—中亚天然气管网，从而进一步加大与中亚国家油气上下游领域的全面合作。

（三）推动能源综合发展

在今后10年内，围绕着油气开发这个中心，推动中国国内油气产业发展与中亚油气产业的协同发展。有可能在中亚国家建设中亚油气技术服务体系，修建石油设备制造中心和技术培训中心；同时进一步推动中国—中亚国家在煤炭、水电、风能和光伏等可再生能源和核能领域的合作，将中国与中亚国家的跨界河流资源开发列入合作议程。

（四）实现社会需求的协同发展

今后中国将加强与中亚国家在多边领域的合作，直接推动地区一体化开发；利用上海合作组织等地区性合作机制，推动本地区政治、经济和文化的全面合作。国有企业也将顺势发展，不断提升企业的社会责任和本地化，使多国人民共享合作成果。

专题三

沙特、伊朗和伊拉克能源战略态势与中国"一带一路"战略倡议对接前景分析

一 近期三国能源战略新态势

(一) 沙特

1. 沙特的油气战略与国际市场紧密关联

目前,沙特的能源战略就是油气战略,包括国内油气一体化开发战略、出口战略、对外合作政策和对欧佩克与世界市场变化的重大政策。沙特的所有石油战略和沙特阿美石油公司的重大战略动向均与国际石油市场变化和石油价格波动紧密关联。目前的低油价与沙特于2014年10月放弃"石油机动国"政策和低价出口、扩大市场份额的策略紧密关联。在国际石油市场上,沙特将继续利用本国的低石油成本优势,与美国的页岩油气博弈,寻找新石油秩序中有效供应的尺度和出口政策的温度,也不排除与俄罗斯形成新的能源联盟,短期内适度提升石油价格。但是面临着伊朗增加石油出口,抢占市场的巨大压力。这正是4月17日多哈"冻产"协议流产的主要原因。在这一全球石油博弈中,沙特也饱尝"杀敌一千,自损八百"的后果。如何正确把握石油政策尺度正考验着沙特决策层的智慧和经验。

2. 沙特的能源转型任重而道远

沙特深知"因油而富"的巨大优势和根本缺陷。因此利用石油收入,快速建设本国经济,走经济多元化的道路,争取成为具有国际影响力和经济活力的世界大国之一是其基本战略。2015年麦肯锡全球研究

院应邀为沙特经济做了诊断，提出以全要素生产率和投资为驱动力、超越石油的新发展思路，为沙特展示了可持续发展的良好前景。据我们观察，虽然近几年来沙特已经推动内部产业关系调整，强化产业竞争力和商业公司的地位，减少公共投资的社会责任，向国际化、资本化的公司发展。同时，加快国内基础设施建设、工业区、开发区和经济城等建设计划，体现了更加开放和变革的趋势。但是，目前沙特的战略与政策调整思路较窄，有些改革可能涉及沙特相对封闭的文化冲突。随着人口增长，就业压力增加，国内需求上升，对沙特的现行发展模式将带来压力。

如今石油时代进入新阶段，今后将长期面临着低需求增长、低油价与低成本压力和低排放的制约，将使沙特目前的石油战略难以持续。虽然要接受麦肯锡全球研究院的建议具有国内外的压力，但是未来沙特的能源转型将十分艰难。

（二）伊朗

1. 油气战略调整的动力源于国内经济可持续发展的需要

长期以来，伊朗的经济社会发展对于油气高度依赖。由于制裁和外部环境，伊朗的油气产业发展十分曲折而艰难。油气产业的缓慢发展和停滞大大限制了伊朗的经济发展和国力提升。

根据伊朗独特的政教一体特性，伊朗制定油气战略的基本原则与其"尊严、智慧和利益"三大原则一致。1979年伊朗革命后，与美国的关系恶化，随后的两伊战争和20多年的外部制裁，使得伊朗的发展被孤立和限制，经济社会发展落后。经过20多年，特别是近十多年的反复博弈，伊朗的现任总统表现出了勇气和智慧，加快了与外部世界的积极合作。这一战略和政策调整的动力基于内因，即伊朗长期稳定和可持续发展的需要。

2015年7月伊朗与六国达成核协议，2016年1月西方国家开始解除对伊朗的制裁，使今后的伊朗进入新的发展阶段。如果伊朗把握机遇，因势利导，不激化国内外既有矛盾或引发新矛盾，未来伊朗的经济发展将快速跟上全球发展步伐。如果处理不当，不排除伊朗再次回归过去的制裁局面。这正是 2013 年鲁哈尼当选总统后，主动做出对外和谐发展的举措，并已经取得重大进展。

2. 当前主要任务是扩大对外合作、增加产出以恢复市场占有率

与六国达成核协议后，伊朗积极表示要回归世界油气市场，开展国际投资和合作。预计今后伊朗的对外合作战略和政策将持续，并将根据国内外新形势，做出向更多、更深和更广方向发展的合作和调整。当前伊朗的首要任务是增加国内石油产出，夺回失去的出口配额，这正是伊朗与沙特为首的产油国的利益冲突所在。同时，增加油气出口将面临全新的国内外市场需求的变化压力。预计伊朗将在油气市场上不惜代价抢市场、争投资，获取失去的利益。

（三）伊拉克

1. 油气发展规划目标的实现存在难度

海湾战争后，伊拉克以其特有的民族主义意识，没有遵循美国为其设定的政治制度和经济制度，特别是石油法规与政策。伊拉克根据本国利益的发展诉求，制订了 2013—2017 年的国家发展计划。一方面尽快恢复国内能源生产，将国内石油产量稳定在 300 万桶/日；另一方面以能源特别是油气产业为核心产业，精心规划和推出四轮对外招标，取得了十分良好的效果。截至第二轮招标，伊拉克与国际公司签署的协议产能几乎是目前 300 万桶/日生产水平的五倍，可使该国在十年内大幅提升石油生产能力，期望到 2020 年前将石油产量提高到 900 多万桶/日。随后人们很快发现，这些生产潜力均难以得到及时和有效地发挥。

根据 2012 年国际能源署（IEA）分析，到 2020 年伊拉克石油产量可翻番到 610 万桶/日，2035 年达到 830 万桶/日。最大增长来自南部巨型油田聚集区。到 2035 年实现石油出口累计收入近 5 万亿美元，每年平均为 2000 亿美元，为改变伊拉克的未来命运提供了良机。但是，要达到上述石油生产和出口水平，伊拉克还需要在整个能源供应链上取得既快速又协调的发展，包括须有足够的钻机供应和水供应，还需要具有足够的石油储备能力和运输能力，以适应石油生产扩张的需求，减小过度依赖南部海运通道的风险。

2. 油气生产和出口面临制约条件

今后制约伊拉克油气生产和出口的产业制约条件：一是国内管道等运输基础设施缺乏、滞后和限制；二是缺乏必要油气储备设施；三是缺乏更大能力的出口港口支撑；四是缺乏电力支撑；五是缺乏污水处理等公共设施的支持。同时，社会制约因素主要是缺乏必要的法规、高效的政府管理制度，缺乏国有经济与私人经济之间的配合。

未来伊拉克的天然气供需平衡和余量出口潜力取决于开发非伴生气资源的激励因素。根据IEA研究，2020年前后可出口天然气；到2035年前出口量可接近200亿立方米。现实的资源和市场潜力为伊拉克进一步扩大出口提供了条件，使其可以向邻国、欧洲市场、（通过LNG）向亚洲提供极具成本竞争力的天然气。

为实现其能源政策目标，伊拉克需要在以下几个方面取得实质性进展：改善和提高机制和人力资源效率；完善决策协调与合作；拥有一个强大而明晰的法律和监管体系；为私人与金融部门参与创造更好的条件；对于未来政策方向取得更加广泛的共识。如果进展顺利，未来伊拉克能源行业乃至整个国民经济前景将大为改观，并可能使其成为本地区和全球能源体系的发动机。

以上三国是西亚地区较为重要又相互独立的产油气国家。周边大小不一的多数油气资源国，包括科威特、阿联酋、卡塔尔、巴林等在石油政策上基本与沙特保持一个阵营。个别国家（如叙利亚）与伊朗保持一个阵营。在天然气和清洁能源领域各自发展，这些国家总体进展缓慢。其中，阿联酋具有较为更加开放、活跃和积极走向多元的能源政策，核电、可再生能源、地区开放和全球智力交流使阿联酋的国际地位得到不断提升。

二 "一带一路"战略倡议下我国与西亚三国合作新方向与新领域

西亚地区是我国"陆上丝绸之路经济带"和"海上丝绸之路"的交会点。其中，沙特、伊朗和伊拉克是我国海外能源合作的重点国家，也是推进"一带一路"战略倡议的重要支点国家。能否顺利推进我国的这一战略倡议取决于战略利益和能源政策—产业—文化能否对接。

根据对全球石油时代进入新阶段的基本判断,结合当前国际石油形势的变化,我们提出了今后中国与西亚三国合作的七个新思路和方向。

(一) 以石油贸易为基础,基于石油贸易,超越石油贸易

西亚三国是我国重要的原油进口来源国,也是未来我国石油消费增长的重要保障。2015年我国原油进口33549万吨(净进口33263万吨),其中从沙特进口5054万吨,占比15.1%,从伊拉克进口3211万吨,占比9.6%,从伊朗进口2662万吨,占比7.9%,西亚三国分别为我国第一、第三和第六大原油进口国。根据《世界能源中国展望(2015—2016)》的预测,未来我国石油产量维持在2亿吨以上,难以增长,我国石油消费增长依赖于进口增加,预计到2030年中国石油净进口将达到3.83亿吨,与2015年相比,还会增加5000万吨。根据IEA《世界能源展望2015》的预测,2020年前OPEC国家与非OPEC国家原油产量将会增长,2020年以后非OPEC国家产量下降,而OPEC国家产量继续增加,世界新增的石油消费依靠OPEC国家(特别是中东地区的OPEC国家)的产量增加来保障。预计到2030年沙特、伊朗和伊拉克将在2014年的基础上,分别增产150万桶/日、140万桶/日和300万桶/日。由此可以预见,中国与西亚三国未来的石油贸易量将会随着中国石油消费的增长而增长,为超越石油贸易之外合作提供坚实的基础。

(二) 加大石油产业下游领域的交叉投资

西亚三国的国内炼厂产能有限,沙特、伊朗、伊拉克炼厂产能占国内石油消费的比例分别为75%、91%和72%,随着国内石油消费的增长,需要进一步投资。从供需互保的能源安全观来看,石油生产国需要稳定的需求和市场,有在石油消费国建立石油炼化设施和终端零售设施的意图。中国与沙特的石油合作中,既有在沙特延布的炼厂项目,也有在中国天津的炼厂项目。中国在与伊朗和伊拉克合作中可以拓展石油产

业下游的交叉投资合作。

（三）积极推动其他能源领域的合作，特别是核电和新能源领域的合作

"十三五"期间，我国电力领域需求增长趋缓，国内市场空间有限，但是"十二五"期间的高速增长，让我国在煤电、核电和水电领域储备了大规模的设备生产和施工能力。沙特和伊朗想改善过度依赖化石能源的电源结构，发展核电和可再生发电，伊拉克需要摆脱电力短缺，计划在2020年完成1300万千瓦的新增装机。中国可以向西亚三国提供火电、水电和风光产业适用的技术、整套装备和基础设施建设，直至提供产业（技术与人力和标准等）培训；可以为海外工业园区提供清洁高效的电网（互联网和智能电网）。

（四）根据西亚三国的战略规划，参与和推进国内和区域的电力互连互通

"中国—中亚—西亚经济走廊"是"一带一路"战略倡议下的六条经济走廊之一，在建设经济走廊的同时，实现电力的互连互通，一是扩大电力基础设施缺乏国家的电网覆盖范围，解决无电人口问题；二是进一步加强网架薄弱国家电网的坚强性，提升供用电质量；三是开展电网完善国家智能化升级，提升电网的适应性和灵活性。中国可以输出的长距离电力输送技术如特高压，提供相关的电力设备贸易和技术服务，如提供产业配套、负荷中心规划和管理。

（五）开展公共基础设施投资，促进经济社会发展

在西亚三国中，沙特基础设施相对完善，伊朗和伊拉克由于受到制裁和战争的影响，国内交通、通信和水处理等基础设施落后。由于基础设施建设投资规模庞大，流动性差，回报周期较长，商业资金难以完全有效匹配。目前，西亚三国的基础设施建设投资主要来自公共部门，在低油价背景下，三国财政收入下降，出现财政赤字，难以组织大规模的基础设施建设，中国可以发挥资金和技术的优势，参与西亚三国的基础设施投资。

（六）加强金融机构之间的合资合作

充分利用丝路基金和中东工业化贷款，实施项目投资的同时促进双方金融机构的了解，形成股权投资和债权投资的范式，完善开发性金融与商业金融相结合的投融资支持体系。2014年中国出资400亿美元设立丝路基金，2016年1月，中国承诺联合阿拉伯国家，共同实施产能对接行动，将向中东提供550亿美元的贷款，促进中东工业化进程，包括：中国将设立150亿美元的中东工业化专项贷款；提供100亿美元商业性贷款和100亿美元优惠性质贷款；同阿联酋、卡塔尔设立共计200亿美元的共同投资基金。同时，促进人民币在能源领域的贸易结算，推动人民币纳入西亚三国的储备货币，改变原有的石油贸易—石油美元回流的循环。

（七）积极开展能源战略与政策对话

通过双边和多边能源政策沟通，达成区域合作共识；形成区域合作政策、商务、技术和合作规范；形成政府—产业—公众对话机制；推动经济一体化，建立包括电力在内的自贸区规则和协作机制、争端处置和应急处置机制；建立国家之间的互信和缺乏互信下的第三方介入机制。

专题四

中俄油气合作历史、问题及前景分析

本部分以中国与俄罗斯在石油和天然气领域双边合作为研究案例,基于中俄两国在油气领域的合作实践和我们的跟踪研究,深入研讨这一能源合作的性质、动力和不同情景下的博弈与发展趋势,以及对今后双边能源合作的建议等。

一 中俄油气合作的性质和发展过程

(一)中俄能源合作的性质

中国和俄罗斯互为欧亚大陆最大邻国,共享漫长的边界,也是复兴中的世界大国。中俄两国无论是相互合作还是相互竞争,对于两国的生存和发展,对于欧亚大陆乃至全球政治经济关系均有着极为重要的影响。

在近现代历史上,中国与沙俄、中国与苏联之间经历了诸多历史恩怨情仇,但是最终彼此都不得不确认对方的战略意义。1991年苏联解体之后,中俄两国在新的历史时期,由分离、论战和对抗走向战略协作伙伴关系,开启了新的历史阶段。这种双边战略合作关系告别了过去的中苏联盟关系,走向战略合作,而不是新的联盟。这是在全球化大背景下,两个亚欧大国之间最明智的战略选择。以石油和天然气为主的能源合作正是两国长期战略合作的重要内容。

中俄能源合作是中国对外能源投资合作和经济外交的重点内容,也是俄罗斯亚欧战略和对外能源合作的新的优先方向。在中国和俄罗斯所有的周边关系中，中俄能源合作关系始终具有特殊的意义、作用和影响。

以战略协作关系看，中国与俄罗斯两国在亚太地区起着越来越大的作用。从经济角度看，不仅中国需要开辟与俄罗斯的能源通道，利用俄罗斯的能源资源，而且俄罗斯未来的生存与发展也要求开发其远东地区经济，开拓亚太地区，其中中国是亚太地区中的一个极为重要而稳定的巨大市场。从政治和外交方面看，俄罗斯的复兴要借助中国的力量，而中国的崛起也需要借助俄罗斯的力量。总之，中俄两个大国互为邻国，相互借重、互为纵深的特点决定了两国合作的地位、关系和主调。这样的战略合作在东北亚地区、中亚地区、欧亚大陆和全球层面具有其他双边合作关系无法替代的作用。

中俄油气合作涉及两国重大的能源安全问题。俄罗斯作为一个资源大国，拥有发达的上下游一体化的石油天然气工业体系，其国民经济的发展仍严重依赖资源产业和资源出口。作为一个资源出口大国，能源安全的关键在于找到巨大而稳定的市场。欧洲是俄罗斯油气出口的传统市场，规模大，又相当稳定，无论是过去还是现在都是俄罗斯油气出口和油气安全的重要保证。但是，随着世界政治经济格局的演变与发展，为了适应东部地区的发展需要，俄罗斯又必须开辟欧洲以外的市场，实现市场扩张战略的多元化。

对于俄罗斯来说，环视全球，巨大而稳定的非欧洲市场首先是在包括中国、印度、日本在内的亚太市场，同时，还有北美市场、西亚市场、中东市场，乃至拉美市场等。在开辟非传统市场过程中，最便捷、有效而稳定的周边市场还是亚太市场，特别是中国市场。所以，俄罗斯要确保能源安全，开辟非欧洲市场，关键在于开辟中国市场。这是俄罗斯方面不愿多提而又不争的议题。

对中国来说，传统的石油进口依赖于中东地区，这一局面还会延续。但是，进口的多元化与中国的石油安全息息相关。因此，在未来稳定中东石油进口主渠道的同时，中国需要开辟中东以外的油气供应地。显然，离我们最近、资源丰富、供应稳定的周边供应地是俄罗斯和中亚国家。因此，中俄油气合作是双方共同的战略选择。既然如此，两国间的能源合作不会因为具体争议、局部曲折而改变,因为这是长远的战略选择和战略性的合作,涉及几十年的长远发展。这一合作的战略地位具有不可替代性。

中俄油气合作不仅是双边能源合作,也涉及多边能源合作关系,在地区性和全球性多边能源合作中两国相互沟通、协作,发挥了积极的重要作用;它不仅是周边合作,也涉及欧亚大陆合作框架;它不仅是经济合作,而且与政治、军事、外交、文化等领域的合作相呼应;它不仅是商务合作,而且是大国间的战略合作。然而,从过去20多年的历史看,中俄在战略合作的道路上经历了诸多曲折。

(二) 历史过程

下文所述的中俄油气合作历史过程主要是指1991年苏联解体之后20年的发展历程,可分为试探阶段、起步阶段、初步调整阶段、深入发展和胶着阶段、金融危机阶段和重新认识阶段。厘清发展阶段,分析出现的问题,解析合作情景,不仅有助于深化对中俄油气合作的认识,而且也有助于深入认识中国和俄罗斯在亚欧大陆的能源地位、责任和影响。

1. 试探阶段(1992—1996年)

在这一阶段,俄罗斯经历了苏联解体后政治地位的衰落、经济规模和市场萎缩以及国际地位下降等巨大变化和困难局面。油气工业陷入困境,油气投资严重不足,传统老区主力油田油气产量迅速下降,而具有巨大油气资源潜力的东部地区未能得到开发,甚至需要从俄罗斯西部地区进口油气。为了改变这一局面,需加快东部地区油气资源开发,带动东部经济发展,20世纪90年代的俄罗斯政府曾邀请中国石油公司参与俄罗斯东部地区的油气开发,并支持私人石油公司代表政府,与中方伙伴开展合作。

在这一阶段,中俄两国石油公司开始接触,达成了一些有关合作协议和技术经济论证的意向。在初期的谈判中,俄方提出了比较具体的合作项目与建议,但是缺乏实际规划。虽然中方专家对俄罗斯的油气资源具有清楚的认识,但是,由于当时中国的市场有限,对俄罗斯当时羸弱经济和不稳定的投资环境有所顾虑，缺乏充足的思想准备和明确的战略部署。

2. 起步阶段（1996—2000年年初）

1996年俄罗斯第一任总统叶利钦进入第二个总统任期，并访问中国。中俄两国在政治上形成了战略协作伙伴关系，签订了包括天然气协议在内的一系列合作协议。

1996年4月，叶利钦访问中国，中俄发表《中俄联合声明》，宣布"发展平等与信任的、面向21世纪的战略协作伙伴关系"。这一联合声明标志着中俄两国进入了以战略协作伙伴关系为特征的发展时期。[①] 在此基础上，两国签署了共同开展能源领域合作的协议，并成立了中俄石油天然气合作委员会，为中俄油气合作提供了组织保障。此后，关于油气管道的协议和可行性研究工作不断推进，合作步伐加大。值得注意的是，两国油气合作的法律体系和合作机制逐步构建起来，包括两国每年举行最高级别的元首会晤，建立了两国政府首脑定期会晤机制及其协调机构——总理定期会晤委员会，下设能源合作分委员会，具体负责两国的能源合作事宜，特别是铺设从俄罗斯通向中国的输油、输气管道问题。

3. 初步调整阶段（2000—2004年）

进入21世纪后，普京接替叶利钦出任俄罗斯总统，中俄油气合作稳步地进入初步发展阶段。2000年，普京上任后，着力稳步调整俄罗斯的内政外交政策，十分明确要强化国家对油气工业的控制程度，提高国有油气公司的独特地位，规范私人石油公司的经营行为，对华油气合作政策在延续前任政策的前提下得到加强。这一状况与当时的国际政治经济形势和俄国内政策调整密切相关。特别是2003年后国际油价上涨、"9·11"事件，使得国际政治局势和能源市场不稳定，俄罗斯凭借其庞大的油气储产量和出口量，在国际能源市场上异军突起，展现出一个被西方称之为"能源超级大国"的势头。2003年俄罗斯出台了《2020年前俄罗斯能源战略》。该战略以国家能源安全利益为最高目标，确定

---

① 李静杰：《试论中俄战略协作伙伴关系》，《东欧中亚研究》1997年第2期。

了能源工业的国内外发展方向、具体部署及对外合作与外交重点，基本确定了21世纪俄罗斯能源工业发展战略的基本框架。[①] 同时，普京进一步调整国内的私有化政策，规范石油寡头的行为，逐步调整对外合作政策，也逐渐改变着中俄油气合作的环境。这一阶段的主要事件是中国石油集团撤出对斯拉夫石油公司的竞购，中俄"安大线"输油管道项目夭折。中俄油气合作处于低潮。

4. 深入发展和胶着阶段（2004—2008年上半年）

2004年普京进入第二个总统任期，在这一阶段，俄罗斯的油气战略和政策经历了一个重大调整的过程。普京形成了比较清晰的民主政治观、市场经济观和对外政策观。中俄之间的战略认知有所深化，中俄油气合作进入深入发展阶段。

在这一阶段，中俄油气合作经历了三个重大事件：（1）俄罗斯通过打击个别石油寡头（以处理尤科斯石油公司为标志），收回战略性资产，强化国有石油公司的地位等措施，明显增强了国家对战略性油气资源和资产的控制力度，同时对外合作条件日益紧缩、苛刻，对中俄油气合作构成了较大压力；（2）按照俄罗斯的请求，中国决定向俄罗斯提供60亿美元的紧急贷款，向困境中的俄罗斯政府"雪中送炭"，不仅解决了俄罗斯的燃眉之急，而且使俄罗斯看到了中国强大的资金实力和不断上升的资本市场的优势；（3）中国石油集团和中国石化集团分别在2004年和2005年与俄罗斯天然气工业股份公司和俄罗斯石油公司（现称为"俄油"股份有限公司）建立长期战略合作关系，两国确立了以国有大公司为主体的油气合作格局，随后，在政府层面建立了副总理级谈判机制，主导双边合作，处理合作中的重大问题。中俄油气合作出现了大公司合作联盟化、政府能源合作机制常态化的趋势，推动了中俄油气合作进入深入发展阶段。但是，无论是上游合作还是下游合作，均无重大进展，油气管道谈判更是艰难。由于俄罗斯未放松对战略性油气资源和重大战略项目的控制力度和谨慎合作政策，中国对俄罗斯进入国

[①] 徐小杰、王也琪：《2020年俄罗斯能源发展战略研究》，中国石油集团经济技术研究中心，2003年。

内下游市场也十分谨慎，使得两国油气合作具有胶着的一面。

5. 金融危机阶段（2008年下半年至2010年）

2008年下半年，席卷全球的金融危机和随之而来的全球性经济衰退对中俄油气合作产生了不可忽视的冲击和影响，使两国进入了新的合作环境，彼此对对方战略身份的认知进入新的阶段。

2008年10月，中俄两国总理在莫斯科讨论加强在油气勘探开发、管道运输和下游加工利用等领域的合作，签署《中俄石油领域合作谅解备忘录》。根据当时的框架性协议，俄罗斯石油公司和俄罗斯石油运输公司分别向中国提出150亿美元和100亿美元的贷款请求；作为交换，俄罗斯在20年的期限中，向中国出口3亿吨原油。同时，俄罗斯放行俄罗斯通往中国大庆的原油管道，由中国石油天然气集团公司与俄罗斯管道运输公司签署了《关于斯科沃罗季诺至中俄边界原油管道建设与运营的原则协议》。

2010年是本阶段一个重要的年份。中俄原油管道俄罗斯段于2010年8月底完工，2010年年底全线投产。同年9月21日，中俄东方石化（天津）有限公司1300万吨/年炼油项目奠基仪式在南港工业区举行。该项目由中国石油天然气股份有限公司与"俄油"合资建设，中俄双方分别持股51%和49%。中俄天然气管道项目谈判依然困难。

可见，在全球性金融危机和低油价的打击下，俄罗斯严重依赖能源市场的经济结构弊端显露无遗，对外博弈能力下降。金融危机进一步改变了俄罗斯对自身的定位和对中国战略身份的新认知。俄罗斯高层认识到了过度国有化使得国家财政面临困难。因此，出现了"现代化"和部分私有化的计划；对中国的新认知不仅涉及中国的资金和市场优势，更主要的是，这些优势是俄罗斯欲借用又担心的问题。[①]

6. 重新认识阶段（2010—2012年）

2010年后的两年，中俄两国逐步消化和摆脱金融危机的冲击，经济平稳发展，但是也暴露了诸多内部的新老矛盾。比如，在中国经济发

---

① 以上中俄油气合作历史阶段"1至5"内容转引自徐小杰《石油啊，石油——全球油气竞赛和中国的选择》（精装版），中国社会科学出版社2012年版，第229—240页。

展中高能源消费带来的高污染成为国民经济和社会发展越来越大的负资产，同时，在经济结构和发展方式的调整中内需滞后日益凸显。在俄罗斯，国民经济结构调整依然缓慢，但是社会矛盾日益突出。两国在这一阶段均处于重新思考期。双方均期待2012年两国领导人变更后的政策变化。是年5月普京重返总统地位，调整过去对华政策中的等待态度；同年10月，中国共产党召开了第十八次代表大会，确立了新的领导集体，进一步提升对俄合作。

虽然这一时期双方在天然气价格等敏感问题上继续博弈，但是双方都需要重新认识对方，重新认识亚欧地区和全球能源格局的新变化和压力。

在这一战略认知过程中，中国需要深入认识普京三任总统时期的新环境、新挑战、新的治国思路和对华战略意图；深入研究今后俄罗斯将在什么战略考量上看待两国的能源合作和地区关系，慎重评估全球能源格局新变化对两国在亚欧大陆能源供需平衡中的优势传递与利益，从而深入思考两国在油气领域合作的新策略。同时，俄罗斯也需要重新认识世界能源发展新态势，特别是美国"页岩气革命""能源独立"趋势给世界油气市场带来的供需格局性的变化、区域天然气市场重组对俄罗斯油气出口地位的直接冲击；需要重新认识中国，特别是认识"中国梦"、"新四化"、中国油气进口布局对俄罗斯对外关系和能源安全利益的影响；需要重新认识俄中油气合作中面临的认识差异和利益差异，及时把握对华油气合作的机会、利益和节奏等问题。

二　情景分析与展望

（一）2013—2018年中俄合作政策分析

2012年5月前，普京在竞选总统前发表的对外合作文章中明确表述了继续发展对华关系的优先方向，十分强调对华政策的连续性和提升对华合作的战略意义。与过去俄罗斯领导人上任后一般都把眼光放到西方不同，普京上任后一个月内首先访华，清晰体现了俄罗斯从战略上把中国放在特别重要地位的战略思维，直接体现了普京的东方政策。访华期间，普京强调中俄建立全面战略协作伙伴关系的战略意义，强调落实 2013—2016 年战略纲要的具体措施，提出加强在能源、航空、贸易、科技园区、保险以及媒体方面的深度合作，实际体现政治互信、深化务实合作。普京访华着眼于长期合作，力主消除障碍，增进互信。俄罗斯逐步完善移民法律，消除对华劳工限制，在边界加强了军事互信和共同应对自然灾害方面的合作。为了推进其远东地区经济发展，俄罗斯成立了远东部和远东开发公司，大力推进东部合作步伐。这一切清楚表明，俄罗斯比过去更主动加强了与中国等东方国家的合作，期待有更大的作为。

在中国方面，2012 年 4 月，时任国务院副总理李克强访问俄罗斯，提出中俄两国应在经济部门的上、中、下游全面加强合作。2013 年 3 月习近平以国家主席身份首次访问俄罗斯，指出中俄两国都处在发展复兴的关键阶段，两国人民对发展中俄关系、加强各领域合作都有更高的期待。中俄两国对人类和平与发展的崇高事业承担着更大责任，明确中国把发展中俄关系作为外交的优先方向。在此次访问中，两国元首达成新的重要共识，为中俄全面战略协作伙伴关系的持续健康稳定发展注入了新的强大动力。此次会晤期间，中国石油集团与俄罗斯天然气工业股份有限公司签署了中俄东线天然气合作备忘录。

2013 年 6 月 21 日，在俄罗斯总统普京和中国国务院副总理张高丽共同出席的第十七届圣彼得堡国际经济论坛能源圆桌会议上，中国石油集团和"俄油"股份公司签署了俄罗斯向中国增供原油的长期贸易合同。根据该合同，俄罗斯将在目前中俄原油管道 1500 万吨/年输油量的基础上逐年向华增供原油，到 2018 年达到 3000 万吨/年，增供合同期 25 年，可延长 5 年；通过中哈原油管道于 2014 年 1 月 1 日开始增供原油 700 万吨/年，合同期 5 年，可延长 5 年。俄方还承诺在中俄合资天津炼厂建成投运后，每年向其供应 910 万吨原油。未来 25 年，俄罗斯每年将向中国供应逾 4000 万吨原油，总价值高达 2700 亿美元。这份协议充分利用了目前中俄原油管道的潜力。同时，通过再建复线，扩大原油贸易规模和运输能力，提升双边石油贸易水平。值得注意的是，中国石油集团与俄罗斯独立天然气生产商诺瓦泰克公司签署收购亚马尔 LNG 项目 20% 股份框架协议，拓展了中俄油气合作领域，即推动两国能源合作从原油贸易进一步向俄罗斯天然气领域延伸，由国有企业之间的合作向私营大企业延伸的新趋势。中俄两国达成的这系列油气合作协议是过去两三年来双边紧密交流、谈判和合作的直接成果，更是两国审视全球油气局势变化做出的反映，为中俄油气合作增添了新内容，标志着中俄油气合作的新进展、新水平和新突破。

2013年9月，习近平主席在圣彼得堡二十国集团领导人第八次峰会前与普京再次会晤，双方表示继续加快推进能源、航空等领域战略性大项目合作，继续深化军事科技合作，共同见证了能源、航空、地方合作等领域合作文件的签署。在此次会晤中，中国石油集团同俄罗斯天然气工业股份公司签署了中俄东线天然气合作的框架协议、中国石油集团同诺瓦泰克公司关于亚马尔液化天然气股权合作协议。中俄东线天然气合作框架协议的签署，清楚地表明了俄罗斯对加快天然气协议谈判的迫切愿望和对中国天然气市场的新认识，为中俄下一步最终达成天然气协议提供和创造了良好的条件。

2013年10月22日，在中俄两国第18次总理会晤期间，"俄油"股份公司与中国石化集团签署俄罗斯向中国增供原油1000万吨的协议；同时，"俄气"和"俄油"股份公司分别与中国石油集团会晤，表达了希望加快中俄天然气合作谈判步伐，扩大上下游领域合作程度。

根据对上述两国达成的协议和所体现的合作政策，从2013年到2018年中俄两国油气合作格局基本成型。首先，在原油贸易方面，将建立以原油贸易为中心、以管道贸易为手段、以上下游交叉投资为辅助的合作关系。从1500万吨到4600万吨，乃至5600万吨的提升完全合乎两国现实的资源基础、发展规划和市场需求，未来这一贸易规模仍有进一步增长的空间和领域。因此，我们认为2015—2020年中俄能源战略合作至少在原油问题上，可以形成一个比较稳定的供需互保的双边能源安全保障格局。

相比之下，多年来，中俄两国在天然气领域的合作呈现了相对艰难的情形。两国就天然气贸易曾达成诸多共识，直到达成上述的天然气合作框架协议，推进天然气会谈。2007年中国曾应俄罗斯的要求，明确向俄方展示了2020年具有从俄罗斯进口680亿立方米的天然气需求。

但是，两国间多年的天然气谈判缓慢，表面原因在价格差距上（因为双方对天然气价格公式的认识差距较大，脱离了市场实际承受能力，难以达成协议），而根本原因在于双方对当今全球天然气开发趋势、市场状况和未来前景有不同的认识。

近几年来，全球天然气产业发生了较大变化，一方面已有的天然气生产国和出口国出现供应困局，比如，伊朗天然气出口受困于国际制裁，使其天然气产业，特别是液化天然气发展计划几乎流产；卡塔尔天然气供应处于高峰，增加出口能力减缓；印度尼西亚天然气供应量呈现下降趋势；即使是前些年比较看好的澳大利亚的天然气产业也面临着过度投资、服务成本上升、环境压力加大、项目预算超支等一系列问题，使新建液化天然气项目难以推进。另一方面新的天然气供应源不断增加，美国和加拿大将在2017—2018年实现天然气出口；伊拉克也有望在2017年后或2020年前后形成天然气出口能力（150亿立方米左右）；东非的莫桑比克也计划在2018年实现第一轮LNG出口，中亚国家表示了向东北亚国家扩大出口天然气规模的愿望。这些新的供应加剧了全球天然气卖方之间的竞争。同时，亚太天然气市场发生了明显的变化，尤其在液化天然气领域，日本和韩国的传统消费市场趋于饱和，而中国和印度等新兴市场增长突出。这些变化提示俄罗斯，在天然气领域，脱离市场需求的天然气资源必然丧失应有的价值，不合时宜的开发必然被竞争淘汰，落后的垄断守旧将丧失市场机会，从而被边缘化。

2013年，中国石油集团与诺瓦泰克公司达成的天然气合作框架协议是积极和明智的。首先，这一合作行为体现了中国石油集团和私人公司对全球天然气资源与市场前景的正确判断。其次，这一合作意向体现了中方对俄天然气开发、出口趋势以及对俄新合作伙伴的正确判断和选择。面对欧洲天然气需求下降的趋势，俄罗斯必须平衡管道天然气出口和液化天然气出口的关系，客观认识2018年前后世界区域天然气市场的潜在变化，客观认识中国和印度在亚洲市场的中心地位和特殊性。从2013年俄罗斯的动议和对外姿态看，"俄气"股份公司开始对全球区域天然气市场、区域价格走势、中国市场需求和接受能力有了更加谦虚的认识，有希望加快推进。

总之，2012年后中俄在油气领域的合作成果将两国的能源合作带入了新阶段，2013年两国国有石油公司在石油进口、管道运输、液化天然气和东西伯利亚的油气勘探开发领域均签署了系列合作协议或合作意向，且有加快之势，基本确定了2018年前双边油气合作的基本格局，对今后的能源合作具有直接的影响。

（二）"生态能源新战略"情景下中俄油气合作环境

在"生态能源新战略"情景下，2030年中国的石油缺口在3.83亿吨，天然气缺口在2268亿立方米。目前，中国的石油贸易发展要求在维持中东进口主渠道的同时，推进多元化；而天然气贸易的重点则在于加大周边地区贸易，形成周边管道天然气和区域性的液化天然气多元供应的格局。其中，液化天然气的供应源增多，卖方市场竞争逐步形成，增加了买方的灵活性。

我们在研究中国跨境天然气通道的基础上认为，中国国内天然气主管网和周边天然气进口体系将逐步实现由条到面、由线到网的布局，运输功能和调节空间不断增大。到2020—2025年，仅中国—中亚天然气管道的运输能力将大大超过650亿立方米。2013年，中缅天然气管道建成，形成120亿立方米进口能力，2020年前中俄东线天然气管道协议谈判可能取得重大进展（形成380亿立方米进口能力）。除此，中国通过海上与中东海湾国家、非洲、澳大利亚、加拿大和美国建立长期的液化天然气贸易合作关系，形成相当于800亿立方米以上的进口规模。我们预计，2020年后中国天然气总供应量可能大于市场的需求水平（近4000亿立方米），管道天然气进口规模可能面临液化天然气的激烈竞争；俄罗斯管道天然气面临着与中亚天然气的激烈竞争（见专题表4-1）。

专题表4-1　　　　　　　　中国油气进出口趋势　　　（单位：百万吨，亿立方米）

年份	"生态能源新战略"情景		
	2011	2020	2030
石油需求	454.31	556.27	584.98
石油产量	200.65	223.85	202.31

续表

	"生态能源新战略"情景		
年份	2011	2020	2030
石油缺口	253.66	332.42	382.67
天然气需求	1299.2	3998.19	5827.39
天然气产量	1053.48	2324.52	3559.14
天然气缺口	245.72	1673.67	2268

资料来源：IWEP能源数据库。

（三）IEA新政策情景下俄罗斯油气对外合作潜力

IEA对俄罗斯年度能源发展进行了长期跟踪研究和展望。根据其情景分析，2011年以后俄罗斯的国内石油需求在1.61亿吨基础上持续上升，2020年为1.66亿吨，2030年为1.77亿吨；而2011年俄罗斯石油产量为5.52亿吨（远高于实际产量）。而到2020年产量下降为5.26亿吨，2030年为4.85亿吨。因此，IEA判断俄罗斯目前已经处于产量高峰期，2020年走向下降，直至2030年下降到5亿吨以下。在俄罗斯国内，俄罗斯能源部发布的《2030年前俄罗斯能源战略》和俄罗斯科学院能源研究所的《2040年前全球和俄罗斯能源展望》仍然认为，俄罗斯的石油产量依然具有上升的空间，但是上升的幅度和时间是有条件和变化的。综合对俄罗斯石油需求和产量趋势分析，我们认为，2015年前俄罗斯石油产量有缓慢上升的势头，但是产量上升的力度有限。因此，可以判断目前俄罗斯石油产量处于高峰平台。石油出口在其石油盈余内保持在3亿吨左右。考虑到今后俄罗斯加大石油产品出口的政策，原油的出口比例必将呈现下降趋势。

IEA俄罗斯天然气需求增长趋势与本报告的分析大体一致。俄罗斯内外多数研究机构认为，俄罗斯天然气产量依然具有保持增长趋势的资源基础。但是，能否实际保证俄罗斯所期待的天然气大幅增产的趋势，根据天然气的产业特点，取决于天然气的基础设施和国内外的市场需求。因此，在国外市场需求不明的情况下，俄罗斯的天然气产量和出口量是个不确定数。

值得注意的是，俄罗斯的天然气出口占欧盟的天然气需求量的50%以上。但是，欧盟对俄罗斯天然气的需求正受到内外多种供应源的竞争，且在目前的经济状况下需求增长有限。这一市场需求趋势与俄罗斯的天然气出口仍有持续增长的潜力构成了矛盾。因此，开辟非欧洲市场是俄罗斯的必然选择。而这个非欧洲市场已经排除了北美市场，还将受到来自2018年前后北美天然气出口的巨大压力。在欧洲市场，特别是南欧市场面临着中亚和非洲天然气供应源的竞争。因此，随着时间的推移，亚洲市场（包括中国、日本、韩国和其他次地区市场）将会越来越成为俄罗斯最为关键的非欧洲市场（见专题表4-2）。

专题表4-2　　　　俄罗斯石油天然气进出口趋势比较

（单位：百万吨，亿立方米）

年份	IEA 新政策情景		
	2011	2020	2030
石油需求*	161.64	166.85	177.28
石油产量*	552.71	526.64	484.92
石油出口空间*	391.07	359.78	307.64
天然气需求	4660	4920	5300
天然气产量	6570	7040	8080
天然气出口空间	1910	2120	2780

注：*原数据为100万桶/日，按照1吨=7桶简单换算为100万吨单位，可能与实际数据不一致，但是不改变数据趋势。

资料来源：IEA, *World Energy Outlook 2012*。

以上两种情景分析均可得到一个相近的结论：亚太地区特别是中国天然气市场是俄罗斯不二的选择。然而，在过去20年来，俄罗斯在其东部地区油气开发、基础设施投资建设和市场开发方面进展缓慢，重在施展地缘战略优势和平衡战术，试图在大规模合作前相对利益最大化。[1]

---

[1] 徐小杰：《石油啊，石油——全球油气竞赛和中国的选择》（精装版），中国社会科学出版社2012年版，第359—372页。

因而，两国在油气领域的合作进展相对缓慢，使双方均丧失了从对方获得的战略合作机遇。

（四）中俄油气合作情景展望

通过以上对中俄两国能源合作政策分析、近期合作意向和能源供需情景分析，我们认为，两国在今后6—7年内，油气合作空间、潜力仍将继续扩展。其中，油气贸易是主体，管道运输是两国油气合作的基础手段，并有可能进一步扩大向俄罗斯油气勘探生产领域和中国油气分销领域分别延伸。天然气价格谈判继续在外围推进。

但是，2020年前后中俄油气合作可能进入转型期。这一判断的初步依据是：（1）从俄罗斯国内政治经济发展看，2020年前后是判断俄罗斯能否成功推进现代化，建立创新型经济体系和包容性的社会发展的关键时期。我们认为，今后只要普京治国有道、政策不失误、全球环境有利，今后六七年内俄罗斯可顺利推进其经济发展战略和能源战略，而且国际油价趋升的态势也有利于俄罗斯经济发展。我们预计，2020年前后俄罗斯创新经济部分得到发展，能源结构得到优化，继而能源出口结构也将调整，即原油和天然气出口趋于稳定，对外能源合作可能趋于综合。（2）2020年前后中国也将在推进新型工业化、城镇化、信息化和农业现代化的过程面临政治、经济、社会发展对能源安全的挑战和考验。（3）根据本报告的分析，2018—2020年全球天然气市场将发生格局性的变化。俄罗斯在天然气领域将面临更加激烈的国际竞争局面，对华气价谈判变得更加艰难。国际天然气卖方市场有利于中国的天然气进口。但是，如果中国国内天然气市场滞后，也将丧失机遇。因此，中俄两国在天然气领域应以更开放的思维、更全面的视野观察全球和亚太地区天然气发展的新趋势，理智把握合作节奏和机遇。

中国将在2020年进入非常规天然气时代，页岩气产量明显提升，加上煤制气的贡献，有可能使中国在2030年后减少天然气对外依赖，从而迫使两国从资源合作走向能源科技合作和能源服务合作（见专题表4-3）。

专题表4-3　　　　　　　　中俄油气合作领域展望

年份	2015	2020	2030
石油上游	进展缓慢	扩大参股	
石油中游	增加管道运输量	扩大运输量	扩大运输量
石油下游	扩大炼油量	扩大炼油量	增加油品进口
天然气上游	进展缓慢，参与Novatek等气田开发	参与部分气田开发	参与非常规资源开发
天然气中游	继续谈判	达成价格协议，推进天然气管道建设	
天然气下游	进展缓慢	进展缓慢	可能有进展
前沿领域	研究参与的领域	参与海域资源开发；参与老油田开发	扩大能源科技和服务合作
合作伙伴	国有公司+私有公司	国有公司+更多的私有公司	国有+私有+中小企业

三　战略博弈和政策需求

中俄油气合作是中俄全面战略协作伙伴关系在能源领域的体现，因此，如果仅仅把它理解为一种双边商务合作是片面的。如果中俄油气合作仅为商务合作，而且谈判如此艰难，可能早已停止或转向了，因为中国能源进口来源具有多种选择，无论是原油、管道天然气还是液化天然气，如果商务条款不利，谈判机会成本过高都有可能降低中国对俄合作的兴趣和程度。从俄罗斯方面看，可能也是如此。而且中俄油气合作也不仅仅是公司间的合作，而是与两国战略利益、能源安全和地区能源发展紧密关联的战略合作。

正因为如此，双边合作除了共同的利益外，难以避免两国在战略利益上存在差异和潜在冲突，而且在进入实质性合作阶段，实际的利益差异和对抗更会显现。但是，中俄油气合作从未因为这些差异和冲突而停止。因而，两国油气合作发展总是在曲折中艰难推进，其间必须经过多次博弈和反复，直至逐步夯实合作平台，逐步形成合作文化，逐步递进合作层次，才能不断展现两国油气合作的成果。因此，除了情景分析外，还需要开展博弈论研究。

(一) 中俄油气合作的战略差异和博弈

中俄油气合作存在巨大的共同利益，利益互补和交叉性非常明显，这是两国走向合作、开展战略合作的基础。但是，仅有这一共同利益难以合理解释两国合作过程的曲折性、复杂性和博弈性，因为中俄两国在能源利益和战略利益上确实存在如下几个方面的利益差异和冲突。

第一，能源安全利益差异。中国的能源安全要求建立上下游结合、资源供应与市场需求连接、基础设施贯通的合作机制。在天然气领域突出强调市场需求对天然气资源开发的制约。而俄罗斯的能源安全战略则强调资源至上，强调通过资源供应控制需求和市场价格。可见，两国在能源安全重点和行为上存在两极思维差异。

第二，战略规划上的差异。俄罗斯政府突出自身的整体利益，20年来地区油气发展规划调整（或摇摆）较大。从2002年和2007年俄罗斯先后出台东部地区石油与天然气开发规划和部署看，东部地区显然是俄罗斯未来油气增长的重要来源。而实际上，俄罗斯在东部地区的油气领域投入步伐缓慢，2005年以来俄罗斯的地区投资重点实际放在西西伯利亚的北部地区和北极海域。东西伯利亚和远东地区的油气开发由于投资缓慢，重大项目被迫推迟。而中国对俄罗斯油气合作十分看中俄罗斯东部地区开发和油气进出口规划。近年来，俄罗斯的北极海域油气开发和液化天然气计划受阻，是否再次启动和加快东部油气资源开发并不确定。总之，两国的战略规划并不合拍。

第三，作为能源消费大国的中国和作为能源出口大国的俄罗斯，对于能源价格一直持有不同的看法。在石油价格上，俄罗斯强调自身的直接定价权，并将自身定价权视为主权利益；在天然气价格上，坚持将欧洲、日本和韩国的天然气价格公式应用于中国和亚洲市场。而在中方看来，这些价格认识都脱离了市场需求和市场竞争原则。

第四，在双边与多边的交叉关系上，双边都利用并通过多元化战略来推进能源合作。但是，俄罗斯的"一对多"战略（一个资源国面对多个消费国的竞争）与中国的"一对多"战略（一个消费国面对多个资源国的竞争）是相对抗的。

第五,在"合作文化"(共享的认知、合作机制、成熟的合作制度)上,两国具有不同的战略认知和理解。

上述差异正是我们认识中俄油气合作曲折发展过程的另一面,也正是因为两国在合作相对利益上,在战略角色的相互认知上,在对油气权力的争夺上面临着诸多差异、分歧和对抗,导致双方追求各自利益时与双方最终的合作利益间产生矛盾和差距。从博弈理论上说,类似于"囚徒困境"(即双方都为追求自己的利益导致的结果不一定是两国之间的共同利益)。由于在战略资源合作上,两国各自不同的国情、非同步的发展利益和不同的诉求。要突破"囚徒困境",双方需要多次博弈,不仅需要一定的历史过程来逐步认识对方和容纳对方,进而处理、解决存在的问题,而且必须通过反复的博弈,逐步磨合。

为此,中俄油气合作需要综合性和战略性的博弈智慧。通过近十年的实践和研究交流,我们认为,这一博弈智慧的内容包括掌握基本知识、积累博弈经验,探索和夯实"合作文化"。

其中,掌握基本知识是指掌握全球地缘政治,特别是欧亚大陆地缘政治结构和走势;全球能源资源和市场发展状况、国家能源战略和政策走势、所有利益相关国的治理策略、双边和多边能源治理机制和关系等。

积累博弈经验是指对全球能源合作基本经验的总结,对俄罗斯和中国最高利益和能源安全优势、忧虑和条件的比较和认识;两国国民经济结构调整和发展模式的转变比较和结合程度;两国对外合作的政策和方式的融合程度及运作经历等。逐步形成更多的共享的认知,形成更多的合作机制、成熟的合作制度等。也要关注采取可持续的合作途径、方式和手段,包括政治途径和手段、大经贸合作手段、油气产业合作模式和手段、多部门和领域相互"挂钩"的方式和手段,以及资金—市场—技术—自然资源互换的合作方式和手段。

中俄合作历史不长,目前两国政府部门和国有公司尚缺乏战略博弈的经验与足够的智慧。鉴于中俄油气合作的战略性,博弈经验不是某一方面和手段,而是所有方面和手段的综合性、整体性、有效的运作。这一局限性在目前中国的部门体制中就存在。虽然中俄油气资产一直处于国家高层的直接监督之下，但是，研究力量分割、政策分散和脱节，使得研究落后于实践。实践工作缺乏基本理论的指导。

获取博弈智慧的主要途径是：一靠大量的实践、认识、再实践和再认识的过程，以便不断总结和提升博弈智慧（其中，总结经验是一个关键环节，也是中方和俄方有关部门和单位所缺乏的）；二靠集中、综合和系统的理论研究，以指导实践，这种综合系统研究是中方的短板，也是俄方的一个软肋。

中方不乏研究全球能源格局和俄罗斯政治经济文化领域的专家，但是缺乏掌握和运作这些知识的石油天然气专家；中方不乏深谙俄罗斯油气资源的技术专家，但是缺乏综合判断的战略家，因而对俄罗斯对外油气战略的认识和判断简单化。

俄方不乏研究全球能源发展态势的专业机构，也不缺乏熟知中国能源市场的专家，但是俄罗斯的国有公司，特别是"俄气"股份公司垄断经营，封闭自守，看不到全球能源供需大势，甚至否定页岩气革命的影响，使它们盲目自大，严重缺乏战略眼光，丧失了参与亚太天然气市场开发的最佳时机。

（二）确保能源供需互保安全和合作安全的政策需求

中俄油气合作的长远发展有赖于供需互保和相互合作的能源安全保障政策。这是双边的研究共识，也是目前合作缓慢的政策缺口或政策需求。以下是本报告对这些系列政策需求的一个总体描述。填补这些政策缺口，正是进一步推动中俄油气合作深入发展，直至顺利通过2020年前后转型期的重要条件。

（1）从目前看，中俄两国对加强以油气为主的能源合作具有相当高的战略认知。因此，无论双边谈判多么艰难，双边石油贸易规模在不断提升。到2020年前后中俄油气合作将逐步形成以油气贸易为主导，以管道运输为主要方式，以相互投资、合资为手段，建立俄罗斯资源与中国市场之间紧密结合的双边合作安全模式。这一趋势将驱使两国根据形势的发展和新的战略认知，出台更多、更积极和综合性的合作政策，内容涉及液化天然气贸易、合作伙伴多元化和交叉投资保护等方面。为此，双方政府、产业和研究机构需要加强交流、研讨与谈判，寻找新的合作领域和方式。

（2）为了确保供应安全，中国希望参与俄罗斯上游油气资源的开发。比如，从石油管道的走向看，参与万科尔、塔拉坎、上乔油田和杜利斯明等一批主力供应油田开发，也关注参与沿线其他中小油田的合作机会，包括近几年东部区块拍卖中出现的合作机会。从东部天然气管道的走向看，中国希望参与诸如恰杨金、科维克金和萨哈林的油气开发，也希望加强与萨哈共和国的合作。这些考虑符合中方的能源安全诉求。俄罗斯公司希望参与中国下游产业和市场开发的相等机会和空间。因此，双边合作安全应考虑扩大双边交叉投资问题，相互开放上游资源和下游市场，即在俄罗斯太平洋沿岸或与中国接壤的区域，允许中方投资炼油企业和天然气化工厂及氦加工利用厂；中国根据发展规划和市场需求，考虑出让国内部分市场份额，吸引俄罗斯公司与中方合作，夯实互利共赢的合作基础。这些发展需要两国高层的推动和有力的政策支持。实际上，俄罗斯东部地区一些石油公司时常因缺乏开发技术和资金而放弃区块开发。这些情形应成为中国的机会。

（3）目前两国的油气合作主要限于国有公司之间。2013年中国石油集团与诺瓦泰克公司的合作为两国提供了扩展合作伙伴的新机遇和新启示。为了加强两国的能源合作，两国在政策上鼓励国有公司在继续加强与对方国有企业战略合作的同时，也要寻求与其他中国或俄罗斯非国有石油公司的合作，包括俄罗斯东部地区具有优势和实力的油气公司（如苏尔古特油气公司）和中国东部地区具有实力的地方能源公司的合作。这一趋势意味着两国在双边合作上增加了互信，扩大了两国合作的广度和深度。

（4）目前两国在能源领域的合作已经逐步超越双边范围，走向具有多边影响的双边合作，如中俄两国就G20的能源合作活动和上海合作组织的能源合作前景开展双边磋商。2012年中国利用上海合作组织主席国身份积极主动推动上海合作组织"能源俱乐部"机制的重建工作，同时积极加强中俄两国在G20峰会等领域的多边能源合作。这些提议得到了俄罗斯的响应。在2013年9月习近平主席出席中亚上海合作组织元首会晤期间，中方再次积极推进区域性能源合作，明确2014年两国将继续推进上海合作组织能源俱乐部建设和开发银行的建立方面发挥更大的作用。

在这些情形下，两国保持经常性的双边对话和交流，促进了多边的共同行动和多边能源合作谈判。根据中国和俄罗斯各自具有的国际资源和优势，我们认为，两国在这些领域还有较大的合作空间和广泛的影响力。今后，两国需要扩大这样的双边合作，提升区域能源合作安全，共同推进区域能源合作安全体系建设。

四 对俄合作建议

中俄油气合作仍然处于一个重要的机遇期，我们认为，中俄油气合作不存在俄方资源短缺问题，只存在利用程度与方式问题。考虑到俄罗斯对外合作法律政策的变化和当前俄罗斯面临的问题，俄罗斯需要加强与中国的合作，在资金上有求于中方。为此，我们应该总结经验教训，调整我们的合作战略与策略。

我们也应清醒地看到，俄罗斯东西伯利亚和远东地区的油气资源只能面向亚太市场，虽然中国面临着日本和韩国的竞争。但是，今后日本油气需求增长有限，韩国油气需求幅度和市场规模虽有增长，但是规模有限。因此，中国市场必然是俄罗斯打通亚太市场最优先考虑的，但这种供需安全将受到不同的战略意图和市场开放等因素的影响。从目前的苗头看，俄罗斯方面在有意地加强与韩国的合作，将东部的一些工程项目和港口项目授予韩国公司。因此，我们必须通过与日本和韩国多方面的协作配套合作，为中国公司参与东部管道二期建设等相关建设项目创造条件。

对中俄油气合作具体建议：

（1）从全局和长期看，中俄油气合作应以贸易方式引进油气资源为主导，以管道运输为主要方式，以相互投资、合资为手段，强化俄罗斯资源与我国市场之间的紧密结合。以资金（贷款）换供应，以管道促进口，是目前正确的战略思路。我们要根据形势的有利程度，加强与俄罗斯的谈判，确保达成有利条款。

（2）为了确保供应安全，参与油气管道沿线相关的油气开发也是必然的要求。

首先，从石油管道的走向看，万科尔、塔拉坎、上乔油田和杜利斯明是第一批主力供应油田。我们应该通过与俄罗斯石油公司的紧密合作，探索参与这些油田开发的可能性与方式，继续研究参与尤鲁勃琴—托霍姆含油气带的合作机会。万科尔油田出口方案调整后为我国公司的参与提供了潜在机会，应早加强渗透。除了以上大油田外，我们还应该关注和研究参与沿线其他中小油田的合作机会，尤其是近几年东部区块拍卖中出现的合作机会。

其次，从东部天然气管道未来的走向看，重点是加强与俄罗斯天然气工业股份公司（Gazprom）的合作。从目前看，直接参与诸如恰杨金、科维克金和萨哈林的油气开发可能性较小。但是，仍然可以考虑加强与萨哈共和国的合作。在该地区的油气开发涉及苏尔古特油气公司和其他地方油气公司，需要开展深入调研，建立网络，寻找与地方合作的切入点。

鉴于今后东部区块招标拍卖力度加大，而俄国内的一些石油公司常常缺乏开发的技术、资金和经验，积极寻找与外国大公司的合作，在当前金融危机的情况下，应该是我们可以加以利用的机会，尤其是靠近东部管道管网的油气田/区块开发的机会。

（3）建议我国在继续加强俄方国有油气公司战略合作的同时，也要加强与其他俄罗斯石油公司的合作，尤其是在东部地区具有优势、实力的油气公司（如苏尔古特油气公司）和部分地方能源公司的合作。为了加强这一合作，我们亟须掌握俄罗斯油气商务谈判背景、人脉信息，特别是掌握俄方政府内部和公司内部深层的利益关系。

为了加强与俄罗斯石油公司的合作，还必须采取更加灵活的合作方式及进入措施。大小项目相互推进，整装开发与灵活进入相互配合，达到加大渗透的效果。

（4）根据俄罗斯在东部地区建立远东开发区和东部油气综合利用的战略需求，重视加强参与俄罗斯油气炼制、加工处理的合作机会。建议在俄罗斯的太平洋沿岸或与我国接壤的地方,投资炼油企业和天然气化工厂及氦加工利用厂。

(5)根据俄罗斯扩大国际市场的需要和我国市场的优势,继续考虑适当让出部分国内市场份额或资产,吸引俄罗斯石油公司与油田企业合作,进入我国市场,夯实交叉投资、互利共赢的基础。

参考文献

BP, *BP Statistical Review of World Enenergy*, London, June 2016.

IEA, *World Energy Outlook 2012*, Paris, November 2012.

IEA, *World Energy Outlook 2015*, Paris, November 2015.

OPEC, *Annual Statistical Bulletin 2016*, Vienna, 2016.

Pavel Kushnir and Tatiana Kapustina, Deutsche Bank, China-Russian "Natural" Gas Cooperation, September 13, 2010.

Russian Academy of Sciences' Energy Research Institute, *Global and Russian Energy Outlook into 2040*, 2013.

UNCTAD, *World Investment Report* 2016, Geneva, 2016.

World Bank, World Development Indictors (WDI Database).

俄罗斯自然资源部:《2013年发布的矿物资源状况报告》。

俄罗斯能源部:《2020年前能源战略》(俄文), 2013年。

俄罗斯联邦政府:《俄罗斯2030年前能源战略》(俄文), 2009年。

《俄罗斯2035年前能源战略(草案)》(俄文), 2014年。

韩志国:《沙特石油市场特点及石油贸易策略分析》,《当代石油石化》2015年第2期。

侯明扬:《制裁解除后伊朗原油出口现状、问题及建议》,《国际石油经济》2016年第5期。

姜明军、张明江、李志刚:《伊朗新版石油合同的型构思路和实施展望:新合同模式的主要特征》,《国际石油经济》2015年第11期。

李伟:《伊拉克近期政治局势及油气投资机会分析》,《中外能源》2016

年第 3 期。

李志刚、姜明军、刘卫东、李瑾：《"后制裁时代"的伊朗油气投资前景展望》，《国际石油经济》2016 年第 3 期。

刘乾：《国际油价下跌与俄罗斯经济走势》，《欧亚经济》2015 年第 5 期。

刘乾：《俄罗斯—中亚地区油气政策走向及对华合作前景》，《国际石油经济》2016 年第 2 期。

刘旭：《丝绸之路经济带倡议下的俄罗斯中亚油气投资风险》，《国际石油经济》2015 年第 8 期。

刘增洁：《伊朗油气资源现状及对世界石油市场的影响》，《国土资源情报》2015 年第 11 期。

鲁东侯：《伊朗解禁后的投资机遇》，《中国石油石化》2015 年第 9 期。

鲁东侯：《中亚油气合作风险及应对》，《中国石油石化》2015 年第 10 期。

陆京泽：《欧美经济制裁对俄罗斯石油和天然气公司的影响》，《国际石油经济》2014 年第 10 期。

米军、刘彦君、程亦军、李福川、刘军梅、A. 莫科列茨基、徐向梅、王海燕、庞昌伟、王四海、孙永祥、王志远、徐洪峰、刘乾：《国际石油价格波动与俄罗斯经济增长》，《欧亚经济》2015 年第 5 期。

商务部、统计局、外汇管理局：《2014 年度中国对外直接投资统计公报》2015 年 9 月。

尚艳丽：《伊朗油气投资环境变化特点及影响》，《国际经济合作》2016 年第 2 期。

王震、张玺、薛庆：《沙特阿拉伯石油政策的演变及其走向》，《国际石油经济》2016 年第 2 期。

徐小杰、王也琪：《2020 年俄罗斯能源发展战略研究》，中国石油集团经济技术研究中心，2003 年。

徐小杰：《俄罗斯能源软肋和影响》，《转型国家经济评论》，东北财经大学出版社，2009 年第 2 辑。

徐小杰：《石油啊，石油——全球油气竞赛和中国的选择》（精装版），中国社会科学出版社 2012 年版。

徐小杰：《中俄能源合作有赖战略智慧》，《中国石油报》石油时评，2013 年 7 月 2 日。

徐小杰：《"中国石油"跨国经营的全球视野分析》，《国际石油经济》2013 年第 7 期。

徐小杰：《全球能源互联网：一种电力丝路的视角》，《中国电力报》2015 年 12 月 14 日。

曾涛、吴雪：《伊拉克油气开发近况与投资环境潜在变化分析》，《国际石油经济》2015 年第 7 期。

张抗：《中亚地缘油气特点和中国的中亚发展战略》，《中外能源》2008 年第 4 期。

张礼貌、傅荣：《制裁解禁后伊朗油气领域发展态势、投资机会、风险与对策建议》，《中外能源》2015 年第 10 期。

张杨、侯明扬：《伊核协议对油气市场的影响及伊朗投资机会分析》，《国际经济合作》2015 年第 8 期。

赵亚博、方创琳：《中国与中亚地区油气资源合作开发模式与前景分析》，《世界地理研究》2014 年第 1 期。

中国社会科学院世界经济与政治研究所《世界能源中国展望》课题组：《世界能源中国展望（2014—2015）》，中国社会科学出版社 2015 年版。

中国社会科学院世界经济与政治研究所《世界能源中国展望》课题组：《世界能源中国展望（2015—2016）》，中国社会科学出版社 2016 年版。

中国社会科学院世界经济与政治研究所：《中国海外投资国家风险评级报告 2016》，中国社会科学出版社 2016 年版。

网络信息

哈萨克斯坦政府网站 http：//www.government.kz/ru/
哈萨克斯坦国家石油公司 http：//www.kmg.kz
土库曼斯坦政府网站 http：//www.turkmenistan.gov.tm

驻哈萨克斯坦大使馆经济商务参赞处 http：//kz. mofcom. gov. cn
驻土库曼斯坦大使馆经济商务参赞处 http：//tm. mofcom. gov. cn/
驻沙特阿拉伯王国大使馆经济商务参赞处 http：//sa. mofcom. gov. cn/
美国能源信息署，http：//www. eia. gov/beta/international/analysis. cfm。

后　记

本书是在受国土资源部油气中心的委托，由中国社会科学院世界经济与政治研究所承担的"主要油气资源国能源（油气）战略研究"项目的课题结项报告的基础上形成的，课题由徐小杰主持，课题报告由徐小杰、王也琪等人完成。

本书共有五位作者。徐小杰主持研究和写作，负责主要观点研发和本书初稿的主笔写作。杨丽丽参与了第七章和下篇的写作。程覃思参与了第四章至第六章的写作，负责全书的统稿。朱子阳参与了第一章至第三章的写作。徐立楠为本书提供了大量的信息支持，负责文稿校对。

本书的写作得到了中国社会科学院世界经济与政治研究所和国土资源部油气资源战略研究中心领导和专家的大力支持。中国社会科学院办公厅曹启璋女士对课题调研和本书写作给予了无私的支持。

中国社会科学出版社赵剑英社长兼总编辑和黄燕生编审对作者的研究给予了大力支持；责任编辑王琪女士对本书投入了大量的心血，使本部报告高质量地成书出版。在此一并感谢。

最后，感谢本书读者的关注，希望通过 chengtansi@163.com 随时倾听读者的评价和建议。

作者团队

2016年10月

作者简介

徐小杰（1960—2016年），男，浙江平阳县人，中国社会科学院世界经济与政治研究所研究员，中国社会科学院创新工程课题"中国能源安全的国际地缘战略研究"和《世界能源中国展望》项目首席研究员；中国石油学会石油经济专业委员会常务委员、中华能源基金委员会高级顾问；（美国）《世界能源法与商务杂志》国际编委；世界经济论坛能源安全理事会成员（2013—2014年）、未来油气全球议程理事会成员（2014—2016年）。

曾在中国石油工业工作26年（1983—2009年），为中国石油集团经济技术研究院院级专家（2006—2009年）、海外投资环境研究所所长（2000—2009年）。1983年以来，在石油工业部门从事研究与咨询工作，为中国能源公司和国家能源局完成近百项科研成果；近10年来发表英文论文和演讲30余篇；参与了中国石油公司重组上市，中国石油集团在俄罗斯、中亚、非洲、中东、拉丁美洲和北美洲等地区和重点国家重大油气项目政治、经济、商务、法规、合同模式、风险管理研究与咨询工作，也参与了国际能源署《世界能源展望》评论工作。

主要代表作有：《新世纪的油气地缘政治——中国的机遇和挑战》（1998年）；Petro Dragon's Rise, What It Means for China and the World（2002年）；《石油啊，石油——全球油气竞赛和中国的选择》（2011年）；《世界能源中国展望2014—2015》（2015年）；《世界能源中国展望2015—2016》（2016年）；《沙漠黄昏——即将来临的沙特石油危机和世界经济》（译著，2007年）；《石油俱乐部的女王》（译著，2010年）。

杨丽丽，女，博士，副研究员，国土资源部油气资源战略研究中心战略规划室副主任，主要从事国内外油气资源战略相关研究。

程覃思，中国社会科学院研究生院世界经济与政治系博士研究生（在读），研究方向为能源结构转型、能源展望，与导师徐小杰研究员合作，共同在《光明日报》《中国能源》等刊物上发表数篇文章。

朱子阳，中国社会科学院研究生院世界经济与政治系硕士研究生（在读），研究方向为国际资本流动、大宗商品价格等。2015年毕业于华东师范大学经济学系，获学士学位。

徐立楠，瑞士苏黎世联邦理工在读博士。2017年毕业于加拿大阿尔伯塔大学勘探地球物理专业，获硕士学位。2014年毕业于阿尔伯塔大学地球物理专业，获学士学位。在硕士研究生期间研究声波与弹性波最小平方逆时偏移。在欧洲地球物理年会与美国地球物理年会各发表1篇论文。在审地球物理期刊论文1篇。